國家社科基金冷門絕學研究專項學術團隊項目
"歷代大型字書疑難字考釋與字典編纂"
（項目編號：21VJXT008）

《爾雅》名物詞用字的歷時考察與研究

楊清臣 ◎ 著

中國社會科學出版社

圖書在版編目（CIP）數據

《爾雅》名物詞用字的歷時考察與研究／楊清臣著．—北京：中國社會科學出版社，2023.6
ISBN 978-7-5227-1768-5

I.①爾… II.①楊… III.①《爾雅》—研究 IV.①H131.2

中國國家版本館 CIP 數據核字（2023）第 060353 號

出 版 人	趙劍英
策劃編輯	鮑有情
責任編輯	彭　麗
責任校對	朱妍潔
責任印製	王　超

出　　版	中國社會科學出版社
社　　址	北京鼓樓西大街甲 158 號
郵　　編	100720
網　　址	http://www.csspw.cn
發 行 部	010-84083685
門 市 部	010-84029450
經　　銷	新華書店及其他書店
印　　刷	北京君升印刷有限公司
裝　　訂	廊坊市廣陽區廣增裝訂廠
版　　次	2023 年 6 月第 1 版
印　　次	2023 年 6 月第 1 次印刷
開　　本	710×1000　1/16
印　　張	15.5
插　　頁	2
字　　數	209 千字
定　　價	85.00 元

凡購買中國社會科學出版社圖書，如有質量問題請與本社營銷中心聯繫調換
電話：010-84083683
版權所有　侵權必究

目　錄

第一章　緒論	1
第二章　《爾雅》名物詞用字歷時考察	16
第一節　《爾雅》名物詞用字溯源	17
第二節　《爾雅》名物詞用字流變	35
第三章　《爾雅》名物詞用字异文類型	68
第一節　分化字	68
第二節　异體字	71
第三節　通假字	78
第四節　同形字	80
第四章　《爾雅》名物詞用字發展變易的原因	95
第一節　增强表意功能	95
第二節　明確表音功能	107
第三節　受文獻用字影響	109
第四節　傳抄訛誤	111
第五節　同義借用	112
第六節　師讀不同	113

第五章 《爾雅》名物詞用字歷時考察與研究的意義......115
　第一節　有利於總結漢字發展規律......115
　第二節　有利於《爾雅》文本解讀......125
　第三節　有利於大型字典編纂......130

參考文獻......235

後　記......243

第一章

緒　　論

一　解題

《爾雅》是中國古代第一部訓詁專著，它不是一人一時之作，而是雜采幾代多家訓詁材料彙編起來的。[①]《爾雅》保存了豐富的古漢語詞彙，其中包括自然科學、社會科學等多方面的知識；有清楚的分類篇目和完整的編撰體系。其書在學術史上具有重要的價值。張揖《上廣雅表》稱其爲"七經之檢度，學問之階路"。《爾雅》之後又有《小爾雅》《廣雅》《埤雅》《駢雅》《通雅》等書，成爲中國古代語言學中的"雅學"。自漢至今，研究《爾雅》者衆，論者多從訓詁學、辭書學角度闡述此書的價值，然而對於它在文字學、漢字史上的價值却很少有人提及，實際上《爾雅》在文字學、漢字史方面也有重要的價值。

"名物"一詞始見於《周禮》，《周禮·天官·庖人》："庖人掌共六畜六獸六禽，辨其名物。"《地官·大司徒》："辨其山林、川澤、丘陵、墳衍、原隰之名物。"《爾雅》不僅是中國古代第一部訓詁專著，也是中國古代第一部考釋名物語詞的專書，現存《爾雅》共十九篇：釋詁、釋言、釋訓、釋親、釋宮、釋器、釋樂、釋天、釋地、釋丘、釋山、釋水、釋草、釋木、釋蟲、釋魚、釋鳥、釋獸、釋畜，其中後十六篇

---

① 王寧：《訓詁學原理》，中國國際廣播出版社1996年版，第164頁。

與《周禮》所指的"名物"相合。本書所說的《爾雅》名物詞用字也就是指記錄《爾雅》後十六篇名物詞的文字。需要指出的是晋代郭璞的《爾雅注》是《爾雅》現存最早的完整注本，他的注釋實足成一家之言，甚至可以算是另一部《爾雅》①，因此，我們也把郭璞注的名物詞用字作爲研究的對象。

《爾雅》名物詞具有非常重要的價值，傳世文獻多有引用《爾雅》名物詞用字的，後世字書也當然要儲存《爾雅》名物詞用字。在《爾雅》文本傳抄、其他文獻徵引、後世字書儲存的過程中，《爾雅》名物詞用字并不是被人們照抄照錄的，陸德明《經典釋文序錄》云："《爾雅》本釋墳典，字讀須逐《五經》，而近代學徒好生異見，改音易字，皆采雜書，唯止信其所聞，不復考其本末。且六文八體各有其義。形聲、會意寧拘一揆？豈必飛禽即須安鳥，水族便應著魚，蟲屬要作虫旁，草類皆從兩中？"從中我們可以知道，《爾雅》名物詞用字往往被好事者改易，名爲飛禽的便給它安上鳥旁，水中生活的動物便加上魚旁，如此之類，不一而足。陸氏又云："五經字體乖替者多，至如黿、鼉從龜，亂、辭從舌，席下爲帶，惡上安西，析旁著片，離邊作禹，直是字僞，不亂餘讀。如寵字爲竈，錫字爲錫，用攴代文，將无混旡。如斯之流，便成兩失。來旁作力，俗以爲約勑字，《説文》以爲勞倈之字。水旁作曷，俗以爲飢渴字，字書以爲水竭之字。"如此看來，即便不改造《爾雅》文字，《爾雅》名物詞用字在傳抄過程中也會因爲文字書寫等多方面原因而發生變化。

《爾雅》名物詞用字在傳抄轉錄過程中會發生各種變易，因此，有必要對《爾雅》名物詞用字進行歷時考察與研究。前面我們提到，《爾雅》名物詞用字發生變化的途徑有三：《爾雅》文本傳抄、其他文獻徵引、後世字書儲存。中國古代典籍浩如烟海，考察所有傳世文獻中徵引《爾雅》名物詞用字的情況幾乎是不可能的事情，鑒於個人時間、

---

① 陸德明《經典釋文》不僅記錄了《爾雅》的异文、音義，還記錄了郭璞注的异文、音義。

精力有限，本書所作歷時考察和研究限於傳世《爾雅》文本和歷代字書以及經典文獻。《爾雅》在傳抄過程中用字出現了很多變化，現存《爾雅》的衆版本中就有異文，陸德明的《經典釋文·爾雅音義》中也收錄了陸氏所見《爾雅》的衆多異文，這些異文是陸氏根據所見《爾雅》不同版本搜集起來的，陸氏所見《爾雅》衆版本今多亡佚，所以其中保存的異文就具有他書不可替代的重要價值。考察《爾雅》文本的異文情況，《經典釋文》（下文簡稱《釋文》）是主要參考資料。歷代字書主要包括《說文解字》（下文簡稱《說文》）、《玉篇》（殘卷）、《篆隸萬象名義》（下文簡稱《名義》）、《大廣益會玉篇》（下文簡稱《玉篇》、《龍龕手鏡》（下文簡稱《龍龕》）、《切韻》系韻書①、《廣韻》、《集韻》、《新修纍音引證群籍玉篇》（下文簡稱《新修玉篇》）、《改并五音類聚四聲篇》（下文簡稱《篇海》）等，經典文獻主要有《詩經》《周禮》《儀禮》《禮記》《左傳》《史記》《漢書》《文選》等。通過對《爾雅》名物詞用字進行歷時考察與研究，可以明確《爾雅》在文字學、漢字史上的重要價值；可以對漢字發展演變尤其是形聲字發展演變有一個更透徹的了解。同時也可以加深對《爾雅》文本的理解，對於大型字書的編纂、疑難字考釋也有重要的意義。

二　研究現狀

（一）研究綜述

《爾雅》成書以來研究者衆，對《爾雅》研究成果進行綜述的文章亦不在少數。如宛志文《〈爾雅〉研究的回顧與前瞻》②、吴禮權《〈爾

---

① 本書所引《切韻》係韻書包括箋注本《切韻》（斯 2071）、故宫本《王仁昫刊謬補缺切韻》（下文簡稱故宫本《王韻》）、敦煌本《王仁昫刊謬補缺切韻》（以下簡稱敦煌本《王韻》）、故宫本《裴務齊正字本刊謬補缺切韻》（下文簡稱故宫本《裴韻》）等，所引《切韻》類韻書來源於中華書局 1983 年版《唐五代韻書集存》。

② 宛志文：《〈爾雅〉研究的回顧與前瞻》，《辭書研究》1989 年第 4 期。

雅〉古今研究述評》[1]、管錫華《20世紀的〈爾雅〉研究》[2]等。這裏著重介紹從文字方面研究《爾雅》的著作和文章，對於其他方面，不作評述。

最早爲《爾雅》作注的是漢武帝時的犍爲文學，其後又有劉歆、樊光、李巡、孫炎爲《爾雅》作注。但五家注本皆已亡佚。

現存最早的完整注本是郭璞的《爾雅注》。郭璞字景純，晋代河東聞喜（今山西聞喜縣）人。郭璞在序中概括此書"綴集异聞，會粹舊説，考方國之語，采謠俗之志，錯綜樊孫，博關群言"。郭璞對《爾雅》經文進行訓釋，以補此前諸家之未備。同時對《爾雅》訓釋條例有所揭示，并對《爾雅》文字進行了校勘。此外，郭璞多次提到"語轉""假借音""聯綿詞不分訓"等，開了清人"因聲求義，聲義密合"的先河。陸德明《釋文·序録》云："先儒多爲億必之説，乖蓋闕之義，唯郭景純洽聞强識，詳悉古今，作《爾雅注》，爲世所重。"《四庫全書總目提要》云："所注多可據。後人雖迭爲補正，然弘綱大旨，終不出其範圍。"

魏晋以降，爲《爾雅》作注的有沈旋、施乾、謝嶠、顧野王等人，其書亦已亡佚。

繼郭璞之後，研究《爾雅》成就最大的當數陳隋時期的陸德明。陸德明名元朗，以字行，著《經典釋文》三十卷，其中《爾雅音義》二卷。《經典釋文》是一部體系嚴密的關於諸經音義的著作，《四庫全書總目提要》稱"采漢魏六朝音切凡二百三十餘家，又兼載諸儒之訓詁，證各本之异同"。盧文弨在《重雕經典釋文緣起》中稱其爲"天地間不可無之書"。其對《爾雅》的研究成果主要體現在《經典釋文·序録》和《爾雅音義》中。竇秀艷、杜中新《陸德明〈經典釋文〉與〈爾雅〉學研究》中認爲陸氏對雅學的貢獻有五：對《爾雅》性質、

---

[1] 吴禮權：《〈爾雅〉古今研究述評》，《古籍整理研究學刊》1993年第5期。
[2] 管錫華：《20世紀的〈爾雅〉研究》，《辭書研究》2002年第2期。

地位、作用、撰人等問題作出新的闡述；對《爾雅》諸篇名義及分篇問題作出最早闡釋和論述；最早對漢魏六朝《爾雅》注家作較爲全面的著錄；保存漢魏六朝時期《爾雅》的注解和讀音材料，爲雅書輯佚和雅學研究提供了豐富的資料；揭示《爾雅》用字條例，并校勘文字，爲後世研究《爾雅》版本和流傳情況提供了方便。①

宋代的研究者，以北宋陸佃《爾雅新義》、邢昺奉詔所作《爾雅疏》和南宋鄭樵《爾雅注》影響最大。三書沒有涉及文字問題，不作詳述。元明兩代，治《爾雅》者廖廖無幾。

清代雅學大興，《爾雅》研究著作層出不窮。其中涉及文字的著作很多，如以下數種：

《爾雅正義》二十卷，清邵晉涵撰。邵氏對宋代邢昺《爾雅疏》頗爲不滿，於是另作新疏。黃侃紬繹邵氏自序，指出其條例有六：校文、博義、補郭、證經、明聲、辨物。關於校文，邵氏自序云："世所傳本，文字异同，不免訛舛。郭注亦多脱落，俗説流行，古義寖晦。爰據唐石經暨宋槧本及諸書所徵引者，審定經文，增校郭注。"《爾雅正義》是清代第一部全面研究《爾雅》的著作，對清代的《爾雅》研究影響很大。黃侃評價此書云："清世治《爾雅》者如林，而規模法度，大抵不能出邵氏之外。"②

《爾雅義疏》二十卷，清郝懿行撰。此書寫作前後歷時十四年，是郝氏生平用力最多的一部著作。郝氏作此書，是出於對邵晉涵《爾雅正義》的不滿。他認爲邵氏之書於"聲音訓詁之源多壅閼，故鮮發明"③，於草木蟲魚"尤多影響"④。所以他著作時就特别注重以聲音貫穿訓詁和據目驗考釋名物兩個方面。郝氏自謂："余田居多載，遇草木蟲魚有弗知者，必詢其名，詳察其形，考之古書以徵其

---

① 竇秀艷等：《陸德明〈經典釋文〉與〈爾雅〉學研究》，《辭書研究》2007年第5期。
② 黃侃：《黃侃論學雜著》，上海古籍出版社1980版，第393頁。
③ （清）胡培翬：《研六室文鈔》，《清代詩文集彙編》第538册，上海古籍出版社2010年版，第234頁。
④ （清）郝懿行：《曬書堂文集》，《清代詩文集彙編》第449册，上海古籍出版社2010年版，第321頁。

然否。今兹疏中，其异於舊説者，皆經目驗，非憑胸臆。此余書所以別乎邵氏也。"①據目驗考釋名物這一點郝氏做得非常出色，爲別家同類著作所不及。然其於以聲音貫穿訓詁這一點，郝氏雖用力甚勤，但他"疏於聲音"②，所以得出的結論往往不能令人滿意。但這并不能否定郝書的價值。在衆多疏解《爾雅》的著作中《爾雅義疏》最爲詳贍。黃侃給《爾雅義疏》以極高評價："郝疏晚出，遂有駕邢軼邵之勢，今之治《爾雅》者，殆無不以爲啟辟門户之書。"③

郝懿行《爾雅義疏》書成後，王念孫讀之并作批校。王氏於其不妥之處加墨籤，每條皆出"念孫案"字。羅振玉得此寫本，羅氏因服膺王氏之學，遂命其子"將此編中刊正郝書諸籤録爲一卷，顏之曰《爾雅郝注刊誤》"。該書刊正郝氏失誤計一百一十八條，内容涉及對《爾雅》宗旨的誤解，對聲韻文字的誤訓，對引文的誤釋和出處的誤注等多個方面。羅氏在此書序中云："其所刊正，莫不精切，如嚴師之於弟子。"④

《爾雅小箋》，江藩撰。江藩年少時習誦《爾雅》，十八歲時作《爾雅正字》，据江氏自序，此書"以《説文》爲指歸，《説文》所無之字，或考定正文，或旁通假借，不敢妄改字畫"。六十歲時，因講授《毛詩》而旁及《爾雅》。江氏不滿《郭注》《邢疏》《邵疏》，"因撿舊稿，重加删訂。《邵疏》引《毛傳》《鄭箋》《説文》諸書，讀所引之文，即知訛字爲某字，故不複出，其誤者正之，未及者補之"⑤。易書名爲《爾雅小箋》。

《爾雅匡名》，清嘉慶年間嚴元照撰，元照字九能，又字修能，清歸安（今浙江湖州市吳興區）人。其書二十卷，前十九卷依《爾雅》

---

① （清）胡培翬：《研六室文鈔》，《清代詩文集彙編》第538册，上海古籍出版社2010年版，第234頁。
② （清）陳奂：《三百堂文集》，《清代詩文集彙編》第553册，上海古籍出版社2010年版，第237頁。
③ 黃侃：《黃侃論學雜著》，上海古籍出版社1980版，第394頁。
④ 羅振玉：《王念孫〈爾雅郝注刊誤〉》，《爾雅詁林叙録》，湖北教育出版社1998年版，第309—310頁。
⑤ （清）江藩：《爾雅小箋序》，《爾雅詁林叙録》，湖北教育出版社1998年版，第324頁。

篇次，每篇爲一卷，第二十卷爲逸文。邵晋涵作《爾雅正義》，其書注解精當，然於俗本之誤及載籍所引文字异同闕焉不録，嚴氏因著此書以補其所未逮。①之所以名之曰《匡名》，嚴氏自序曰："名，文字也；匡之爲言正也，吾於《爾雅》，爲之正其文字而已矣。"此書匡正文字之道有三："一曰證偏旁之離合，二曰存古本之异同，三曰糾俗刻之舛誤。證偏旁之離合，則以《説文》爲主。《説文》，字書之祖也。字有形、事、聲、意，舍《説文》其奚從？存古本之异同，則以《釋文》爲主。《釋文》於异文、异義載之甚詳，其稱樊光作某、孫炎作某者，它家之异於郭者也。其稱本亦作某者，即郭本而傳寫互异者也。其稱字亦作某者，則專就字論，雖書無此本，而字有此體，亦并載之，於六義之旨多資考證。糾俗刻之舛誤，則以石經爲主。監本、毛本承譌襲繆，幸開成石經尚存，可以參校是正。"②黄侃評價此書云："考《爾雅》殊文者，莫詳於是書，雖偶有闕遺謬誤，又往往儀毫失墻，然於大體固無害爾。"③

《爾雅正名》，汪鋆撰。"名"就是字，正名者，正字也。汪氏以《説文》訓釋爲依據，以《釋文》或體爲綫索，以典籍用例爲旁證。先列《爾雅》之字，次列與之相對應之篆體。逐個辨明這些字或爲假借字，或爲俗體字，或爲异體字，指出其本字或正體當作某。近人黄侃著《爾雅正名評》，對汪書中不少條目提出了補充和實正的意見。

《爾雅述聞》，《經義述聞》之一，王引之撰。王引之在其書自序云："引之過庭之日，謹録所聞於大人者以爲圭臬，日積月累遂成卷帙。既又由大人之説觸類推之，而見古人之詁訓有後人所未能發明者，亦有必當補證者，其字之假借又必當改讀者，不揆愚陋，輒取一隅之見附於卷中，命曰《經義述聞》。"《爾雅述聞》共計二百一十八條，其書

---

① （清）勞經原：《〈爾雅匡名〉勞經原跋》，《爾雅詁林叙録》，湖北教育出版社1998年版，第320頁。
② （清）徐養原：《〈爾雅匡名〉徐養原序》，《爾雅詁林叙録》，湖北教育出版社1998年版，第318頁。
③ 黄侃：《黄侃論學雜著》，上海古籍出版社1980年版，第389頁。

不僅考定經文句讀、訛字、衍文、脱簡等，還對《爾雅》條例進行了揭示，創獲頗多。阮元《經義述聞序》曰："凡古儒所誤解者，無不旁徵曲喻而得其本義之所在，使古聖賢見之，必解頤曰：吾言固如是，數千年語解今得明矣。"

《爾雅平議》，《群經平議》之一，俞樾撰。俞氏在其書《序目》中謂其所作"竊附王氏《經義述聞》之後"，可見其撰述意旨、體例均依王氏述聞。《爾雅平議》共有校記一百零九條，俞氏以郭璞《爾雅注》爲基礎，或繹其所注，或補其所闕，或匡其所謬。黄侃謂其書得失參半[①]，殆爲確論。

《爾雅注疏校勘記》，《十三經注疏校勘記》之一，阮元撰。《爾雅》流傳至清，訛舛頗多，當時俗間通行的汲古閣毛本錯誤極多。阮元有鑒於此，廣搜各種善本，"授武進監生臧庸，取以正俗本之失，條其异同，纖細畢備，元復定其是非，爲《爾雅注疏校勘記》六卷"[②]。阮氏所用版本較全，幾乎把當時所能見到的善本都網羅畢至了，如唐石經本、明吴元恭仿宋刻本、元雪窗書院本、宋單疏本以及元明時期的閩本、監本、毛本。在進行版本比勘對校時，阮氏也多注重參考《説文》《經典釋文》以及以往學者的研究成果。此書内容詳備，在刊正文字訛誤方面尤爲人稱道。由於書出衆手，其中也存在不少疏漏和失誤之處。後來汪文臺作《十三經注疏校勘記識語》對其進行校正和補充，其中《爾雅》部分所補計三十三條，也極爲精善。

《爾雅郭注佚存補訂》，王樹枏撰。王氏於清光緒年間作此書，此時《玉篇》（殘卷）、《慧琳音義》等已由日本傳入中國，故王氏所見古籍已多，故多有發明。不過原書中有些訛誤還沒有改正，而且把前代書中所引郭璞的《爾雅音義》誤與《爾雅注》混爲一談。[③]

[①] 黄侃：《黄侃論學雜著》，上海古籍出版社1980年版，第391頁。
[②]（清）阮元：《爾雅注疏校勘記序》，《爾雅詁林叙録》，湖北教育出版社1998年版，第313頁。
[③] 周祖謨：《爾雅校箋序》，《爾雅詁林叙録》，湖北教育出版社1998年版，第356頁。

《爾雅》經歷代傳寫刻板，難免出現訛誤。前人有關於《爾雅》刊正文字研究的著作，但是由於時代和材料的局限，仍有不少訛混。有鑒於此，周祖謨以《天禄閣琳琅叢書》宋監本《爾雅》爲底本，對照不同版本《爾雅》經注，廣泛參考歷代字書、韻書、音義書、類書，并注意吸收前人研究成果，寫成《爾雅校箋》。周氏參考書籍達三十餘種，其中有《經史證類大觀本草》，《四部叢刊》影宋覆蜀大字本《爾雅》和《玉燭寶典》，敦煌所出《爾雅》白文及郭注本殘卷，日本獅谷白蓮社本《慧琳音義》，日本所印的《香要抄》《令抄》《篆隸萬象名義》《倭名類聚抄》《新撰字鏡》等。《爾雅詁林》總結該書有四大特點：底本善、取證富、體例密、校勘精，是迄今爲止最好的一部《爾雅》校本。①

此外，涉及《爾雅》文字方面的研究著作還有戴震《爾雅文字考》一卷，然不見有刊刻此書者，恐已亡佚。史詮作《爾雅异文考》，據《爾雅詁林序録》稱，此書收《爾雅》异文近千條，一般僅標出相異之字不加按語。其書於清人研究成果絶少引用，見聞尚不够廣闊，研究也不够深入。該書是手稿本，眉批夾注雜糅，塗抹添改間出，辨認閱讀皆感困難。馬宗薌《爾雅本字考》一卷，其所考只限《爾雅·釋詁上》，與本書無關。

《爾雅》成書至今，研究著作衆多，爲方便讀者利用這些成果，朱祖延組織力量編成《爾雅詁林》一書。該書共六册，前五册爲《爾雅》正文及各家疏釋，最後一册爲序跋和相關研究資料。趙振鐸概括其有三大優點：收羅宏富、擇本精審、編排得當。②它既是一部大型的富有學術意義的古籍整理著作，也是一部資料極爲豐富的古文化百科性工具書；既是一部《爾雅》大全，也是一部大型的古詞語訓釋的資料性辭書。

---

① 朱祖延等：《周祖謨〈爾雅校箋〉》，《爾雅詁林叙録》，湖北教育出版社 1998 年版，第 194—195 頁。
② 趙振鐸：《〈爾雅〉和〈爾雅詁林〉》，《古漢語研究》1998 年第 4 期。

（二）前賢研究存在的問題

前賢在《爾雅》文字研究方面做出了不少貢獻，但也存在不足之處。可以概括爲以下四點：首先，研究範圍不夠開闊，從文字學角度研究《爾雅》的著作很少，大部分著作衹是涉及一部分。研究範圍的不足也影響了研究的深度。其次，研究材料有限，隨著時代的發展，新材料不斷涌現，由於時代的局限性，前人未能利用新材料如《玉篇》（殘卷）、《名義》等。再次，研究方法不夠完善，前人篤信《説文》，所以在研究時一以《説文》爲據，不知《説文》未必盡爲可信。最後，研究得出的某些觀點和結論有誤。例如：

（1）《釋宫》："樞達北方謂之落時，落時謂之戹。"《釋文》："戹，本或作戺，同，音俟。《廣雅》云：兩砌也。本或作扈，同，音户。"

《爾雅匡名》："《説文》戺乃古文配字，恐非。此義當以扈爲正。"

按：《廣雅·釋宫》："柣、戺、橜，砌也。"《釋文》"兩砌也"當爲"戺砌也"之誤。《説文·臣部》："配，廣臣也。從臣、巳聲。戺，古文配從户。"段注以爲"廣臣"當作"廣頤"，臣、頤同字。《名義·户部》："戺，鋤兒反，砌也，待也，廣也，頤也，長也[①]。""砌也"正合《廣雅》，"廣也，頤也"當作"廣頤也"，正合《説文》配字釋義。《名義·臣部》："配，與之反，長也，美也。"《玉篇》作："配，與之切，廣臣也，長也，《字書》云：美也。"則戺正配字，戺訓"砌"乃别一義也。蓋戺易位作扈，其字罕見，故流俗改爲扈字，《匡名》以爲扈字爲正，不妥。

（2）《釋宫》："塊謂之坫，墻謂之墉。"郭注："在堂隅。坫，端也。《書》曰：既勤垣墉。"《釋文》："坫，丁念反，《説文》云：屏墻。"

[①] 《名義》注文以"、"號代替"也"字，間或代替"字"字。本書引用時，凡代替"也"字之"、"號，徑改作"也"字；代替"字"字之"、"號，則略作説明。

俞樾《爾雅平議》："疑坫乃陁之假字，《説文·𠂤部》：陁，壁危也。垣毀、壁危義正相近，故堄謂之陁矣。《釋文》曰：堄又本作坄，則因陁字假作坫，故改堄爲坄以合之。非《爾雅》之舊也。其下云：墻謂之墉，可知此文亦以墻垣言矣。"

按：《説文·土部》："坫，屏也。"《名義·土部》："坫，都念反，屏墻也。"與《釋文》所引《説文》正合。俞氏謂"堄謂之坫"是就墻垣而言，是也。坫謂屏墻，似乎不必改爲陁字。又《玉篇》《名義》坫、堄列於一處，《説文》意義相近的字排列在一起是其特點，今本《説文》二字分列异處，誤。垣、墉《名義》《玉篇》亦列一處。

（3）《釋宮》："一達謂之道路，二達謂之岐旁。"郭注："岐道旁出也。"《釋文》："歧旁，郭如字，樊本作坟，音支。"

嚴元照《爾雅匡名》："《釋文》云：歧，樊本作坟。案：《説文·止部》無歧字，《土部》無坟字。《説文》（足部）：跂，足多指也。從足、支聲。古字足、止偏旁通借，故又作歧。"

按：坟字不見於《説文》《名義》《玉篇》，《説文》《名義》亦無歧字。阮元《爾雅注疏校勘記》"二達謂之岐旁"下云："唐石經、單疏本、雪牕本、注疏本同。《釋文》作歧旁，字從止。《一切經音義》卷二十'歧路'下引《爾雅》'二達謂之歧旁'。《五經文字》云：'俗以岐爲山名，别作歧路字，字書無。'按：《玉篇·止部》：'歧，翹移切，歧路也。'《廣韻·五支》：'岐，山名。歧，歧路。'是六朝以來'歧路'字多從止矣。"《玉篇》（殘卷）卷二二《山部》："岐……《爾雅》道：'二達謂之岐旁。'郭璞曰：'𣏌，道旁出者也。'野王案：道支分也。……《説文》𣏌字也。"《説文·邑部》："郂，周文王所封，在右扶風美陽中水鄉。岐，郂或從山、支聲。因岐山以名之也。𣏌，古文郂從枝、從山。"是其字本當作岐。嚴氏《匡名》以爲石經作岐誤，字當作跂，古字足、止偏旁通借，故又作歧。不知"歧旁"作岐字由來已久，又謂歧乃跂字偏旁通借，不知歧由岐字而來。

(4)《釋宮》："室中謂之時。堂上謂之行，堂下謂之步。門外謂之趨，中庭謂之走，大路謂之奔。"郭注："此皆人行步趨走之處，因以名云。"

嚴元照《爾雅匡名》："《正義》云：時，《玉篇》（足部）引作跱，跱，上也。元照案：《說文·足部》無跱字，當作峙。《說文》（止部）：峙，踞也。從止、寺聲。此記行步自遲之節。室中之行，峙踞安徐可也，故謂之峙。"

按：《釋宮》："室中謂之時。"字作時。字或從足作跱，《玉篇·足部》："跱，除几切，《爾雅》曰：室中謂之跱。"嚴氏《匡名》謂《說文》無跱字，字當作峙。《說文·止部》："峙，踞也。從止、寺聲。"同書《足部》："踞，峙踞，不前也。從足、屠聲。"是"峙踞"爲雙聲聯綿詞，字又作踟躕、跱踞、峙躕、踟躕[①]。《玉篇》所見《爾雅》作跱字，依《爾雅》用字例，當是淺人以行、步、趨、走、奔皆爲動作詞，故易日旁爲足旁，此"跱"字與"峙踞"字不同。

(5)《釋器》："珪大尺二寸謂之玠，璋大八寸謂之琡，璧大六寸謂之宣。"郭注："《漢書》所云'瑄玉'是也。"《釋文》："宣，如字，本或作瑄，音同。"

郝懿行《爾雅義疏》："宣者，《釋文》云：宣，如字，本或作瑄，音同。郭引《漢書·郊祀志》云：有司奉瑄玉。孟康注：璧大六寸謂之瑄。《類聚》引《爾雅》正作瑄，瑄，俗字也。臧氏《經義雜記》廿八云：《說文》無瑄字，有珣字，云：玉器。讀若宣。知《爾雅》宣字當作珣。"

按：《爾雅》字作宣，《釋文》有异文作瑄。《說文》《名義》無瑄字。《集韻》平聲《僊韻》："瑄，璧大六寸也。通作宣。"其字蓋本作宣，後加玉旁。《唐韻》平聲《宣韻》："瑄，璧瑄；又長尺已上也。"此瑄字早見者。郝氏引臧氏以爲即《說文》珣字，不確。

[①] 朱起鳳：《辭通》，上海：開明書店1934年版，第362頁。

（6）《釋樂》："大簫謂之沂。"郭注："簫以竹爲之，長尺四寸，圍三寸，一孔上出寸三分，名翹，橫吹之。小者尺二寸。《廣雅》云：八孔。"《釋文》："沂，郭魚斤反，又魚靳反，李、孫云：簫聲悲，沂，悲也。或作簫，又作𥱀，音宜肌反。"

俞樾《爾雅平議》："沂，誤字也。《釋文》引孫炎曰：簫聲悲。沂，悲也。《太平御覽》卷五百八十引舍人曰：大簫其聲悲，沂鏘然也。夫沂與悲義了不相涉，若果是沂字，則古人必不作是解矣。沂當作訢，《説文・言部》：訢，悲聲也。舍人注云：其聲悲訢。孫炎注云：訢，悲也。皆與字義合。今作沂者，疑別本或假㶏爲訢，其字闕壞，遂成沂矣。"

按：《釋樂》："大簫謂之沂。"字作沂。字或换旁作簫、𥱀，《釋文》："沂，郭魚斤反，又魚靳反，李、孫云：簫聲悲，沂，悲也。或作簫，又作𥱀，音宜肌反。"《説文》無簫、𥱀字，《集韻》平聲《欣韻》："簫、𥱀、䈻，大簫。或作𥱀、䈻。通作沂。"其字蓋本作沂，後替换水旁爲龠旁或於沂上徑加竹旁。俞氏之説殆誤，其一：俞氏言當作訢，假作㶏，訛作沂者，實爲臆測，并無書證。其二：沂訓悲，古人之説未必可信，即使其説可從，訓"悲"之字未必有正字，故衹權借"沂"字爲之亦未嘗不可。其三：從漢字發展演變來看，先有沂字，後有從龠之簫或從竹之𥱀。若原本作訢，爲何没有訢字加龠旁或竹旁者？古人囿於《説文》，誠不可信。

（7）《釋天》："穀不熟爲饑，蔬不熟爲饉，果不熟爲荒，仍饑爲荐。"郭注："凡草菜可食者，通名爲蔬。"

《爾雅匡名》："蔬，《説文・艸部》新附字，當作䔂，《説文》（䰞部）：䔂，鼎實，惟葦及蒲。從䰞、速聲。或從食、束聲作餗。《釋器》：菜謂之蔌，即餗字也。疏、餗聲相近，故轉爲疏，俗又加艸。《一切經音義》（十八）引作疏。"

《爾雅正名》："蔬䔂，惠氏棟曰：《淮南・主術篇》：秋畜疏食。

高注：菜蔬曰疏，穀食曰食。然則疏不從艸。案：《禮記》：嘉疏。釋文：疏，本又作蔬。"黃侃評："疏菜字正應作𥹲，糧也。《莊子・天道》：鼠壤有餘蔬。司馬本正作䉧。《周禮・太宰》注：疏材，草木根實可食者。然則疏固糧之類也。"①

按：《說文》無蔬字，其字經典作疏，《論語・憲問》："飯疏食。"《釋文》："蔬，本今作疏。"《禮記・射義》："孔子射於矍相之圃。"鄭玄注："樹菜蔬曰圃。"《釋文》："一本作疏。"《周禮・天官・大宰》："聚斂疏材。"鄭玄注："疏不孰曰饉。"其字蓋本借疏字為之，後加艸旁。《集韻》平聲《魚韻》："蔬，凡艸菜可食者通名為蔬，郭璞說。通作疏。"《名義・艸部》："蔬，所居反，草木實，菜食。"《匡名》以為即《說文》𩞁（餗）字，黃侃以為字正應作"𥹲"，嚴氏、黃氏從《說文》找正字，不知《說文》之字未必盡本字。

(8)《釋山》："山夾水，澗。陵夾水，漮。"郭注："別山陵間有水者之名。"《釋文》："漮，魚俱反，本又作虞。"

《爾雅正名》："漮𩰶，《釋文》：漮，本又作虞。"黃侃評："漮亦𣱏之變字，水厓也。變文言之，則云陵夾水耳。"②

按：《說文》無漮字，《釋文》："漮，魚俱反，本又作虞。"其字蓋本作虞，後加水旁。《名義・水部》："漮，遇俱反，山夾水曰漮。"黃侃以為漮亦汁之變字，不確。《正名》引《釋文》以為字當作虞，是也。

(9)《釋水》："河水清且瀾漪，大波為瀾，小波為淪，直波為徑。"《釋文》："漪，本又作猗，於宜反。"

《爾雅正名》："漪𣱏，《釋文》：漪，本又作猗。案：《詩》作猗。"黃侃評："猗為語詞。字正作丂。"③

---

① 黃侃評：《黃侃手批爾雅正名》，武漢大學出版社1986年版，第59頁。
② 黃侃評：《黃侃手批爾雅正名》，武漢大學出版社1986年版，第73頁。
③ 黃侃評：《黃侃手批爾雅正名》，武漢大學出版社1986年版，第75頁。

按：《説文》無漪字，《釋文》："漪，本又作猗，於宜反。"《詩·衛風·伐檀》字作猗。蓋其字本作猗，後加水旁。《名義·水部》："漪，於宜反，清也，重波也。"黄侃以爲字當作丆，《説文·丂部》："丆，反丂也。讀若呵。"誤也。

（10）《釋草》："荷，芙渠。其中的。"郭注："蓮中子也。"《釋文》："的，丁歷反，又户了反，或作菂，同。"

《爾雅匡名》："案：的、菂二字皆不見於《説文》，此字當作勺。張載《魯靈光殿賦》注引《爾雅》作菂，李善曰：菂與勺同音的。《玉篇》云：勺，都歷切，蓮子也。《廣韻》（二十三錫）云：勺，蓮中子也。"

按：又《釋草》："的，薂。"郭注："即蓮實。"《釋文》："菂，丁歷反，本今作的。"《説文》無菂字。其字蓋本借作的字，後加艸旁。《名義·艸部》："菂，都歷反，蓮中子也。"菂或省作芍，《集韻》入聲《錫韻》："菂、芍，芙蕖中子。或省。通作的。"《爾雅匡名》謂其字本當作勺，不知芍爲菂字之省，誤也。《説文·艸部》："芍，鳧茈也。從艸、勺聲。"菂省作芍，與《説文》字同形。

第二章

《爾雅》名物詞用字歷時考察

　　隨着時代的發展，《爾雅》名物詞用字發生了巨大變化，前賢已注意到這一現象，江藩《爾雅小箋》序云："在當時，經文皆篆書，讀者望文即知形聲，故但著訓義而略形聲也。至西京時變篆爲隸，形聲已非其舊，然篆隸之體不甚相遠，其文猶可考索。嗣後變隸爲楷，形聲皆失矣。字體在後漢已大壞，如持十爲斗、屈中爲蟲，鄉壁虛造，變亂常行。此許叔重所以歎古文欲絶而作《説文解字》也。桓靈之世，賄改蘭臺漆書，而文字逾壞矣。魏晉以降，譌體百出，詭更正文。變騆爲駆，改悖作背，易荼爲茶，别葌作花。艸木之名，無不從艸從木。蟲魚之屬，亦皆從虫加魚。文義乖舛，違戾六書，且傳寫多訛，帝虎魯魚，輾轉滋謬。徐鼎臣曰：《爾雅》所載草木魚鳥之名，肆意增益，不可觀矣。"

　　現存《爾雅》最早的完整版本是宋本，宋本之前如敦煌本爲殘卷，宋本之後又是在宋本基礎上傳抄而成的，因此，宋本最接近《爾雅》原貌，本書以宋蜀大字本爲底本，參考其他本子，對歷代字書和經典文獻中的《爾雅》名物詞用字作出歷時考察。《爾雅》名物詞用字是記錄名物的，其字或加相應表意部件，如"崐崘"爲山，故從山旁。或無表意部件，如"倉庚"爲鳥，字無鳥旁。或字有表意部件而表意部件與所記錄之名物無干，如"扶摇"謂風，字不從風。我們以《爾雅》

名物詞用字有無加相應表意部件爲基準對其進行考察，對添加相應表意部件的字追溯其源泉，對字不加旁或表意部件與《爾雅》所記録之名物無干者則考究其流變。

第一節 《爾雅》名物詞用字溯源

溯源《爾雅》名物詞用字不得不提《說文》，前賢很重視《說文》《爾雅》兩書，黄焯在《爾雅音訓·序》中説："先叔父季剛先生嘗誨焯曰：'《爾雅》解釋群經之義，無此則不能明一切訓詁，《說文》解釋文字之原，無此則不能得一切文字之由來。'蓋無《說文》，則不能通文字之本，而《爾雅》失其依歸；無《爾雅》則不能盡文字之變，而《說文》不能致用。如車之運兩輪，鳥之鼓雙翼，欠一則敗矣。"[1]楊峴《爾雅正名序》："余惟《爾雅》一書，周公所著，區目十九，即是附益。然而通古今之異言，綜六藝之條貫，言故訓者莫或先之。數千年來，迻寫譌舛，偏旁俗增，各書徵用，絢歧滋惑，所由漸矣。許書博采通人，稽譔其説，秦漢前文字靡不網羅，第不能無放失。以爲主明字例，不必盡天下之字也。援《爾雅》證許書，而許書有據。證《爾雅》以許書，而許書詎無憾乎。"[2]

《說文》爲東漢許慎撰，是中國現存最早的字典。後世楷書字典，或直接、或間接受到《說文》的影響。黄侃先生稱它爲"一切字書之根柢，亦即一切字書之權度"[3]。據《說文·叙》，《說文》收字總數爲 10516 個，其中正篆 9353 個，重文 1163 個。《說文》收字衆多，然而通過研究，我們發現現存《爾雅》中的許多字《說文》并没有收

---

[1] 黄焯：《爾雅音訓序》，《爾雅詁林叙録》，湖北教育出版社 1998 年版，第 349 頁。
[2] （清）楊峴：《爾雅正名序》，《爾雅詁林叙録》，湖北教育出版社 1998 年版，第 333 頁。
[3] 黄侃述，黄焯編：《文字聲韻訓詁筆記》，上海古籍出版社 1983 年版，第 71 頁。

錄①。《爾雅》成書早於《說文》，《說文》又屢引《爾雅》，《爾雅》之字《說文》應當盡收。梁、陈间顧野王《玉篇》是現存最早的楷書字典，顧氏《玉篇》以《說文》爲基礎編纂而成，據《封氏聞見記》，顧氏《玉篇》收字16917個，目前其書僅存殘卷。日本空海法師《篆隸萬象名義》是依據顧野王《玉篇》編寫而成的，其分部列字的情況與《玉篇》（殘卷）相合，所以16900多字也與顧野王《玉篇》相當，楊守敬在《日本訪書志》稱它"直當一部顧氏原本《玉篇》可矣"。今本《爾雅》的大部分字《名義》已有收錄。

一 《說文》無加旁字，《說文》及其他材料用不加旁字

《爾雅》名物詞用字多加表意部件，而《說文》却没有添加表意部件之字，通過考察，我們發現《說文》及其他材料也多用不加表意部件之字以記録《爾雅》名物詞。這些材料包括經典文獻、傳世字書、《經典釋文》等。

（一）《說文》無加旁字，《說文》、文獻用不加旁字

【崑崙】《釋地》："西北之美者，有崑崙虛之璆琳琅玕焉。"

按：字或作崐崘，《說文新附》："崐，崐崘，山名；崘，崐崘也。"《說文》無崑崙、崐崘字，《說文·水部》："河，水，出焞煌塞外昆侖山，發原注海；泑，澤，在昆侖下。"字俱作"昆侖"。大徐本崑下注云："《漢書》揚雄文通用昆侖。"其字蓋本作昆侖，後加山旁。顧野王《玉篇》已有崑崙字，參《玉篇》（殘卷）卷二二《山部》。

【洲】《釋水》："水中可居者曰洲，小洲曰陼，小陼曰沚，小沚曰坻，人所爲爲潏。"

---

① 本書所説的"字"，是指字形而言，而不是指記録某事物的詞。文中提到的某書無某字，并非指此書中没有記録這個詞的字，而是指此書中没有這個字形。

按：《説文》無洲字，《説文·川部》："州，水中可居曰州。周遶其旁，從重川。昔堯遭洪水，民居水中高土，故曰九州。《詩》曰：在河之州。"大徐本注："臣鉉等曰：今別作洲，非是。"其字蓋本作州，後加水旁。《名義·水部》："洲，之由反，水中可居。"

【菤】《釋草》："菤耳，苓耳。"郭注："《廣雅》云：枲耳也。亦云胡枲，江東呼爲常枲，或曰苓耳。形似鼠耳，叢生如盤。"

按：《説文》無菤字，《釋文》："菤，謝作卷，九轉反。耳，《詩》'卷耳'，是也。"今《詩·國風·卷耳》正作卷字。《説文·艸部》："苓，卷耳也。"其字蓋本作卷，後加艸旁。《名義·艸部》："菤，九轉反，卷耳，苓耳也。"

【蠯】《釋蟲》："蠯螽，蠜。"郭注："《詩》曰：趯趯阜螽。"

按：《説文》《名義》《玉篇》《廣雅》無蠯字。郭璞引《詩》作"阜螽"，今《詩·召南·草蟲》正作"阜螽"。《説文·虫部》："蠜，阜蠜也。"其字蓋本作阜，後加虫旁。字又或作蜉，《名義·虫部》："蜉，扶九反，蠜，螽。"

【鷾鴯】《釋鳥》："鸒斯，鷾鴯。"郭注："鴉烏也。小而多群，腹下白，江東亦呼爲鵯烏。音匹。"

按：《説文》無鷾、鴯字，《釋文》："鷾，音匹；鴯，音居，本或作居。"《説文·鳥部》："鵯，卑居也。"《説文·隹部》："雅，楚烏也。一名鸒。一名卑居。秦謂之雅。"《詩·小雅·小弁》："弁彼鸒斯，歸飛提提。"傳曰："鸒，卑居。卑居，雅烏也。"其字蓋本作"卑居"，後加鳥旁。

（二）《説文》無加旁字，《説文》用不加旁字

【熟】《釋天》："穀不熟爲饑，蔬不熟爲饉，果不熟爲荒，仍饑爲荐。"

按：《説文》無熟字，《説文·丮部》："孰，食飪也。從丮、𦎫聲。

《易》曰：孰飪。"《名義·火部》："熟，時祝反，孰字。"其字蓋本作孰，後加火旁。敦煌本《爾雅注》字正作孰①。

【迴】《釋天》："焚輪謂之穨，扶搖謂之猋。風與火爲庉，迴風爲飄。"

按：《說文》無迴字，《說文·風部》："飄，回風也。"字作回。

【源】《釋水》："江、河、淮、濟爲四瀆。四瀆者，發源注海者也。"

按：《說文》無源字，《說文·水部》："河，水，出焞煌塞外昆侖山，發原注海。"字作原。《說文·厵部》："厵，水泉本也。從厵，出厂下。原，篆文從泉。"大徐本注云："臣鉉等曰：今別作源，非是。"其字本作原，後加水旁。《名義·水部》："源，語園反，水本也。"

【蓯】《釋草》："蘢，天蘥。須，葑蓯。"

按：《說文》無蓯字，《說文·艸部》："葑，須從也。"《說文》與《爾雅》略異，然字無艸旁。其字蓋本作從，後加艸旁。《名義·艸部》："蓯，胥瑜反，蓯，葑蓯也。"

【芅】《釋草》："長楚，銚芅。"郭注："今羊桃也，或曰鬼桃。葉似桃，華白，子如小麥，亦似桃。"

按：《釋文》："芅，音翼，字亦作弋。"《說文·艸部》："萇，萇楚，跳弋。一名羊桃。"小徐本作"銚弋"。疑大徐本有誤。其字蓋本作弋，後加艸旁。《名義·艸部》："芅，餘識反，羊桃也。"

【楰】《釋木》："棪，楰其。"郭注："棪實似柰，赤，可食。"

按：《說文》無楰字，《說文·木部》："棪，遫其也。"遫即速字②，《名義·木部》："棪，餘冉反，速[其]也③，實似柰，赤色，可食。"其字蓋本作遫（速），後加木旁。

【蟋】《釋蟲》："蟋蟀，蛬。"郭注："今促織也。亦名青蠘。"

---

① 原字左旁爲"辜"，右旁爲"丸"，今楷定之。
②《說文·辵部》："速，疾也。遫，籀文從欶。"
③ 所引文獻存在省文、脫文、闕文，酌情補出，所補文字用"[ ]"標示；闕文一時難以補出，則以"□"號標示，一個"□"號表示闕一字。

按:《說文》無蟋,《說文·虫部》:"蟀,悉蟀也。"大徐本注云:"臣鉉等曰:今俗作蟀,非是。"其字蓋本作悉,後加虫旁作蟋。《名義·虫部》:"蟋,所櫟反,蚕也。"

【虰】《釋蟲》:"虰蛵,負勞。"郭注:"或曰即蜻蛉也,江東呼狐棃。所未聞。"

按:《說文》無虰字,《說文·虫部》:"蛵,丁蛵,負勞也。"其字蓋本作丁,後加虫旁。

【蚇】《釋蟲》:"蠖,蚇蠖。"郭注:"今蜘蠋。"

按:《說文》無蚇字,《釋文》:"蚇,音尺,《易》云:尺蠖之屈以求伸也。亦作尺。"《說文·虫部》:"蠖,尺蠖,屈申蟲。"其字蓋本作尺字,後加虫旁。

【賹】《釋魚》:"貝,居陸賹。在水者蜬。"郭注:"水陸异名也。貝中肉如科斗,但有頭尾耳。"

按:《說文》無賹字,《釋文》:"賹,字亦作猋,方遙反。"《說文·貝部》:"貝,海介蟲也。居陸名猋,在水名蜬。"其字蓋本作猋,後加貝旁。《名義·貝部》:"賹,伊姚反①,貝居陸也。"

【鵳】《釋鳥》:"鵜,鴮鸅。"郭注:"今之鵜鵳也。好群飛,沈水食魚,故名洿澤。俗呼之爲淘河。"

按:《說文》無鵳字,《說文·鳥部》:"鵜,鵜胡,污澤也。鵜,鵜或從弟。"字作胡。其字蓋本作胡,後加鳥旁。《玉篇》:"鵳,户徒切,鵜鵳②。"

【蹯】《釋獸》:"貍、狐、貒、貉醜,其足,蹯;其迹,厹。"郭注:"皆有掌蹯。"

按:《說文》無蹯字,《說文·釆部》:"番,獸足謂之番。從釆,

---

① 《名義》反切上字有誤,當是"俾"字之誤,《玉篇》作"卑遙切"。
② 《名義·鳥部》:"鵳,扈徒反,似雉,青頭白。"《爾雅·釋鳥》:"鷄鷃鳥。"郭注:"似雉,青身,白頭。"《名義》釋義來源不同。

21

田象其掌。蹞，番或從足、從煩。𩢍，古文番。"番字"從釆，田象其掌"，複加足旁遂成蹯字。《名義·足部》："蹯，輔園反，熊掌也。蹞（蹞），番字①，蹯字。"

（三）《說文》無加旁字，文獻用不加旁字

【櫍】《釋宮》："鏝謂之杇。椹謂之榕。"郭注："斫木櫍也。"

按：《說文》無櫍字，《周禮·考工記·弓人》："利射革與質。"鄭玄注："質，木椹。"《名義·木部》："櫍，之逸反，椹也，質字。"《廣雅·釋器》："杬、櫍，椹也。"王氏《疏證》："椹，或作鑕。櫍，或作鑕，通作質。"其字蓋本作質，後加木旁。

【樴】《釋宮》："雞棲於弋爲榤，鑿垣而棲爲埘。"郭注："今寒鄉穿墻棲雞，皆見《詩》。"

按：《說文》無樴字，《詩·王風·君子于役》"雞棲於桀"，字作桀。《名義·桀部》："桀，奇列反，樴字。"又《木部》："樴，奇列反，弋也，桀字。"其字蓋本作桀，後加木旁。

【塾】《釋宮》："門側之堂謂之塾。"郭注："夾門堂也。"

按：《說文》無塾字，《爾雅匡名》以爲"凡經典塾字皆當作埻"。《說文·土部》："垫，堂塾也。"段玉裁改作"門堂孰也"，注云："堂無塾，門堂乃有塾，刪去門字，於制不可通矣。孰，經典皆作塾，以孰加土，猶以孰加火耳。謂之孰者，《白虎通》云：所以必有塾何，欲以飾門因取其名。明臣下當見於君，必孰思其事。是知其字古作孰而已。後乃加之土也。……孰字依《白虎通》及崔豹《古今注》則正作孰，俗作塾皆可。近儒或曰當作埻，埻之音義皆與孰迥隔。若《後漢書·劉演傳》：書伯升像于塾，旦起射之。《東觀記》《續漢書》并作埻。此乃所傳之異，不得云埻即塾字也。"段氏所言當是。《名義·土

---

① "字"原作點號，今依《說文》改。

部》："塾，殊鞠反，門側堂也①。"

【㙛】《釋宮》："室有東西廂曰廟。無東西廂，有室曰寢，無室曰榭。"郭注："榭即今堂㙛。"

按：《説文》無㙛字，字當作皇，《漢書》卷六七《胡建傳》："列坐堂皇上。"顏師古注曰："室無四壁曰皇。"《名義・土部》："㙛，胡光反，合殿也。"《玉篇・土部》："㙛，胡光切，《爾雅》云：'無室曰榭'，即今堂㙛也。"

【袿】《釋器》："衣裗謂之祝。"郭注："衣縷也。齊人謂之攣。或曰袿衣之飾。"

按：《説文》無袿字，《釋名・釋衣服》："婦人上服曰袿，其下垂者，上廣下狹，如刀圭也。"畢沅疏證："上服，上等之服也。鄭注《周禮・内司服》云：'今世有圭衣者，蓋三翟之遺俗。'按：三翟王后六服之上也，故圭衣爲婦人之上服，今本圭字加衣旁，俗也。"其字蓋本作圭，後加衣旁。《名義・衣部》："袿，古攜反，裾也，攜。"

【嶠】《釋山》："山小而高，岑。鋭而高，嶠。卑而大，扈。小而衆，巋。"

按：《説文》無嶠字，《説文新附》："嶠，山鋭而高也。從山、喬聲。"大徐注云："古通用喬。"《釋名・釋山》："山鋭而高曰喬，形似橋也。"其字蓋本作喬，後加山旁。字又或易位作嶢，《釋文》："嶠，渠驕反，郭又音驕，《字林》作嶢，云：山鋭而長也。巨照反。"

【蘆】《釋草》："莪，蘿。"郭注："今莪蒿也。亦曰蔍蒿。"

按：《説文》《名義》《玉篇》《廣韻》無蘆字。《太平御覽》卷九九七"莪蒿"條引郭注作"亦曰廩蒿"。其字蓋本作廩，後加艸旁。

【蠓】《釋蟲》："蠓，蠛蠓。"郭注："小蟲，似蚋，喜亂飛。"

按：《説文》無蠓字，《漢書・揚雄傳》："浮蔑蠓而撇天。"顏師古注："晉灼曰：蔑蠓，蚊也。"其字蓋本作蔑，後加虫旁。《名義・

---

① 其後作"㘽"（垜），徒果反，上字。"垜字及釋義誤入塾字釋義下，"上字"謂同塾義也。

虫部》："蠽，亡結反，蠓。"

【鵻鴀】《釋鳥》："隹其，鵻鴀。"郭注："今鵓鳩。"

按：《說文》無鵻、鴀二字，《釋文》："鵻，本亦作夫。《字林》甫于反；鴀，本亦作不，同。方浮、方九二反。夫不，楚鳩也。"《詩·小雅·四牡》："翩翩者鵻。"傳云："鵻，夫不也。"字作"夫不"。《名義·鳥部》："鵻，方於反，同上①。"又"鴀，夫有反"。《玉篇·鳥部》："鵻，方于切，鵻鳩也。"又"鴀，甫鳩切，鴀鳩"。

【騕】《釋畜》："騋牝驪牡。玄駒，褭驂。"郭注："玄駒，小馬，別名褭驂耳。或曰此即騕褭，古之良馬名。"

按：《說文》無騕字，《漢書·司馬相如傳》："蹷要褭，射封豕。"張揖注曰："要褭馬，金喙赤色，一日行萬里者。"其字蓋本作要，後加馬旁。《名義·馬部》："騕，於皎反，神馬也。"

【騜】《釋畜》："騜白，駁。黃白，騜。"郭注："《詩》曰：騜駁其馬。"

按：《說文》無騜字，《毛詩·豳風·東山》作："皇駁其馬。"毛傳："黃白曰皇。"《說文》"驑"字引《詩》作"有驑有騜"，今《毛詩·頌·駉》亦作"皇"。其字蓋本作皇，後加馬旁。《名義·馬部》："騜，胡光反，黃白也。"

【犪】《釋畜》："犩牛"郭注："即犪牛也。如牛而大，肉數千斤，出蜀中。《山海經》曰：岷山多犪牛。"

按：《說文》《名義》《玉篇》無犪字，《山海經·中山經·中次九經》："其獸多犀、多夔牛。"郭璞云："今蜀山中有大牛，重數千斤，名爲夔牛，即《爾雅》所謂犩。"《山海經》及郭注并作"夔"。蓋其字本作夔，後加牛旁。故宮本《裴韻》平聲《脂韻》夔小韻："犪，案：野牛，見《山海經》。"②

---

① 上字爲鵻、鴀二字。《名義》以爲"鵻"字同"鵓鵓"，蓋"鵓鵓"亦即"鵻鴀"。
② （唐）裴務齊：《裴務齊正字本刊謬補缺切韻》，《唐五代韻書集存》，中華書局1983年版，第549頁。

第二章 《爾雅》名物詞用字歷時考察

【犝】《釋畜》："犝牛。"郭注："今無角牛。"

按：《說文》無犝字，《易·大畜》："童牛之牿[①]。"《釋文》："童牛，無角牛也。"《後漢書·西南夷傳》："有旄牛，無角，一名童牛，肉重千斤，毛可爲毦。"則其字蓋本作童，後加牛旁。《名義·牛部》："犝，徒東反，無角牛。"

（四）《說文》無加旁字，字書有不加旁字

【栱】《釋宮》："栭謂之杙。在牆者謂之楎，在地者謂之臬。大者謂之栱，長者謂之閣。"

按：《說文》《名義》無栱字，《集韻》平聲《鍾韻》："栱、共，《爾雅》：杙大者謂之栱。或省。"其字蓋本作共，後加木旁。《玉篇·木部》："栱，居冢切[②]、渠恭二切，《爾雅》曰：杙大者謂之栱。"

【繸】《釋器》："繸，綬也。"郭注："即佩玉之組，所以連繫瑞玉者，因通謂之繸也。"

按：《說文》《名義》無繸字，《玉篇》（殘卷）卷二七《糸部》："綬，時帚反，《爾雅》：遂，綬也。郭璞曰：即佩玉之組所以車連[③]繫瑞玉，因通謂之遂也。"則野王所見《爾雅》作"遂"。蓋其字本借遂字爲之，後加糸旁。《義疏》《正名》以爲字當從《說文》作繸，黃侃以爲此說非是，然又云："《爾雅》此文本作璲，亦璽之別字。"[④]黃氏說亦誤。《爾雅匡名》以爲"正文亦當作遂，從玉、從糸皆後人所增加字也"。此說甚是，今《玉篇》（殘卷）可證其說。故宮本《裴韻》去聲《至韻》："繸，珮玉。"此蓋繸字於字書之早見者。《玉篇·糸部》："繸，徐醉切，凶具。"《說文·衣部》："襚，衣死人也。從衣、遂

[①]《說文》告字下引《易》作"僮牛之告"。從文字發展角度看，"僮"亦是在"童"字基礎上分化產生的。

[②]"切"字當衍。

[③]"車連"兩字當爲"連"字之誤。

[④] 黃侃評：《黃侃手批爾雅正名》，武漢大學出版社1986年版，第55頁。

25

聲。《春秋傳》曰：楚使公親襚。"疑《玉篇》縗字即襚之換旁，與此爲同形字。

【芏】《釋草》："芏，夫王。蕨，月爾。"郭注"芏，夫王"云："芏草生海邊，似莞藺。今南方越人采以爲席。"郭注"蕨，月爾"云："即紫蕨也。似蕨，可食。"

按：《説文》無芏字，《釋文》："基，郭音其，字亦作蕨，紫蕨菜也。《説文》云：蕨，土夫也。"《説文·艸部》："蕨，蕨月爾也。從艸、綦聲。"與《釋文》所引不同。阮元《爾雅注疏校勘記》："此則許氏讀《爾雅》'芏夫，王蕨'爲句，與郭氏異讀。今本《説文》作'蕨，月爾也'，係據郭本竄改，非許慎原文。"《名義·艸部》："蕨，勒之反①，紫蕨也，似蕨也，土夫也。"《名義》云"紫蕨也，似蕨也"即本郭注。又云"土夫"，似又爲《説文》舊文。如依《釋文》及其所引《説文》，芏字原當作土，後加艸旁。《名義·艸部》："芏，兔、杜二音，似莞藺也。"

【梂】《釋木》："朹，檕梅。"郭注："朹樹狀似梅。子如指頭，赤色，似小柰，可食。"

按：《説文》《名義》《玉篇》無梂字，《名義·木部》："朹，渠鳩反，檕梅也，赤，似小柰也。"字作柰。《齊民要術》卷一〇"朹"條引《爾雅》郭注亦作"柰"。其字蓋本作柰，柰又作奈②，奈加木旁即梂字。

（五）《説文》無加旁字，《釋文》有不加旁字

【淏】《釋地》："梁莫大於淏梁。"郭注："淏，水名。梁，隄也。"

按：《説文》《名義》無淏字，《玉篇》（殘卷）卷二二《阜部》陵下引《爾雅》作"昊梁"，《公羊傳·襄公十六年》："公會晉侯、宋公、

---

① 《玉篇》蕨字"勒之切"，當是。
② 《名義·木部》："奈，那賴反，如何也，遇，那也。"《玉篇·木部》："奈，那賴切，果名，又柰何也。梂，同上。"《玉篇·大部》："奈，奴太切，正作柰。"

衛侯、鄭伯、曹伯、莒子、邾婁子、薛伯、杞伯、小邾婁子于溴梁。"《釋文》："溴梁，本又作溴，古闃反。"其字蓋本作臭，後加水旁。

【蟪】《釋蟲》："蜓蚞，螇螰。"郭注："即蟪蛄也，一名蟪蛄。齊人呼螇螰。"

按：《説文》無蟪字，《莊子·逍遥遊》："朝菌不知晦朔，蟪蛄不知春秋。"《釋文》："惠，本亦作蟪，同。蛄，音姑，司馬云：惠蛄，寒蟬也。"其字蓋本作惠，後加虫旁。《名義·虫部》："蟪，胡桂反，蚓蟒。"

【鵨鵋】《釋鳥》："鵨鵋鳥。"郭注："似雉，青身，白頭。"

按：《説文》無鵨字，《釋文》："鵨，徒忽反，本亦作突。"《太平御覽》卷九二八引《爾雅》作"突鵋鳥"。其字蓋本作突，後加鳥旁。《説文》亦無鵋字，《釋文》："胡，字或作鵋。"則陸氏所見《爾雅》作胡。《名義·鳥部》："鵨，徒骨反，鶘。"

二 《説文》無加旁字，其他材料用他字

《爾雅》名物詞用字有表意部件，然《説文》却没有這個字形。其他材料用他字，其他材料用字的表音部件與《爾雅》名物詞用字表音部件相同，其表意部件與《爾雅》名物詞在意義上没有關聯。

（一）《説文》無加旁字，《説文》釋義用他字

【姒】《釋親》："女子同出，謂先生爲姒，後生爲娣。"郭注："同出謂俱嫁事一夫。《公羊傳》曰：'諸侯娶一國，二國往媵之，以姪娣從。娣者何？弟也。'此即其義也。"

按：《説文》無姒字，嚴氏《匡名》以爲字當作"似"，然無書證。《經典釋文》卷一〇《特牲饋食禮》："姒婦，音似，本或作似。"《説文·火部》威字引《詩》："赫赫宗周，褒似威之。"此并姒本作似之明證。《名義·女部》："姒，徐理反。"《玉篇·女部》："姒，徐里

切，娣姒，長婦曰姒，幼婦曰娣①。"

【岌】《釋山》："小山岌，大山峘。"郭注："岌謂高過。"

按：《說文》無岌字，《說文·馬部》："駚，馬行相及也。讀若《爾雅》：小山駚，大山峘。"其字蓋本作駚，後換旁作岌。《玉篇》（殘卷）卷二二《山部》："岌，魚及反，《爾雅》：小山岌。郭璞曰：謂過高也。"

（二）《說文》無加旁字，文獻用他字

【罬】《釋器》："緵罟謂之九罬。九罬，魚网也。"郭注："今之百囊罟，是亦謂之罬。今江東呼爲緵。"

按：《說文》無罬字，許建平《〈毛詩〉文字探源四則》引胡承珙《毛詩後箋》，胡氏以爲九罬之罬本當作罭。許氏又在敦煌寫本中找到文獻證據，S.1442、S.2049兩《毛詩》寫卷罬字均寫作罭②。《爾雅正名》："罬，或。《文選·西京賦》：布九罬。李注：罬與緎通。案：《說文》作緎，羔裘之縫也。段氏玉裁云：《詩·釋文》：罬本又作罭，今本罭作罬，非也。罭，古域字。九域，言域之多。謂网目也。據段說罬當作罭。李注之緎蓋亦域之譌。"其字蓋本作罭，後易土旁爲网旁。《名義·网部》："罬，爲逼反，網也，囊。"

【鈑】《釋器》："鉼金謂之鈑。"郭注："《周禮》曰：祭五帝即供金鈑。是也。"

按：《說文》無鈑字，《釋文》："鈑，音版，本亦作版。"郭注："《周禮》曰：祭五帝即供金鈑。"《周禮·秋官·職金》："旅于上帝，則共其金版。"注云："鉼金謂之版，此版所施未聞。"字作版。其字蓋本作版，後易以金旁。《名義·金部》："鈑，補澗反。"《新

---

① 《爾雅·釋親》："長婦謂稚婦爲娣婦，娣婦謂長婦爲姒婦。"
② 許建平：《〈毛詩〉文字探源四則》，《出土文獻研究》（第九輯），中華書局2010年版，第291—293頁。

撰字鏡‧金部》："鈑，甫間反，鉼金也，版字。"①

【㮒】《釋木》："木自獘，柛。立死，㮒。蔽者，翳。"

按：《説文》無㮒字，《釋文》："甾，《字林》作㮒，同，側吏反。一音側其反。"《釋文》所見或本作甾。字又或從艸作，《詩‧大雅‧皇矣》："其菑其翳。"傳曰："木立死曰菑。"菑、甾一字②，《説文‧艸部》："菑，不耕田也。甾，菑或省艸。"其字蓋本作菑（甾），後改作㮒。《名義‧木部》："㮒，側飢反，木立死曰㮒。"

【鵜鶘】《釋鳥》："鵜，鴮鸅。"郭注："今之鵜鶘也。好群飛，沈水食魚，故名洿澤。俗呼之爲淘河。"

按：《説文》無鵜、鶘二字，《釋文》："鵜，《毛詩傳》作洿，同。音烏，郭火布反；鸅，音澤，《毛詩傳》作澤。"《詩‧曹風‧候人》："維鵜在梁，不濡其翼。"傳曰："鵜，洿澤鳥也。"《名義‧鳥部》："鵜，徒奚反，洿澤。鶘，同上。"其字蓋本作洿澤，後加鳥旁。《名義‧鳥部》："鶘，於胡反，鵜鶘。"

【豟】《釋獸》："四豴皆白，豟。"郭注："《詩》云：有豕白蹢。蹢，蹄也。"

按：《詩‧小雅‧漸漸之石》："有豕白蹢。"鄭箋："四蹄皆白曰駭。"《釋文》："駭，戶楷反，《爾雅》《説文》皆作豟，古哀反。"今本《説文》無豟字，其字蓋本借"駭"字爲之，後換從豕旁。《名義‧豕部》："豟，胡牛（來）反，白蹄豕。"

（三）《説文》無加旁字，《釋文》用他字

【罞】《釋器》："麋罟謂之罞。"郭注："冒其頭也。"

按：《説文》《名義》無罞字，《釋文》："罞，本或作茅，同。亡

---

① ［日］釋昌住：《新撰字鏡》，吳立民等主編《佛藏輯要》第33冊，巴蜀書社1993年版，第359頁。
② 以 "甾" "菑" 爲一字，自六朝已然，然 "甾" "菑" 絶非一字，參見王國維《觀堂集林》，中華書局1961年版，第275頁；何琳儀《戰國古文字典》，中華書局1998年版，第93頁。此條蒙梁春勝指出。

包反，又音蒙。"其字蓋本作茅，後易以网旁。五代本《切韻》（伯2014）平聲《肴韻》："罞，罞网。"①寫本韻書殘葉（伯2016背面）："罞，麋罟謂之罞也。"②此罞字之早見者。

【裗】《釋器》："衣裗謂之䘷。"郭注："衣縷也。齊人謂之攣。或曰袿衣之飾。"

按：《釋文》："裗，力求反，本又作流。"《說文》無裗字，《名義·衣部》："裗，力干（牛）反，衣兒（䘷）。"同部："䘷，牛米反，衣流。"訓釋用字亦作流。其字蓋本作流，後易以衣旁。

【蚞】《釋蟲》："螒，蚞螻。"郭注："蚞螻，螻蛄類。"

按：《說文》無蚞字，《釋文》："蚞，武江反，又亡工反，或作駹，非。"盧文弨《音義考證》："《說文》有駹無蚞，蚞字俗。陸以爲蟲名不當從馬。斯唐以來多俗字也。"③其字蓋本作駹，後改從虫旁。《名義·虫部》："蚞，遻江反，螻也。"

【䭴】《釋畜》："青驪䭴，騅。"郭注："色有深淺，斑駁隱粼，今之連錢驄。"

按：《說文》無䭴字，《釋文》："粼，本或作䭴，郭良忍反，注同。《字林》良振反，郭云：斑剝隱粼也。或音鄰，孫云：似魚鱗也。"《詩·魯頌·駉》："有騏有駱。"毛傳："青驪䭴曰騅。"《釋文》："䭴，本亦作甐，郭良忍反，毛色有深淺，斑駁隱甐，今之連錢驄也。呂忱良振反，孫炎音鄰，云：似魚鱗也。"甐、粼一字，④其字蓋本作粼，後換從馬旁。

三 《說文》有加旁字，其他材料用不加旁字

《爾雅》名物詞用字有表意部件，《說文》也有此字，但《說文》

---

① 《五代本〈切韻〉（伯2014）》，《唐五代韻書集存》，中華書局1983年版，第757頁。
② 《寫本韻書殘葉（伯2016背面）》，《唐五代韻書集存》，中華書局1983年版，第774頁。
③ （清）盧文弨：《音義考證》，《爾雅詁林》，湖北教育出版社1996年版，第3762頁。
④ 楊寶忠：《疑難字考釋與研究》，中華書局2005年版，第890—891頁。

釋義或古文字却用不加旁字，《説文》《爾雅》的加旁字或爲後出。

（一）《説文》有加旁字，《説文》釋義用不加旁字

【玠】《釋器》："珪大尺二寸謂之玠。"郭注："《詩》曰：錫爾玠珪。"

按：《説文·玉部》："玠，大圭也。《周書》曰：稱奉介圭。"《説文》引《周書》作"介圭"。《詩·大雅·崧高》："錫爾介圭，以作爾寶。"鄭箋云："圭長二尺謂之介。"字亦作介，蓋其字本作介，後加玉旁。

【崋】《釋山》："河南華。河西嶽，河東岱，河北恒，江南衡。"郭注："華陰山。"《釋文》："華，户花、户化二反，《字林》作崋，同。"

按：《釋文》引《字林》字作崋。又《釋地》："又西南之美者，有華山之金石焉。"敦煌本《爾雅注》作"崋"，即崋字。《説文·山部》："崋，山，在弘農華陰。從山、華省聲。"段注："崋，各書皆作華，華行而崋廢矣，漢碑多有從山者。"疑其處弘農華陰（郭注即云"華陰山"），故名華山。段玉裁謂"各書皆作華"，是其字本作華，後改從山旁，漢魏多作崋也。

【鸕】《釋鳥》："鸕諸雉。"

按：《説文·鳥部》："鸕，鸕鷀也。"此别一物也。《説文·隹部》："雉，有十四種：盧諸雉、喬雉……""盧諸雉"乃十四種雉之一，其字當依《説文》作盧，後加鳥旁作鸕，與《説文》"鸕鷀"字同形。

【鷮】《釋鳥》："鷮雉。"郭注："即鷮雞也，長尾，走且鳴。"

按：《説文·鳥部》："鷮，走鳴長尾雉也[①]。乘輿以爲防釳，著馬頭上。"《説文·隹部》："雉，有十四種：盧諸雉、喬雉……"字作"喬雉"。《段注》以爲當作鷮。《説文》作喬當有所依，疑其字本作

[①] 段玉裁《説文解字注》依《毛詩正義》《韵會》訂作："長尾雉，走且鳴。"

喬，後加鳥旁。

【馰】《釋畜》："馰顙，白顛。"郭注："戴星馬也。"

按：字或作的，《釋文》："的，《字林》作馰，丁歷反，云：馬白顙也，一曰駁。"《說文·馬部》："馰，馬白額也。從馬、的省聲。一曰：駿也。《易》曰：爲的顙。"《說文》有馰字，然引《易》却作"的顙"，又《說文·日部》："旳（的），明也。從日、勺聲。《易》曰：爲旳顙。"亦作"的顙"。《說文》以前古文字無馰字，疑其字本作"的"，後改旁作馰。

（二）《說文》有加旁字，古文字用不加旁字

【纁】《釋器》："一染謂之縓，再染謂之䞓，三染謂之纁。"郭注："纁，絳也。"

按：《說文·系部》："纁，淺絳也。"《金文編》（第四版）"纁"字下載毛公厝鼎字作"🀆"，不從糸。"熏"字下又云："熏，孼乳爲纁，《爾雅·釋器》：三染謂之纁。"①纁字蓋本借熏字爲之，後分化出纁字。

【禘】《釋天》："禘，大祭也。"郭注："五年一大祭。"

按：《說文·示部》："禘，諦祭也。從示、帝聲。《周禮》曰：五歲一禘。"徐中舒《甲骨文字典》認爲"帝"字"象架木或束木燔以祭天之形，爲禘之初文"②。《新甲骨文編》："禘，卜辭用'帝'爲'禘'。"③疑《說文》禘字爲帝字後起加旁字。

四 《說文》既有加旁字，也有不加旁字

《爾雅》名物詞用字加有表意部件，《說文》也有加表意部件之字，然《說文》却有他處別字表同一義，《說文》之字有一個或許爲後起字。

【辰】《釋天》："天駟，房也。大辰，房、心、尾也，大火謂之大

---

① 容庚：《金文編》，中華書局1985年版，第33頁。
② 徐中舒主編：《甲骨文字典》，四川辭書出版集團：四川辭書出版社2006年版，第7頁。
③ 劉釗等編纂：《新甲骨文編》，福建人民出版社2009年版，第10頁。

辰。"

按:《説文·辰部》:"辰,震也。三月陽气動,靁電振民農時也,物皆生。辰,房星,天時也。"《左傳·昭公元年》:"后帝不臧,遷閼伯于商丘,主辰。"杜預注:"辰,大火也。"《説文·晶部》:"曟,房星爲民田時者。從晶、辰聲。晨,曟或省。"作曟者,蓋後起加旁字。

【蜎】《釋魚》:"蜎,蠉。"郭注:"井中小蛣蟩,赤蟲,一名孑孓,《廣雅》云。"

按:《説文·虫部》:"蜎,肙也。從虫、肙聲。"段注:"肙各本作蜎,仍複篆文不可通。考《肉部》肙下云:小蟲也。今據正。"《説文·肉部》:"肙,小蟲也。從肉、口聲。一曰:空也。"《集韻》上聲《獮韻》:"蜎,井中蟲名。《説文》:肙也。"《集韻》引《説文》正作"肙也"。其字蓋本作肙,後加虫旁。

【瞯】《釋畜》:"[馬]一目白,瞯。二目白,魚。"郭注:"似魚目也。《詩》曰:有驒有魚。"

按:《釋文》:"瞯,音閑,本又作瞷。《蒼頡篇》云:目病也,吳江湖之間曰瞯。《説文》云:戴目也。《字林》作䮝,音同。"《説文》字從馬作,《説文·馬部》:"䮝,馬一目白曰䮝,二目白曰魚。"段注:"《目部》曰:瞯,戴目也。《爾雅釋文》引《倉頡篇》:瞯,目病也。《廣韵》曰:瞯,人目多白也。是則人目白曰瞯,馬目白曰䮝。䮝即從瞯省。《爾雅·釋嘼》䮝作瞯。"《説文·目部》:"瞯,戴目也。江淮之閒謂眄曰瞯。"《名義·目部》:"瞯,胡聞(閒)反,目白也,眄。"《名義》"目白"之訓即本《爾雅》。疑其字本作瞯,後改易從馬旁作。段氏謂"人目白曰瞯,馬目白曰䮝",實則馬一目病亦曰瞯,因其表馬病,故換從馬旁。

【窓】《釋宮》:"牖户之間謂之扆。"郭注:"窗東户西也。《禮》云斧扆者,以其所在處名之。"

按：《說文·囪部》："囪，在牆曰牖，在屋曰囪。窗，或從穴。"疑窗字後出。

【穅】《釋器》："康謂之蠱。"郭注："米皮。"

按：《釋文》："康，《說文》作穅，或省禾，口郎反。"《說文·禾部》："穅，穀皮也。康，穅或省。"字又或從米作糠，又或從亢得聲作秔，《集韻》平聲《唐韻》丘岡切："穅、康、糠、秔，《說文》：穀皮也。古作康，或作糠、秔。"《名義·米部》："糠，口郎反，秕[①]。"《玉篇》："糠，口郎切，俗穅字。"兩書釋文稍异。《新撰字鏡·米部》："糠，口朗反，[糠]謂之蠱也，米皮也。"其字蓋本作康，後加禾旁作穅，加米旁作糠，改換聲旁作秔。

【玠】《釋器》："珪大尺二寸謂之玠。"郭注："《詩》曰：錫爾玠珪。"

按：《說文·土部》："圭，瑞玉也，上圜下方。公執桓圭九寸，侯執信圭，伯執躬圭，皆七寸，子執穀璧，男執蒲璧，皆五寸，以封諸侯。珪，古文圭從玉。"疑珪字後起，非《說文》所云古文也。

【篲】《釋天》："彗星爲欃槍。"郭注："亦謂之孛，言其形孛孛似埽彗。"

按：《說文·又部》："彗，掃竹也。從又持甡。篲，彗或從竹。篲，古文彗從竹、從習。"《釋文》："篲，恤遂反，又似酔、似銳二反，本今作彗。"疑篲字後出。

【坰】《釋地》："邑外謂之郊，郊外謂之牧，牧外謂之野，野外謂之林，林外謂之坰。"郭注："邑，國都也。假令百里之國，五十里之界，界各十里也。"

按：《說文·冂部》："冂，邑外謂之郊，郊外謂之野，野外謂之林，林外謂之冂。象遠界也。冋，古文冂，從口，象國邑。坰，冋或從土。"疑冋、坰字後出。

[①]《說文·禾部》："秕，不成粟也。"《名義》此義項不見於後世字書。

【秫】《釋草》："粢，稷。衆，秫。"郭注："謂黏粟也。"

按：《說文·禾部》："秫，稷之黏者。從禾、朮，象形。朮，秫或省禾。"甲骨文作🌾（乙三三九四）、🌾（乙五六五七），從漢字發展演變規律看，其字當本作朮，後加禾旁。

【鳦】《釋鳥》："燕燕，鳦。"郭注："《詩》云：燕燕於飛。一名玄鳥，齊人呼鳦。"

按：《釋文》："鳦，音乙，本或作乙，或音軋。"《說文·乞部》："乞，玄鳥也。齊魯謂之乞，取其鳴自呼。象形。鳦，乞或從鳥。"乞與甲乙字形近。鳦當是在乞的基礎上加旁形成的。

【鷹】《釋鳥》："狂，茅鴟。"郭注："今䲹鴟也，似鷹而白。"

按：《說文·隹部》："雁，鳥也。從隹、瘖省聲。或：從人，人亦聲。鷹（鷹），籒文雁從鳥。"鷹（鷹）當後出。

通過《爾雅》名物詞用字溯源考辨，我們知道添加了表意部件的《爾雅》名物詞用字有很多是後起字，《說文》收字衆多，之所以有許多《爾雅》用字沒有收錄，不是《說文》疏漏，而當是許氏所見《爾雅》與今本不同。至魏晉南北朝時，《爾雅》的許多名物詞用字都添加了表意部件，這也是爲什麼野王《玉篇》（參考《名義》）會收錄今本《爾雅》字的原因。現在看到的經典文獻許多名物詞用字也沒有表意部件，蓋其字古本如此作，經典被人們視爲圭臬，所以經典的字沒有被輕易改動。《說文》收字衆多，其實《說文》裏的很多字都是後起字，這從"《說文》有加旁字，其他材料用不加旁字""《說文》既有加旁字也有不加旁字"兩節內容可以看出一些端倪。

第二節 《爾雅》名物詞用字流變

《爾雅》名物詞用字在流傳過程中發生了很多變化，其中包括意符的添加、替換、改換；聲符的改換；新造形聲字；省旁；俗訛；等等。

一　添加意符

所謂"添加意符"是指《爾雅》名物詞用字原本沒有意符，後來添加上了表意部件。即陸德明《經典釋文序錄》所謂"飛禽即須安鳥，水族便應著魚，蟲屬要作虫旁，草類皆從兩屮"。

【亞】《釋親》："婦之父母、婿之父母相謂爲婚姻。兩婿相謂爲亞。"郭注："《詩》曰：瑣瑣姻亞。今江東人呼同門爲僚婿。"

按：《名義·女部》："婚，乎奔反，姻亞。"字亦作亞。字或加女旁作婭，《釋文》："亞，一駕反，又作婭。"《玉篇·女部》："婭，於訝切，姻婭也。"

【羹】《釋器》："肉謂之羹。"郭注："肉臛也。《廣雅》曰湆。見《左傳》。"

按：《説文·䚇部》："𩱧，五味盉羹也。羹，小篆從羔、從美。"字又或加肉旁作臛，《釋文》："羹，又作臛，同。古衡、下庚二反。"

【款】《釋器》："鼎絕大謂之鼐，圜弇上謂之鼒，附耳外謂之釴，款足者謂之鬲。"郭注"款"："鼎曲脚也。"

按：字或加穴旁作窾，《釋文》："款，本或作窾，苦管反，闊也。"《説文》無窾字，《廣雅·釋詁》："窾，空也。"王念孫疏證："《漢書·司馬遷傳》：實不中其聲者謂之款。服虔注云：款，空也。款與窾通。《爾雅》：鼎款足者謂之鬲。郭璞注云：鼎曲脚也。案：款足猶空足也。《漢書·郊祀志》：鼎空足曰鬲。蘇林注云：足中空不實者名曰鬲。是其證也。"[1]《名義·穴部》："窾，口管反，刻也，大木空也。"

【虡】《釋器》："木謂之虡。"郭注："縣鍾磬之木，植者名虡。"

按：字又或作虡、鐻，《説文·虍部》："虡，鐘鼓之柎也，飾爲

---

[1] （清）王念孫：《廣雅疏證》，《廣雅詁林》，江蘇古籍出版社1992年版，第256頁。

猛獸。鐻，虡或從金、豦聲。虞，篆文虡省。"虡或加金旁作鐻，《集韻》上聲《語韻》："虞、虡、鐻、鑢、櫨、篼，《說文》：鐘鼓之柎也，飾爲猛獸。或省，亦作鐻、鑢、櫨、篼。"虞形近訛作虛，櫨、篼當是在虛（虞）字基礎上加旁而成的。《廣韻》上聲《語韻》字作篼，《字彙補·木部》字作櫨。[①]

【言】《釋樂》："大簫謂之言。"郭注："編二十三管，長尺四寸。"

按：言字或加⺮旁作䇾，《釋文》："言，如字，本或作䇾，音同。"

【產】《釋樂》："大箎謂之產。"郭注："箎如笛，三孔而短小。《廣雅》云七孔。"

按：產字或加⺮旁作籆，《釋文》："籆，音產，字又作產。"

【淫】《釋天》："久雨謂之淫。淫謂之霖。"郭注："《左傳》曰：天作淫雨。"

按：《説文·水部》："淫，侵淫隨理也。一曰：久雨爲淫。"字或加雨旁作霪，故宮本《裴韻》平聲《侵韻》："霪，久雨。"《集韻》平聲《侵韻》："霪、湛，久雨爲霪。或作湛。通作淫。"

【方】《釋水》："天子造舟，諸侯維舟，大夫方舟。"郭注："并兩船。"

按：《說文》或體加水旁作汸，《說文·方部》："方，并船也。象兩舟省總頭形。汸，方或從水。"字又或加舟旁作舫，《釋文》："方，音舫，或作舫，又音方。"《玉篇》（殘卷）卷一八《舟部》："舫，甫望反，《爾雅》：舫，舟也。郭璞曰：并兩舟也。又曰：舫，栟也。郭璞曰：水中箄筏也。《說文》：舫，船師也。《明堂月令》曰：舫人習水者也。野王案：《說文》以方舟之舫爲方字，在方部。"其字蓋本作方，因其與舟相關，故加旁作舫。

【芻】《釋草》："菉，王芻。"郭注："菉，蓐也。今呼鴟腳莎。"

[①]（清）吳任臣：《字彙補》，《續修四庫全書》經部第233冊，上海古籍出版社1995—2002年版，第551頁。

按：《說文·艸部》："菉，王芻也。"字亦作蒭。字又或加艸旁作蒭，《釋文》："蒭，楚俱反，本又作菉。"

【益】《釋草》："萑，蓷。"郭注："今茺蔚也。葉似荏，方莖，白華，華生節間。又名益母，《廣雅》云。"

按：字或加旁作薏，《釋文》："薏，音益，本今作益。"《名義·艸部》："薏，於亦反，薏母也，蓷。"《廣韻》入聲《昔韻》："薏，益母草。《爾雅注》只作益。"

【隱】《釋草》："蒡，隱荵。"郭注："似蘇有毛，今江東呼爲隱荵。藏以爲菹，亦可瀹食。"

按：《名義·艸部》："蒡，蒲衡反，隱荵，似蘇有毛。"字同《爾雅》。隱或加艸旁作蘟，《集韻》上聲《隱韻》："蘟，蘟荵，菜名，似蕨。"

【鹿】《釋草》："藆，鹿藿。其實莥。"郭注："今鹿豆也。葉似大豆，根黃而香，蔓延生。"

按：《說文·艸部》："莥，鹿藿之實名也。"《名義·艸部》："藆，奇卷反，鹿藿也。"《說文》《名義》同《爾雅》。字或加艸旁作麗，《釋文》："麗，力斛反，本今作鹿。"

【侯】《釋草》："薃侯，莎。其實媞。"郭注："《夏小正》曰：薃也者，莎蓷。媞者其實。"

按：字或加旁作葔，《集韻》平聲《侯韻》："葔，艸名，[薃]葔莎。通作侯。"

【濼】《釋草》："濼，貫衆。"郭注："葉員銳，莖毛黑，布地，冬不死，一名貫渠，《廣雅》云：貫節。"

按：字或加艸旁作藻，《集韻》入聲《藥韻》："濼、藻，艸名。《爾雅》：濼，貫衆。或從艸。"

【陸】《釋草》："蓫薚，馬尾。"郭注："《廣雅》曰：馬尾，蔏陸。《本草》云：別名薚。今關西亦呼爲薚，江東呼爲當陸。"

38

按：《廣雅·釋草》："馬尾，蔄薩也。"則今《廣雅》字加艸旁作。

【戎】《釋草》："菺，戎葵。"郭注："今蜀葵也。似葵，華如木槿華。"

按："戎葵"之戎或加旁作茙，《釋文》："茙，音戎，本今作戎。"《名義·艸部》："茙，如終反，盛也，[茙]葵，菺也。"

【靃】《釋草》："枹，靃首。"

按："靃首"之靃或加艸旁作藿，《集韻》入聲《鐸韻》："靃、藿，艸名。《爾雅》：枹，靃首。或從艸。"

【銚】《釋草》："長楚，銚芅。"郭注："今羊桃也，或曰鬼桃。葉似桃，華白，子如小麥，亦似桃。"

按：《説文·艸部》："芺，芺楚，跳弋。一名羊桃。"小徐本作"銚弋"。疑大徐本有誤。字或加艸旁作藋，《釋文》："銚，羊招反，或羊召反，字或作藋。"《名義·艸部》："藋，餘招反，鬼桃也，華香白，子如小麥也。"

【條】《釋木》："柚，條。"郭注："似橙，實酢。生江南。"

按：《説文·木部》："柚，條也，似橙而酢。"亦作條。字或加木旁作樤，《釋文》："條，字又作樤。"《名義·木部》："樤，徒彫反，柚也，枝也。"

【狄】《釋木》："狄，臧槔。貢綦。"郭注："皆未詳。"

按：字或加旁作楸，《名義·木部》："楸，徒的反，臧楷也。"

【唐】《釋木》："唐棣，栘。"郭注："似白楊，江東呼夫栘。"

按：字或加木旁作樘，《玉篇·木部》："樘，徒郎切，棣也。"

【常】《釋木》："常棣，棣。"郭注："今山中有棣樹，子如櫻桃，可食。"

按：字或加木旁作棠，唐劉肅《大唐新語·友悌》："棠棣花重發，

39

鶌原鳥再飛。"①

【渠略】《釋蟲》："蜉蝣，渠略。"郭注："似蛣蜣，身狹而長，有角，黃黑色。叢生糞土中，朝生暮死。豬好噉之。"

按：文淵閣《四庫全書》本《大戴禮記·夏小正》："浮游有殷。"戴云："浮游者，渠略也。"《玉燭寶典》卷五引《夏小正》亦作"渠略"。字或作蟝螺、蟉䗚，《集韻》平聲《魚韻》渠小韻："蟝、螺、蟉，蟲名。《說文》：蟝螺也。朝生暮死，豬好噉之。或作螺。通作渠。"《釋文》："渠略，如字，略或作䗚，音同。"《集韻》入聲《藥韻》略小韻："螺、螺、䗚，蟲名。《說文》：蟝螺也。一曰蜉蝣，朝生暮死者。或作螺、䗚。"

【過】《釋蟲》："不過，蟷蠰。"郭注："蟷蠰，螗蜋別名。"

按：《說文·虫部》："蟷（蟷），蟷蠰，不過也。"字亦作"過"。字或加虫旁作蝸，《釋文》："不過，本或作蝸，《字林》古禾反，謝古臥反。"《名義·虫部》："蝸，古禾反，蟷蠰也。"

【烏】《釋蟲》："蚭，烏蠋。"郭注："大蟲，如指，似蠶，見《韓子》。"

按：《詩·大雅·韓奕》："鞗革金厄。"毛傳："厄，烏蠋。"毛傳字同《爾雅》。字或加虫旁作，《釋文》："蜎，音烏，本又作烏。"《名義·虫部》："蜎，[蜎]蠋，淚也②。"

【泉】《釋魚》："餘泉，白黃文。"郭注："以白爲質，黃爲文點。今之紫貝，以紫爲質，黑爲文點。"

按：字或加虫旁作蟓，《釋文》："泉，如字，本或作蟓。"《名義·虫部》："蟓，辞鈴（銓）反，白黃文貝。"

【舒】《釋鳥》："舒鴈，鵞。舒鳧，鶩。"

按：字或加鳥旁作鵨，鵨又省作鴽，《集韻》平聲《魚韻》："鵨、

---

① （唐）劉肅：《大唐新語》，《四庫提要著録叢書》子部第217冊，北京出版社2010年版，第127頁。
② "淚"字未詳，"蜎"無此義，疑當作"厄"。

40

鵃、雖，鳥名，似鳧。或作鵃、雖。"雖爲鵃之改換意符字。《正字通·鳥部》："鶿，俗字，《爾雅》作舒鳧。"

【玄】《釋鳥》："燕燕，鳦。"郭注："《詩》云：燕燕於飛。一名玄鳥，齊人呼鳦。"

按：《説文·乙部》："乙，玄鳥也。"字亦作"玄"。字或加旁作鸋，《龍龕·鳥部》："鸋，鸋鳥，鷰名也。"

【茅】《釋鳥》："狂，茅鴟。"郭注："今鵅鴟也，似鷹而白。"

按：字或加鳥旁作鶜，《釋文》："茅，本或作鶜。"《名義·鳥部》："鶜，莫郊反，似鷹白。"

【倉庚，商庚】《釋鳥》："倉庚，商庚。"郭注："即鶯黃也。"

按：《釋文》："倉庚商庚，本或皆加鳥。"《説文·鳥部》："鶬，麋鴰也。"與此爲同形字。《廣韻》平聲《唐韻》："鶬，鶬鶊，鳥名。"余廼永校注："鶬鶊，黃鳥也。雖字《王韻》各本訓鵅鴰，合《爾雅》及《説文》之作麋鴰，亦即鶬鴰，青鶴也。《説文》鶬字或從隹，然連詞之鶬鶊與雖鴰鳥非一類。"①《名義·鳥部》："鶊，古衡切，鶯黃。"《集韻》平聲《陽韻》："鶬，鶬鶊，鳥名。一曰鶬鶊，鶯黃。"

【豦】《釋獸》："豦，迅頭。"郭注："今建平山中有豦，大如狗，似獼猴。黃黑色，多髯鬣，好奮迅其頭，能舉石擿人。玃類也。"

按：字或從犬作，《集韻》去聲《御韻》："豦、㹑，獸名，《爾雅》：豦，迅頭。大如狗，似獼猴。黃黑色，多髯鬣，好奮迅其頭，郭璞説。或從犬。"

【魚】《釋畜》："[馬]一目白，瞯。二目白，魚。"郭注："似魚目也。《詩》曰：有驔有魚。"

按：《釋文》："魚本又作䱱，疑居反。《字林》作䰻，音同。"《説文》無䱱、䰻字。《説文·馬部》："騆，馬一目白曰騆，二目白曰魚。"字作"魚"。《名義·目部》："瞯，語居反，兩目白似

---

① 余廼永校注：《新校互注宋本廣韻》（定稿本），上海人民出版社 2008 年版，第 180 頁。

魚目。"《名義》《玉篇》《廣韻》俱無䲛字，《集韻》平聲《魚韻》："䁯、䲛、䑌、睯，馬二目白曰䁯。或作䲛、䑌、睯。"從字書收字時間上看，䲛字要比䁯字產生較晚一些。其字當本作魚，因其義爲"兩目白"，故加目旁；因其表馬，故加馬旁。《集韻》又作䑌、睯字。

二　替換意符

《爾雅》名物詞用字有表意部件，但表意部件與《爾雅》名物詞所指之義無關，其字之表意部件往往被替換爲與《爾雅》名物詞用字意義相關的某個表意部件。我們稱爲"替換意符"，主要是與下文"改換意符"相區別。

【徛、杠】《釋宫》："石杠謂之徛。"郭注："聚石水中以爲步渡彴也。《孟子》曰：歲十月，徒杠成。或曰今之石橋。"

按：《說文·彳部》："徛，舉脛有渡也。"又有作碕者，《廣韻》平聲《支韻》："碕，石橋。"故宫本《王韻》[①]、故宫本《裴韻》同韻字并作"徛"。當是淺人以爲石橋字當從石，故改彳旁爲石旁。

杠亦或變從石旁作矼，郝懿行《爾雅義疏》："孫奭引《說文》云：石矼，石橋也。是郭所本，今本《說文》脫去矼字矣。"王念孫《爾雅郝注刊誤》："念孫案：孟子僞疏乃淺學人所爲，不可援以爲據。"《玉篇·石部》："矼，古雙切，石橋也。"《名義》無此字。故宫本《裴韻》平聲《江韻》："杠，旂旗飾竿，一曰牀頭橫木。案聚石水中橫渡彴謂之石杠也。"字亦作杠，無矼字。《廣韻·江韻》："矼，石矼，石橋也。《爾雅》曰：石杠謂之徛。字俗從石。"矼字晚出，當是淺人妄增，王氏所言是也。

【橘】《釋天》："月在甲曰畢，在乙曰橘，在丙曰修，在丁曰圉，在戊曰厲，在巳曰則，在庚曰窒，在辛曰塞，在壬曰終，在癸曰極。"

[①]（唐）王仁昫：《王仁昫刊謬補缺切韻》，《唐五代韻書集存》，中華書局1983年版，第439頁。

按：字或從月旁作朏，《廣韻》入聲《術韻》："朏，月在乙也。"《集韻》入聲《術韻》："朏，月在乙曰朏。一曰：月見西方。通作橘。"

【穨】《釋天》："焚輪謂之穨。"郭注："暴風從上下。"

按：箋注本《切韻》（斯2071）平聲《灰韻》："穨，暴風。"①字或作頹、隤，《釋文》："頹，本或作穨，隤同。徒回反。"《詩·小雅·谷風》："維風及頹。"毛傳："頹，風之焚輪者也。"字正作頹。穨、頹、隤音同通用。穨、隤或換旁作䫾，《玉篇·風部》："䫾，杜回切，風兒。"《集韻》平聲《灰韻》："䫾，風也。"《玉篇》《集韻》字即由穨、隤換旁產生的。

【扶搖】《釋天》："扶搖謂之猋。"郭注："暴風從下上。"

按：《說文·風部》："飆，扶搖風也。"字同《爾雅》。"扶搖"或換從風旁作"颫飖"，《釋文》："扶，如字，《字林》作颫，同。搖，音遙，《字林》作飖，同。"《名義·風部》："颫，附娛反，自上下②；飖，余照反，飄也，上行也。"

【埒】《釋山》："山上有水，埒。"郭注："有停泉。"

按：《名義·水部》："埒，力拙反，有停泉也。"字亦作埒。埒字或從水作㳍，《釋文》："㳍，音亭，亦作埒，同。"字作㳍者，蓋因其表水而易旁也。敦煌本《爾雅注》字作㳍。

【過、辨】《釋水》："過辨，回川。"郭注："旋流。"

按：《釋文》："過，本或作渦，同，古禾反。"《說文》《名義》無渦字，渦當即過之換旁字。《玉篇·水部》："渦，古禾切，渦水。"《說文·水部》："濄，水，受淮陽扶溝浪湯渠，東入淮。"疑《玉篇》此字即《說文》濄字之省，與此處為同形字。

辨字又或換從水旁作辮、辯、渿，《集韻》上聲《銑韻》："辨，

---

① 《箋注本〈切韻〉》，《唐五代韻書集存》，中華書局1983年版，第113頁。
② 又《名義·風部》："颫，附娛反，風上下。"此字與上字重。《玉篇》"颫"字下訓"風自上下為之颫飖也"。

旋流。"《集韻》去聲《霰韻》："辬，急流也。"《玉篇·水部》："瓣，皮戀切。水波也。"《玉篇·水部》："渵，方免切。水皃。""過辨"連言訓旋流，受詞義影響，"辨"字變從水作辯、瓣、渵[1]。

【萉】《釋草》："葵，蘆萉。"郭注："萉宜爲蕧。蘆蕧，蕪菁屬。紫華，大根，俗呼萉葵。"

按：明代盧之頤《本草乘雅半偈》卷九："《爾雅》云：苞突，蘆蕧。"[2]字作苞，因其爲艸，故改旁也。

【䈰】《釋草》："䈰，堅中。"郭注："竹類也，其中實。"

按：《釋文》字作䔛，《釋文》："䈰，字又作䔛，音吝，又音鱗。"《爾雅匡名》疑《釋文》䔛字當作䈰。艸旁、竹旁形似故常相混，嚴氏所疑當是。《名義》字正作䈰，《名義·竹部》："䈰，力鎮反，實中。"《名義·艸部》："䔛，力振反，鬼火也[3]。"其字蓋本作䈰，後換旁作䈰，又訛作䔛。

【蒺藜】《釋蟲》："蒺藜，蝍蛆。"郭注："似蝗而大腹，長角，能食蚳腦。"

按："蒺藜"或作蝍螰，《名義·虫部》："蝍，辞慄反，蝍蛆；螰，力尸反，蝍螰。"《玉篇》字作蝍，蝍、螰一字，隸變方式不同。字又作蟁蟄，《釋文》："藜，音梨，字亦作蟄。"《廣韻》入聲《質韻》："蟁，《爾雅》云：蒺藜，蝍蛆。郭璞云：似蝗，大腹，長角，能食蛇腦。亦作蟁蟄。"

【蝜】《釋蟲》："蜲威，委黍。"郭注"舊說鼠婦別名。"

按：字亦作蝜。《釋文》："蝜，音婦。"《名義·蟲部》："蝜，扶九反，鼠婦也。"字或作負，《爾雅·釋蟲》："蟠，鼠負。"郭注：

---

[1] 楊寶忠：《疑難字續考》，中華書局 2011 年版，第 278—279 頁。
[2] （明）盧之頤：《本草乘雅半偈》，《四庫全書》子部第 779 冊，台北：臺灣商務印書館 1982—1986 年版，第 378 頁。
[3]《玉篇·艸部》："䔛，力振、力因二切，鬼火。或作燐。䕧，同上。"《説文·炎部》："粦，兵死及牛馬之血爲粦。粦，鬼火也。"則其字本作"粦"。

44

"瓮器底蟲。"《釋文》:"鼠負,又作婦,亦作蝜。"

【縊】《釋蟲》:"蜆,縊女。"郭注:"小黑蟲,赤頭,喜自經死,故曰縊女。"

按:字或作螠,《廣韻》去聲《寘韻》:"螠,螠女蟲。案:《爾雅》曰:蜆,縊女。郭璞云:小黑蟲,赤頭,喜自經死,故曰縊女。字俗從虫。"

【陸】《釋魚》:"魁陸。"郭注:"《本草》云:魁,狀如海蛤,員而厚,外有理縱橫。即今之蚶也。"

按:字或換旁作蚞,《集韻》入聲《屋韻》:"蚞,海蛤,員厚而有文。通作陸。"

【枕】《釋魚》:"魚枕謂之丁。"郭注:"枕,在魚頭骨中,形似篆書丁字,可作印。"

按:字或換從魚旁作𩵌,《集韻》上聲《寢韻》枕小韻:"𩵌,魚首骨。"

【頭】《釋鳥》:"鵅頭,鵁①。"郭注:"似鳧,腳近尾,略不能行。江東謂之魚鵁。音髑箭。"

按:字或換旁作鸔,《玉篇·鳥部》:"鸔,大侯切,鵅頭,鵁。"《廣韻》平聲《侯韻》:"鸔,鵅頭鵁,似鳧,腳近尾。"

三 改換意符

本書所謂"改換意符"是指《爾雅》名物詞用字之表意部件與所指名物詞在意義上相關,後來改換爲其他具有同樣表意功能的部件。

【鏝】《釋宮》:"鏝謂之杇。"郭注:"泥鏝。"

按:《說文·金部》:"鏝,鐵杇也。從金、曼聲。槾,鏝或從木。"《釋文》:"鏝,本或作槾,又作墁,同。亡旦、武安二反。《說文》

---

① 張揖《子虛賦》注云:"鵁,鵅頭鳥也。"邢昺疏:"鵅,一名頭鵁。"則張、邢二人斷句有不同,今從張氏說。

云：鐵朾也。"《説文・木部》："槾，杇也。從木、曼聲。"段注："《孟子》作墁。"《説文》無墁字，《名義・土部》："墁，莫旦反，杇也。"其字蓋本作槾，因其爲鐵制，改從金旁。又因其作用於墻地，改從土作。

【霤】《釋宮》："宋霤謂之梁。"郭注："屋大樑也。"

按：《説文・广部》："霤，中庭也。從广、留聲。"字或換從雨旁作䨧，《玉篇》（殘卷）卷二二《广部》："霤，力投反，《説文》：庭中也。屋檐爲䨧（䨧）字，在雨部。"《玉篇・广部》："霤，力又切，中庭也，屋霤也。又作䨧。"

【闑】《釋宮》："闑謂之槉。"郭注："柱上柎也。"

按：《説文・門部》："闑，門樀櫨也。"字或從木作，《名義・木部》："梐，皮變反，柱上柎也，闑字。"《玉篇・木部》："梐，皮變切，門柱上柎櫨也，亦作闑。"《爾雅義疏》以爲《説文》闑字釋義當作"門柱上柎櫨"，《名義》《玉篇》可證其説。

【階】《釋宮》："兩階間謂之鄉。"郭注："人君南鄉當階間。"

按：《説文・𨸏部》："階，陛也。"或從土作堦，《集韻》平聲《皆韻》："階、堦，《説文》陛也。或從土。"

【扉】《釋宮》："闔謂之扉，所以止扉謂之閎。"

按：《説文・户部》："扉，户扇也。"字或從門作閐，《龍龕・門部》："閐，俗音非，正作扉，户扉也。"又或從金作鈲，《龍龕・金部》："鈲，俗音非，正作扉，户扉也。"

【鐯】《釋器》："斫謂之鐯。"郭注："钁也。"

按：《説文》無鐯字，《説文》字從木作櫡，《説文・木部》："櫡，斫謂之櫡。從木、箸聲。"《釋文》："鐯，字又作櫡，直略反。《字林》略竹略反。郭云：钁也。"竹、艸形近，櫡、櫡一字。鐯字《名義》作鐯，《名義・金部》："鐯，張略反，钁（钁）也。"字又或從石作，《説文・石部》："䂺，斫也。從石、箸聲。"又或從斤作斮，《集韻》

入聲《藥韻》："楮、斳、鐯，《説文》：斫謂之楮。或從斤，從金。通作礃。"其字《説文》從石或從木作，後又改爲從斤或從金。

【筍】《釋器》："嫠婦之筍謂之罶。"郭注："《毛詩傳》曰：罶，曲梁也。謂以簿爲魚筍。"

按：《説文·竹部》："筍，曲竹捕魚筍也。從竹、從句，句亦聲。"字又從网作，《廣韻》上聲《厚韻》："筍，筍扇，縣名，在交阯。又魚筍，取魚竹器。罟，上同。"

【縶】《釋器》："縶謂之罿。罿，罬也。罬謂之罻。罻，覆車也。"

按：《説文·糸部》："縶，縶謂之罿，罿謂之罬，罬謂之罻，捕鳥覆車也。"字又或從网作，《玉篇》（殘卷）卷二七《糸部》："縶，補戟反，《爾雅》：縶謂之罿，罬謂之罻。郭璞曰：今幡車也，有兩轅，中施网以捕鳥。《字書》或爲罼字，在网部。"

【絇】《釋器》："絇謂之救。"郭注："救絲以爲絇。或曰亦冒名。"

按：字或從履省作屨，《玉篇》（殘卷）卷二七《糸部》："絇，求俱反，《爾雅》：絇謂之救。郭璞曰：救絲以爲絇也。《字書》爲屨字，在履部。"又或作呴、絉，《集韻》平聲《虞韻》："絇、呴、絉，《説文》：纑繩絇也。鄭康成曰：絇謂之拘，著爲屨頭以爲行戒。或作呴、絉。"

【繑】《釋器》："婦人之襦謂之繑。"

按：字又或從衣作襓，《釋文》："繑，本或作襓，同，力知反。"

【鞎】《釋器》："輿革前謂之鞎。"郭注："以韋靼車軾。"

按：《説文·革部》："鞎，車革前曰鞎。"字又或從車作，《集韻》平聲《魂韻》："鞎、輓，車革前也，或作輓。"

【樸】《釋器》："象謂之鵠，角謂之觷，犀謂之剒，木謂之剫，玉謂之雕。"郭注："《左傳》曰：山有木，工則剫之。五者皆治樸之名。"

按：字或從玉作，《釋文》："璞，字又作樸，丕角反。"《說文》無璞字，《說文·木部》："樸，木素也。"《名義》："樸，普角反，治也，削也，真也。"《名義》釋義正與《爾雅》合。其字蓋本作樸，後改從玉旁。《名義·玉部》："璞者，真也。璞，上同①。"

【鏃】《釋器》："金鏃翦羽謂之鏃，骨鏃不翦羽謂之志。"

按：字或從羽作䎒，《集韻》去聲《候韻》："鏃、䎒，《爾雅》：金鏃翦羽謂之鏃。或從䎒。"

【縿】《釋天》："纁帛縿。"郭注："纁，帛絳也。縿，旒所著。"

按：《說文·糸部》："縿，旌旗之游也。"字或從革，《玉篇》（殘卷）卷二七《糸部》："縿，所巖反，《爾雅》：緟（纁）帛縿也。素升龍于縿。郭璞曰：眾旒所著也。《說文》：旌旗之游也。或爲鞙字，在革部。"《名義·革部》："鞙，所巖反，縿字。"字又作襂，《釋文》："縿，又作襂。"又或從巾作，《集韻》平聲《銜韻》："縿、幓、襂，《說文》旌旗之游也。一曰正幅。"

【坈】《釋山》："山上有水，坈。"郭注："有停泉。"

按：坈字或換從水旁，《釋文》："坈，音劣，字或作洌。"《說文》無洌字，蓋其字因表水，故改從水作。《名義·水部》："洌，力拙反，有停泉也。"《集韻》入聲《薛韻》："洌，《博雅》：湄洌厓也。一曰：山上有水曰洌。通作坈。"

【櫬】《釋草》："椴，木槿。櫬，木槿。"郭注："別二名也。似李樹，華朝生夕隕，可食。或呼日及，亦曰王蒸。"

按：《說文·木部》："櫬，棺也。"與此爲同形字。字或換從艸旁作薽，《釋文》："櫬，楚靳反，本又作薽。"《說文》無薽字。又或於櫬上徑加艸旁作藽，《集韻》去聲《稕韻》："薽、藽，木名。槿也。或從木。通作櫬。"

【葚】《釋木》："桑辨有葚，梔。"

---

① 此條誤入於"瑒"字下。

按：《說文·艸部》："葚，桑實也。"字或從木作，《釋文》："葚，音甚，《說文》云：桑實也。本或作椹，非。"又或從桑作榶，《集韻》上聲《寑韻》："葚、榶、椹，《說文》：桑實也。或從桑、從木。"

【苞】《釋木》："如竹箭曰苞。"郭注："篠竹性叢生。"

按：字或從木作枹，《釋文》："曰苞，如字，本或作枹。"《集韻》平聲《爻韻》："枹，木叢生曰枹。通作苞。"

【蟗】《釋蟲》："蟗，飛螱。"郭注："有翅。"

按：《釋文》："蟗，於貴反，《說文》、《字林》從蚰。"《說文》無蟗、蝟字。《名義·蚰部》："蝟，於貴反，飛螱。"《集韻》去聲《未韻》："蝟、蟗，飛螱。或從虫。"

【鰕】《釋魚》："魵，鰕。"郭注："出穢邪頭國，見呂氏《字林》。"

按：《說文·魚部》："鰕，魵也。從魚、叚聲。"《釋文》："鰕，下家反，字或作蝦。"《名義·魚部》："魵，豊（豐）粉反，蝦也。"字正作蝦。

【蜃】《釋魚》："蚌，含漿。"郭注："蚌，即蜃也。"

按：字或換旁作蜄、䗪，《集韻》上聲《軫韻》："蜃、蜄、䗪，蛤也，《說文》：雉入海化爲蜃。或從虫、從黽。"

【蜠】《釋魚》："蜠，大而險。"郭注："險者，謂污薄。"

按：字又或從貝作，《集韻》平聲《諄韻》："蜠、䝈，貝也。《爾雅》：蜠，大而險。或從貝。"

【䳜】《釋鳥》："舒鴈，鵝。"郭注："《禮記》曰：出如舒雁。今江東呼䳜。音加。"

按：郭注引《禮記》作"雁"，《說文·鳥部》："䳜，䳘也。"《說文·隹部》："雁，鳥也。"䳜、雁字義不同，然正如段玉裁言"雁、䳜不分久矣"。

【豯】《釋獸》："豕子，豬。"郭注："今亦曰彘，江東呼豨，皆通名。"

按：字又從犬旁作猏，《廣韻》上聲《尾韻》："狶，楚人呼猪，亦作豨。"

【貘】《釋獸》："貘，白豹。"郭注："似熊，小頭庳腳，黑白駁，能舐食銅鐵及竹骨。骨節強直。中實少髓，皮辟濕，或曰豹白色者別名貘。"

按：《說文·豸部》："貘，似熊而黃黑色，出蜀中。從豸、莫聲。"字又從犬作獏，《史記·司馬相如列傳》："獸則㺎旄貘犛。"司馬貞《索隱》引張揖曰："貘，白豹也。似熊，庳腳銳頭，骨無髓，食銅鐵。"

【貒】《釋獸》："貒子，貗。"郭注："貒豚也，一名獾。"

按：《釋文》："貒，他官反，《說文》《字林》云：獸似豕而肥。"《說文·豸部》："貒，獸也。"與《釋文》所引不同。字或作貗，《龍龕·豕部》："貗，他端反，似豕而肥也。又去聲。"或從犬作猯，《集韻》平聲《桓韻》："貒、猯，《說文》：獸也。似豕而肥。或從犬。"

【狻、麑】《釋獸》："狻麑，如虥貓，食虎豹。"郭注："即師子也，出西域。漢順帝時疎勒王來獻犎牛及師子。《穆天子傳》曰：狻猊日走五百里。"

按：《說文·犬部》："狻，狻麑，如虥貓，食虎豹者。從犬、夋聲。見《爾雅》。"字又或從豸、從鹿作狻、麆，《集韻》平聲《桓韻》："狻、狻、麆，《說文》：狻麑如虥貓，食虎豹者。或從豸、從鹿。"

《說文·鹿部》："麑，狻麑獸也。從鹿、兒聲。"字或從犬作猊，《釋文》："麑，字又作猊，牛奚反。"《名義·犬部》："猊，魚雖反，師子。"又或從豸作貌，《集韻》平聲《齊韻》："麑、猊、貌，《說文》狻麑獸也。一曰麑鹿子。或從犬、從豸。"

【蝯】《釋獸》："猱、蝯，善援。"郭注："便攀援。"

按：蝯字或從犬作猨，《釋文》："猨，音袁，本今作蝯。"《說文·虫部》："蝯，善援，禺屬。從虫、爰聲。"大徐本注云："臣鉉等

50

曰：今俗別作猨。非是。"又或從豸作貁，或改換聲旁作猿、犹。《集韻》平聲《元韻》："蝯、猨、猿、貁、犹，《説文》：善援，禺屬。或作猨、猿、貁、犹。"

【觟】《釋畜》："角不齊，觟。"郭注："一短一長。"

按：《集韻》上聲《紙韻》："觟、羷，《説文》：羊角不齊也。或從羊。"因其表羊，故改從羊旁。

四　改換聲符

即《爾雅》名物詞用字的聲符被改換爲其他具有同樣表音功能的部件。

【杇】《釋宮》："鏝謂之杇。"郭注："泥鏝。"

按：《釋文》："杇，音烏，又音胡。李云：泥鏝，一名杇，塗工之作具。《説文》云：所以塗也。秦謂之杇，關東謂之槾。"字或換旁作釫、圬，《廣韻》平聲《模韻》："杇，泥鏝；圬、釫，并同上。"杇、釫、圬又或改換聲旁作㮧、鋘、捂，《集韻》平聲《模韻》："杇、圬、釫、㮧，《説文》：所以塗也。秦謂之杇，關東謂之槾。或作圬、釫、㮧。"同韻："杇、鋘、釫、捂，泥鏝也。塗工之具。或作鋘、釫、捂。"

【楎】《釋宮》："樴謂之杙。在墻者謂之楎，在地者謂之臬。"郭注："《禮記》曰：不敢縣於夫之楎椸。"

按：《説文‧木部》："楎，六叉犂，一曰：犂上曲木犂轅。"《説文》釋義和《爾雅》此條無關。《名義‧木部》："楎，呼歸反，樴鑿轅也。"《玉篇‧木部》："楎，呼歸切，杙也，在墻曰楎。又犂轅頭也。"《名義‧木部》無樴字，釋義當作"杙也，鑿轅也"。則野王楎字釋義正與《爾雅》此條合。字又從韋得聲，《集韻》平聲《微韻》："楎、榋，橛也。《爾雅》：杙在墻者謂之楎。或作榋。"

【栭】《釋宮》："闍謂之臺。"郭注："柱上枅也。亦名栭。"

按：《説文·木部》："枅，屋櫨也①。從木开聲。"字又或從肩得聲，《集韻》平聲《齊韻》堅奚切："枅、䋆，《説文》：屋櫨也。或從肩。"

【樀】《釋宮》："檐謂之樀。"郭注："屋梠。"

按：《説文·木部》："樀，户樀也。從木、啇聲。《爾雅》曰：檐謂之樀。讀若滴。"《集韻》入聲《錫韻》："樀、樀，《説文》樀也。引《爾雅》：檐謂之樀。一曰：機上卷絲器。或從適。"

【罟】《釋器》："魚罟謂之罛。"郭注："最大罟也。今江東云。"

按：字或從孤得聲，《集韻》平聲《模韻》："罛、䍤，《説文》：魚罟也。《詩》：施罛濊濊。或從孤。"

【襜】《釋器》："衣蔽前謂之襜。"郭注："今蔽膝也。"

按：《説文·衣部》："襜，衣蔽前。從衣、詹聲。"字又或從巾作幨，又或從冉得聲，《釋文》："幨，本或作襜，《方言》作袡，郭同，昌占反。"《方言》卷四："蔽䣛，齊魯之郊謂之袡。"此《釋文》所據。字又或作袩，周祖謨《校箋》："盧氏謂曹毅之本作袩。"字又作襝，《名義·衣部》："襜，充瞻反，前敝也，袚也。襝，上字。袩，上字，車裳帷也。"

【飵】《釋器》："飵謂之餯。"郭注："説物臭也。"

按：字或從蓋得聲，《集韻》去聲《夳韻》："飵、饁，《説文》：食臭也，引《爾雅》：飵謂之餯。或作饁。"

【鈶】《釋器》："鬴謂之鬵。鬵，鈶也。"郭注："凉州呼鈶。"

按：《説文·金部》："鈶，曲鈶也。一曰：鬵鼎。讀若摘。"《集韻》上聲《紙韻》："鈶、鈘，《説文》：曲鈶也。一曰鬵鼎。一曰小刀。或從氏。"

【鏐】《釋器》："黄金謂之璗，其美者謂之鏐。白金謂之銀，其美者謂之鐐。"郭注："此皆道金、銀之別名及精者。鏐，即紫磨金。"

---
① 當依段玉裁《説文解字注》作"屋欂櫨也"，今本有脱。

52

按：《説文·金部》："鏐，弩眉也。一曰：黄金之美者。"《集韻》平聲《尤韻》鏐字或從丣聲，作鉚。

【籥】《釋樂》："大籥謂之沂。"郭注："籥以竹爲之，長尺四寸，圍三寸，一孔上出寸三分，名翹，横吹之。小者尺二寸。《廣雅》云：八孔。"

按：《説文·龠部》："䌛，管樂也。從龠、虒聲。籥，䌛或從竹。"《玉篇》（殘卷）卷九《龠部》："䌛，除离反，《毛詩》：仲氏吹䌛。傳曰：土曰塤（壎），竹曰䌛。《説文》：管有七孔也。或爲籥字，在竹部。"野王引《説文》與今本不同。字又或作笹、箎，《集韻》平聲《支韻》："䌛、篪、笹、箎，《説文》：管樂也。或作篪、笹，亦作箎。"

【霾】《釋天》："日出而風爲暴，風而雨土爲霾。"郭注："《詩》曰：終風且霾。"

按：字或從埋得聲，《集韻》平聲《皆韻》："霾、霾，《説文》：風雨土也。引《詩》終風且霾。或作霾。"霾又或作霾，《釋文》："霾，亡皆反，《字林》云亡戒反，本今作霾。"

【霓】《釋天》："雨霓爲霄雪。"郭注："《詩》曰：如彼雨雪，先集維霓。霓，水雪雜下者，謂之消雪。"

按：《説文》又作霰，《説文·雨部》："霰，稷雪也。霓，霰或從見。"字又或作霰，《釋文》："霓，本或作霰、霰，同，悉練反。"《説文·雨部》："霰，小雨財雾也。讀若斯。"《名義·雨部》："霰①，思反，小雨，霰字。"同霰之霰從鮮得聲，與訓"小雨"字同形。

【圃】《釋地》："鄭有圃田。"郭注："今滎陽中牟縣西圃田澤是也。"

按：《釋文》："圃，本或作囿字，同，布古反，又音布。"囿蓋圃之改换聲旁字。

---

① 此字誤入"霓"字下，反切用字有脱，《玉篇》作"思移切"。

【渻】《釋丘》："水出其前，渻丘。"

按：《說文·水部》："渻，少減也。一曰：水門。又：水出丘前謂之渻丘。"字或從省聲，《釋文》："渻，本或作渻字，所景反。"《集韻》上聲《梗韻》："渻、渻，《爾雅》：水出其前渻丘。一曰水名。一曰少減。亦姓。或作渻。"

【磝】《釋山》："多小石，磝。"郭注："多礓礫。"

按：《說文》字作磝，《說文·山部》："磝，山多小石也。"磝換旁作磝，《玉篇》（殘卷）卷二二《山部》："磝，牛交反，《爾雅》：山多小石曰磝。郭璞曰：多礓礫也。或為磝字，在石部也。"字又或作磽，《釋文》："磝，字或作磽，同。《字林》口交反，郭五交、五角二反。"又或作磽、墽，《集韻》平聲《爻韻》："磝、磝、磽、磝、墽，《說文》：山多小石也。或作磝、磽、磝、墽。"磽、磝皆為改換聲旁字。

【莞】《釋草》："蔄，鼠莞。"郭注："亦莞屬也，纖細似龍須，可以為席。蜀中出好者。"

按：字或作蕿，《集韻》平聲《刪韻》："莞、蕿，艸名。可為席。或從睆。"

【稷】《釋草》："粢，稷。"郭注："今江東人呼粟為粢。"

按：字或作穄、䅺，《集韻》入聲《職韻》："稷、穄、䅺，《說文》：䄠也，五穀之長。亦姓。或作穄、䅺。"

【筍】《釋草》："筍，竹萌。"郭注："初生者。"

按：《集韻》上聲《準韻》："筍、笋、箰、篢，《說文》：竹胎也。或作笋、箰，古作篢。"笋、箰、篢皆筍之改換聲旁字。

【莕】《釋草》："莕，接余。其葉苻。"郭注："叢生水中，葉圓，在莖端，長短隨水深淺，江東食之。亦呼為莕。"

按：字或作荇、㛍，《釋文》："莕，音杏，本亦作荇，《詩》云：參差荇菜。《說文》作㛍。"《說文·艸部》："莕，菨餘也。荇，莕或從行，同。"《集韻》上聲《梗韻》："苦、荇、蕇，艸名。《説文》：菱餘也。或作荇、蕇。"

【茈】《釋草》："芍，鳧茈。"郭注："生下田。苗似龍須而細，根如指頭，黑色可食。"

按：字又作薋，《釋文》："茈，本又作薋，沈、顧徂斯反，謝徂咨反。"《説文・艸部》："芍，鳧茈也。"與《爾雅》同。疵亦從"此"得聲。《名義・艸部》："薋，自貲反，生[下]田，似龍鬚細，根如指頭，黑[色]可食。"

【葑】《釋草》："蘢，天蘥。須，葑蓯。"

按：葑字又從豐得聲，《集韻》平聲《鍾韻》："葑、豐，菜名，《説文》：須從也。或作豐。"

【菇】《釋草》："蔨，鹿藿。其實菇。"郭注："今鹿豆也。葉似大豆，根黃而香，蔓延生。"

按：《説文・艸部》："菇，鹿藿之實名也。"字或從胆、紐得聲，《集韻》上聲《有韻》："菇、苴、菈，《爾雅》：蔨，鹿藿，其實菇。或從胆、從紐。"

【蘻】《釋草》："紅，蘢古。其大者蘻。"郭注："俗呼紅草爲蘢鼓，語轉耳。"

按：字或從揆得聲，《集韻》平聲《脂韻》："蘻、葵，艸名。《爾雅》：紅，蘢古。其大者蘻。或作葵。"

【藻】《釋草》："藆，牛藻。"郭注："似藻，葉大，江東呼爲馬藻。"

按：《説文》或體作藻，《説文・艸部》："藻，水艸也。從艸、從水、巢聲。《詩》曰：于以采藻。藻，藻或從澡。"又："藆，井藻也①。"字又或從繰得聲，《集韻》上聲《晧韻》："藻、藻、藻，《説文》：水艸也。引《詩》：于以采藻。或從澡、從繰。"

---

① 小徐本"井"作"牛"，《名義》亦云"牛藻"，是《説文》"井"當爲"牛"之誤。

【蘋】《釋草》："苹，蓱。其大者蘋。"郭注："《詩》曰：於以采蘋。"

按：《釋文》："蘋，毗人反，《說文》作薲。"《說文·艸部》："薲，大蓱也。從艸、賓聲。"薲异寫作蘋，《廣韻》平聲《真韻》："蘋，大萍也。又作薲。"

【藒】《釋草》："藒車，芞輿。"郭注："藒車，香草，見《離騷》。"

按：字或從揭得聲，《集韻》入聲《薛韻》："藒、藔，藒車，香艸。或從揭。"

【莜】《釋草》："藿，黄華。"郭注："今謂牛芸草爲黃華。華黃，葉似苜蓿。"

按：《釋文》："莜，音牧，本亦作目。"《說文·艸部》："芸，艸也，似目宿。"其字蓋本作目宿，後加艸旁作苜蓿。苜字又作莜、菖，《集韻》入聲《屋韻》："苜、莜、菖，苜蓿，艸名。或從牧、從冒。"

【茇】《釋草》："白華，茇。"

按：《集韻》入聲《末韻》："茇、茷，《說文》：艸根也，春艸根枯引之而發土爲撥，故謂之茇。一曰艸之白華爲茇。或從伐。"

【鯉】《釋魚》："鯉。"郭注："今赤鯉魚。"

按：字或作鱱，《集韻》上聲《止韻》："鯉、鱱，魚名。《說文》：鱣也。或從裏。"

【鮷】《釋魚》："鮷。"郭注："今鱏魚，似鱏而大。"

按：字或作鰀、鱓，《集韻》上聲《緩韻》："鰀、鮷、鱓，魚名。或作鮷、鱓。"

【鰌】《釋魚》："鰼，鰌。"郭注："今泥鰌。"

按：字亦作鰍，《廣韻》平聲《尤韻》："鰍，魚屬。亦作鰌。"

【鱷】《釋魚》："魾，大鱷，小者魵。"郭注："鱷，似鮎而大，白色。"

按：字或從互得声，《集韻》去聲《莫韻》護小韵："鱯、魱，魚名，似鮎。或作魱。"

【蟆】《釋魚》："科斗，活東。"郭注："蝦蟆子。"

按：《説文·虫部》："蟆，蝦蟆也。"字或作蟇，《廣韻》平聲《麻韻》："蟆，蝦蟆。亦作蟇。"又或從麻得聲，《新修玉篇》卷二五《虫部》引《廣集韻》："蔴，莫加反，蝦蔴也。韻莫更切注有。"

【麚】《釋獸》："鹿：牡，麚。牝，麀。"

按：字或作麖，《集韻》平聲《麻韻》："麚、麖，《説文》：牡鹿，以夏至解角。或作麖。"

【鼢】《釋獸》："鼢鼠。"郭注："地中行者。"

按：《説文·鼠部》："鼢，地行鼠，伯勞所作也。一曰：偃鼠。蚡，或從虫、分。"字或作鼣，《釋文》："鼢，字或作鼣，同。《方言》謂之犁鼠。"

【鼦】《釋獸》："鼬鼠。"郭注："今鼬，似鼦，赤黄色，大尾，啖鼠，江東呼爲鼪。"

按：《釋文》："鼦，《字書》云：古貂字也，音彫。"《説文》字作貂，《説文·豸部》："貂，鼠屬，大而黄黑，出胡丁零國。"《名義·鼠部》："鼦，都聊反，古貂[字]。"字又作貂，《集韻》平聲《蕭韻》："貂、鼦、貂，《説文》：鼠屬，大而黄黑，出胡丁零國。"

【騮】《釋畜》："騮馬白腹，騵。"郭注："騮，赤色黑鬣。"

按：字或作騮，《釋文》："騮，音留，字或作騮。《説文》《字林》云：赤馬黑毛尾也。《毛詩》傳云：赤身黑鬣曰騮。"《説文·馬部》："騮，赤馬黑毛尾也。"《名義·馬部》："騮，力周反，身赤髮黑。"

【驈】《釋畜》："驈馬白跨，驈。"郭注："驈，黑色。跨，髀間。"

按：《釋文》："驈，字或作駓，《字林》于必反，顧餘橘反，郭音

57

術，阮于密反。"《説文·馬部》："驈，驪馬白胯也。從馬、矞聲。"《名義·馬部》："驈，餘橘反，白跨也。騽，同上。"

【鵾】《釋畜》："雞三尺爲鵾。"郭注："陽溝巨鵾，古之雞名。"

按：《説文·鳥部》："鵾，鵾雞也。"字或作鶤，《釋文》："鵾，音昆，字或作鶤，同，或音運，又音輝。"《集韻》平聲《魂韻》："鵾、鶤，鳥名，《説文》：鵾雞也。《爾雅》：雞三尺爲鵾。一曰：陽溝巨鵾古之雞名。或從昆。"

五　新造形聲字

新産生的《爾雅》名物詞用字與原《爾雅》字衹在意義上是相同的，其意符、聲符都不再是原字的意符、聲符，是新産生的形聲字。

【逵】《釋宮》："九達謂之逵。"郭注："四道交出，複有旁通。"

按：《釋文》："逵，求追反，本或作馗，《字林》云：隱也，與逵同。"《説文·九部》："馗，九達道也。逵，馗或從辵、從坴。"字又作壝，從土、匱聲。《集韻》平聲《脂韻》："馗、逵、壝，《説文》：九達道也。似龜背故謂之馗。馗，高也。或作逵、壝。"

【簫】《釋樂》："大簫謂之言，小者謂之筊。"

按：《説文·竹部》："簫，參差管樂，象鳳之翼。"字或作籥，從龠、驫聲。《名義·龠部》："籥，思條反，樂器也，簫字[①]，參差管也。"

【旄】《釋丘》："前高，旄丘。"郭注："《詩》云：旄丘之葛兮。"

按：旄字或作嵍、壄，《釋文》："旄，謝音毛，《字林》作嵍，又作壄，俱亡付反。"《説文·山部》："嵍，山名。從山、孜聲。"《玉篇》（殘卷）卷二二《山部》："嵍，亡刀反，《説文》：嵍，丘也。野

[①] "字"原作點號，《集韻》平聲《蕭韻》："簫、箾、籥，《説文》：參差管樂，象鳳之翼。或作箾、籥。"

王案：《爾雅》：前高浚下曰髳丘。"《名義·山部》："髳，亡刀反，丘也。"《新撰字鏡·山部》："髳，武遇反，去，丘也。"蔣斧本《唐韵》去聲《遇韻》："髳，丘也。出《説文》，加。"敦煌本《王韻》、故宮本《王韻》、故宮本《裴韻》俱訓"丘"。知《説文》今訓"山名"者，乃望形生義。其字蓋本借旄字爲之，後造從山、敄聲之字。《説文》無埊字，《名義·土部》："埊，汝問反（？），前高後下丘也。"

【灌】《釋木》："灌木，叢木。"郭注："《詩》曰：集於灌木。"

按：字或作樌，《釋文》："樌，古亂反，字又作灌，音同。"又《釋木》："木族生爲灌。"郭注："族，叢。"《釋文》："樌，古半反，或作灌。"《説文》無樌字。其字本作灌，後造從木、貫聲之字。《名義·木部》："樌，古換反，木族生也。灌字。"

【鶥】《釋鳥》："鶬，鶥鶋。"郭注："今呼鷦鶋。"

按：《説文·鳥部》："鶬，麋鶋也。"字作麋。《釋文》："麋，音眉，《字林》作鶥，音同。"麋、麋音同，故可通用。鶥當爲麋的後起形聲字。《名義·鳥部》："鶥，莫飢反，鶬。"

【獌】《釋獸》："貙獌，似貍。"郭注："今山民呼貙虎之大者爲貙豻。"

按：《釋文》："獌，本亦作貓，音萬，又亡奸反，或亡半反，《字林》音慢，云：狼屬。一曰貙也。"《説文·犬部》："獌，狼屬。從犬、曼聲。《爾雅》曰：貙獌似貍。"《説文》無貓字，《集韻》去聲《願韻》："獌、貓，《説文》：狼屬。引《爾雅》貙獌似貍。或作貓。"

六　省旁

所謂"省旁"，是指《爾雅》名物詞用字的某個部件被省掉。

【襀】《釋器》："裳削幅謂之襀。"郭注："削殺其幅，深衣之裳。"

按：《説文·糸部》："襀，裳削幅謂之襀。"字或從衣作襀，《名義·衣部》："襥,補木反,裳削幅。"字或從巾作幞,襥、纀又或省作襆、繀,《集韻》入聲《燭韻》:"幞、襥、纀、繀,帕也,一曰裳削幅。或從衣、從糸。亦省。"

【灉】《釋水》："水自河出爲灉。"郭注："《書》曰:灉沮會同。"

按:《說文·水部》:"灉,河灉水,在宋。"字又或省作滽,《集韻》去聲《用韻》:"灉、㴄、滽,《爾雅》:水自河出爲灉。或作㴄、滽。"雝字或隸變作雍,灉、㴄爲篆文的不同隸變方式。

【韰】《釋草》："䪥,山韰。"

按:《說文·韭部》:"韰,菜也,葉似韭。從韭、叡聲。"字或省作韰,《名義·韭部》:"韰,胡戒反,菜也,韰字。"韰或加旁作薤,薤又省作薤。《集韻》去聲《怪韻》:"韰、薤、薤,《說文》:菜也。菜似韭。或作薤、薤。"

【蕩】《釋草》："蕩,竹。"郭注："竹別名。《儀禮》曰:蕩在建鼓之間。謂簫管之屬。"

按:《爾雅匡名》:"《釋文》:蕩,《說文》云:大竹也。本或作簜。案:《說文》(竹部):簜,大竹筩也,從竹、昜聲。非此義。此作簜者,蕩之省耳。"嚴氏所言是也。

【藸】《釋草》："茮,莖藸。"郭注："五味也。蔓生,子叢在莖頭。"

按:《說文·艸部》:"藸,莖藸也。"字或作藷,《集韻》平聲《魚韻》:"藸、藷,莖藸,艸名。或作藷。"字或省作著,《集韻》入聲《質韻》:"莁,莖著,艸名。"

【蟓】《釋蟲》："蠓,蠛蠓。"郭注："小蟲,似蚋,喜亂飛。"

按:字或省作蚋,《集韻》去聲《祭韻》:"蟓、蚋,蟲名。《說文》:秦晉謂之蟓,楚謂之蚋。或省。"

【豬】《釋獸》："豬,豶。"郭注："俗呼小豶豬爲豬子。"

按:《說文·豕部》:"豬,豶也。從豕、隋聲。"字又省作豬,《釋

60

文》："豲,羊箠反,今作㹕。"

【䖂】《釋獸》："䖂,黑虎。"郭注："晉永嘉四年,建平秭歸縣檻得之。狀如小虎而黑,毛深者爲斑。《山海經》云:幽都山多玄虎、玄豹。"

按:《說文·虎部》："䖂,黑虎也。從虎、儵聲。"《釋文》："虩,式六反,本今作䖂。"虩爲䖂之省。

七 俗訛

《爾雅》名物詞用字在傳抄和轉錄過程中可能會發生俗寫訛變,這些訛變可能是由甲字到乙字的直接訛變,也可能是間接訛變,即甲字不是直接訛變爲丙字,它們之間有一個過渡的乙字。

【黝】《爾雅·釋器》："黑謂之黝。"郭注："黝,黑貌。《周禮》曰:陰祀用黝牲。"

按:黝字或訛作黝[1],《篇海》卷一三《黑部》引《搜真玉鏡》："黝,烏皎切。"幼字俗書作㕕,又訛作幻,黝字右旁所從,當即幻(㕕)之筆劃重組。

【結】《爾雅·釋草》："傅,橫目。"郭注："一名結縷,俗謂之鼓箏草。"

按:結字或訛作祮[2],《集韻》平聲《模韻》："祮,祮縷,草名。"祮、結形近;祮與縷字連用爲草名,與"結"字用法亦相同。蓋丁度等所見文獻"結縷"有誤作"祮縷"者,因收"祮"字於模韻攻乎切下。

【鮍】《爾雅·釋魚》："鮂,大鱯,小者鮍。"

按:鮍字或訛作鯡[3],《玉篇·魚部》："鯡,魚子也。""鯡"訓

---

[1] 楊寶忠:《疑難字續考》,中華書局2011年版,第485頁。
[2] 楊寶忠:《疑難字續考》,中華書局2011年版,第167頁。
[3] 楊寶忠:《疑難字續考》,中華書局2011年版,第461—462頁。

魚子，疑爲"鮡"字俗訛。俗書兆、非二旁相亂，故"鮡"或訛變作"鯡"，《名義·魚部》："鯡，治矯反，鱧小。"今本《玉篇》與之位置相當者作"鮡"，治矯切，此"鮡"俗訛作"鯡"之證。"鮡"爲鱧小者之名，訛作"鯡"，因小義而訓爲魚子；"鮡"音兆，而《玉篇》《廣韻》"鯡"音沸者，望形生音也。

【鳧】《爾雅·釋鳥》："舒鳧，鶩。"郭注："鴨也。"

按："鳧"字本從几聲，爲書寫便利，右折筆劃往往變爲左鉤，几變爲左鉤，與力形近，故變作鳬、省作鳥、易位作勮，唐寫本《唐韻》入聲《職韻》："勮，似鴨而小。亦作鳬。出《字統》。加。"《玉篇·鳥部》："勮，音力，鳥似鳧而小。鳬，同上。"俗書几、乃相亂，故鳧字又或作鳬，《干禄字書》平聲《虞韻》："鳬、鳧，上通下正。"鳬又或省作鳥，《龍龕》卷二《乃部》："鳥，音力。"楊寶忠先生謂上揭諸字并鳧字[1]，是也。

【獚】《爾雅·釋畜》："犬生三，獚；二，師；一，玂。"

按：《名義·犬部》："獚，子公反，犬生三子。"又《名義·犬部》："獚，子立反，犬生三子。"《玉篇·犬部》："獚，音即，犬生三子。"獚即獚字。獚、獚形近，胡吉宣謂"獚"爲"獚"字之訛[2]，當是。

【康】《爾雅·釋器》："康瓠謂之甈。"郭注："瓠，壺也。賈誼曰：寶康瓠。是也。"

按：《說文·瓦部》："甈，康瓠破罌。"字亦作康。字或作甇、甈，《釋文》："康，孫、郭如字，《字書》《埤蒼》作甇，音同。李本作光，《字林》作甈，口光反。"字或訛作"甌"，《玉篇·瓦部》："甌，許飢切。"《名義·瓦部》："甈，口郎反，瓠。甌（甌），同上。"蓋顧氏《玉篇》"甈"字或體有誤作"甌"者，陳彭年等據他書改"甈"下"甌"

---

[1] 楊寶忠：《疑難字考釋與研究》，中華書局2005年版，第9頁。
[2] 胡吉宣校釋：《玉篇校釋》，上海古籍出版社1989年版，第4607頁。

字爲"甂"，複收"甝"字於部末，見其從虛，因讀作許飢切。"甝"又或訛作"甗"，《字彙·瓦部》："甗，虛宜切，音希，缶也。"①

【業】《爾雅·釋器》："大版謂之業。"郭注："築牆版也。"

按：《説文·丵部》："業，大版也。所以飾縣鍾鼓，捷業如鋸齒，以白畫之，象其鉏鋙相承也。"字亦作業，字或加旁作牒，《名義·片部》："牒，魚劫反，大版。"俗書羑旁多與業旁相混，牒或訛作牒②，《集韻》入聲《屋韻》博木切："牒，墙版之大者。"墙版之大者，即"大版"之轉訓，作博木切者，殆亦望形生音。

【隆】《爾雅·釋天》："穹蒼，蒼天也。"郭注："天形穹隆，其色蒼蒼，因名云。"

按："隆"字與"穹"連言，"穹"從穴，故"隆"亦或加穴旁，《龍龕》卷四《穴部》："窿，力中反。穹～，天勢也。"天勢猶言天形；俗書穴、宀二旁相亂，故"窿"又變作"窿"③，《字彙補·宀部》："窿，力公切，音隆。天形也。"

【礐】《爾雅·釋山》："多小石，磝；多大石，礐。"

按：礐字《説文》字作嶨，《説文·山部》："嶨，山多大石也。從山、學省聲。"《説文·石部》："礐，石聲。從石、學省聲。"訓多大石之"礐"與《説文》字同形。字又或作礨④，《新修玉篇》卷二二《石部》引《川篇》："礨，音巷。山有大小石也。"俗書學頭與與旁相亂，"礨"字蓋"礐"之累增字，又書學頭作與旁耳。

【造】《爾雅·釋水》："天子造舟。"郭注："比船爲橋。"

按："造"字或作"艁（艃）"，《玉篇》（殘卷）卷一八《舟部》："艁，七到反。《書字》⑤：古文造也。造，造舟爲梁也，至也。在辵部。

---

① 楊寶忠：《疑難字考釋與研究》，中華書局2005年版，第417頁。
② 楊寶忠：《疑難字考釋與研究》，中華書局2005年版，第468頁。
③ 楊寶忠：《疑難字考釋與研究》，中華書局2005年版，第287頁。
④ 楊寶忠：《疑難字續考》，中華書局2011年版，第11—12頁。
⑤ "字書"二字誤倒。

古文或爲胎字，在肉部也。"《名義•舟部》字作"䑞"，注云："䑞，七到反。[造]舟爲渠（梁）。"䑞（䑞）又或訛作䑞①，《玉篇•舟部》："䑞，七例切。"今本《玉篇•舟部》無"䑞（䑞）"字，"䑞"當即《玉篇》（殘卷）之"䑞（䑞）"字；"䑞（䑞）"字《玉篇》（殘卷）七到反，今本《玉篇》"䑞"字七例切，"例"即"到"字之形誤。《篇海》卷一一《舟部》引《玉篇》作："䑞，七例切。舟危也。"義訓爲後人所補，不足信。

【芨】《爾雅•釋草》："芨，菫草。"郭注："即烏頭也。江東呼爲菫。"

按："芨"字或改換聲旁作"藒"，《廣韻》入聲《緝韻》居立切："芨，烏頭別名。藒，上同。"《名義•艸部》："藒，救立反，菫也②，菫也。"《玉篇•艸部》："藒，救立切，藒菫也。"俗書"急"字或作"忌"，故"藒"字或訛作"藘"，《集韻》上聲《隱韻》倚謹切："藘，藘菫，艸名。"丁度等不知"藘"爲"藒"字俗訛，誤讀爲"藘菫"，見其字從忌，又誤注其音爲倚謹切③。

【壺】《爾雅•釋木》："棗，壺棗。"郭注："今江東呼棗大而銳上者爲壺。"

按：壺字或加旁作樚，《釋文》："壺，字或作樚，孫云：棗形上小下大似瓠，故曰壺。音胡。"《説文》無字樚，其字蓋本作壺，後加木旁。樚字又或作楛、樚、禭、櫶、㰌、㰌，《名義•木部》："楛，户孤反，瓠也，大棗銳也。"《廣韻》平聲《模韻》："樚，棗名也。大而銳上者。本作壺，見《爾雅》。"《篇海》卷七《木部》十二畫引《搜真玉鏡》："禭，音胡。"《篇海》卷七《木部》十畫引《龍龕》："櫶，音胡，棗名，下尖上大也。"《篇海》卷七《木部》

---

① 楊寶忠：《疑難字考釋與研究》，中華書局 2005 年版，第 569 頁。
② "菫"蓋"菫"字之誤。
③ 楊寶忠：《疑難字考釋與研究》，中華書局 2005 年版，第 102 頁。

十三畫引《龍龕》："櫶，音胡，棗名，下尖上大也。"《篇海》卷七《木部》十二畫引《類篇》："楔，音胡，棗名也。"張涌泉以爲襯、楔即櫖字①，是也。如《爾雅》言，這種棗是上尖下大，《龍龕》所說的"下尖上大"是錯誤的。

又《篇海》卷七《木部》十二畫引《類篇》："櫖，音壺，酒器。"楊寶忠先生以爲此亦櫖字，《名義·壺部》："壺，戶徒反，酒器。"櫖訓"酒器"是与壺字之義相亂的結果②。

【鮇】《爾雅·釋魚》："鮥，鮇鮪。"郭注："鮪，鱣屬也。大者名王鮪，小者名鮇鮪。"

按：《說文》無鮇字，其字蓋本作叔，後改從魚旁③。鮇字或訛作鯀④，《篇海》卷三《魚部》引《搜真玉鏡》："鯀，矢（矢）六切，又寂也。"矢（矢）六切與鮇字讀音相同，"鯀"字從魚而訓寂，形義乖舛，"又寂也"疑爲"又作叔也"之誤。

【負】《爾雅·釋鳥》："鸚，負雀。"郭注："鸚，鷂也。江南呼之爲鸚，善捉雀，因名云。"

按："負"字或加旁作"鵟"，《釋文》："負，字或作鵟，同，房九反。"《名義·鳥部》："鵟，扶九反，[鵟]雀，鸚。"鵟字或訛作鴝，《五音集韻》上聲《麌韻》扶雨切："鴝，鳥名，鷂屬。"甯忌浮校訂記云："'鴝'字誤，影宋本《集韻》作'鵟'，當據正。"⑤

【鼴】《爾雅·釋獸》："鼴，鼠身長須而賊，秦人謂之小驢。"郭注："鼴，似鼠而馬蹄，一歲千斤，爲物殘賊。"

---

① 張涌泉：《漢語俗字叢考》，中華書局2000年版，第554頁。
② 楊寶忠：《疑難字考釋與研究》，中華書局2005年版，第380頁。
③ 參見本書第五章第三節"鮇"字條。
④ 楊寶忠：《疑難字續考》，中華書局2011年版，第458—459頁。
⑤ 甯忌浮校訂：《校訂五音集韻》，中華書局1992年版，第32頁。

按：《説文》無䶎字，其字蓋本借"炅"字爲之，後加鼠旁[①]。䶎字或訛作䶈、䶆[②]，《玉篇·鼠部》："䶈，音惕。鼠也。"《名義·鼠部》："䶆，胡礼反，似鼠[而馬]蹄。"《名義》"䶆"字乃"䶎"之俗訛也。今本《玉篇·鼠部》之末收"䶈"字，蓋陳彭年等據誤本《玉篇》妄增，其音惕者，望形生音也，漫訓爲鼠，望形生訓也。元刊《玉篇》"䶈"又訛爲"䶈"，"音惕"又誤作"音昜"。

【駒】《釋畜》："[馬]後足皆白，駒。"

按：字或作駒，《釋文》："駒，郭音劬，又音矩，舍人本作駒。"又或作䮲、䮩、䮨，《集韻》平聲《虞韻》劬小韻："駒、䮲、䮩、䮨，《爾雅》：馬後足皆白，駒。或作䮲、䮩、䮨。"《爾雅匡名》："案：此四字皆俗作，而䮲字最無理。……羽旁著馬，有形無聲，於部系將字屬乎？"字作䮲者，蓋駒字换旁，駒爲假借，"句"表音，䮲字是改换表音部件"句"爲表意部件"馬"。

字又或作鴝。箋注本《切韻》（斯 2071）平聲《虞韻》其俱反："鴝，馬右足白。"故宫本《王韻·虞韻》："鴝，右馬足白。"《廣韻·虞韻》："鴝，馬左足白。《爾雅》云：馬後足皆白。本作駒。"《集韻·虞韻》："鴝，鳥左足白。"楊寶忠師以爲"鴝"當是"駒"字之變[③]，竊以爲馬後足白之字本借"駒"字爲之，因其表馬，故换旁作"䮲"，俗書馬、鳥相混，故"䮲"字又訛作"鴝"。"左足""右足"皆"后（後）足"字之訛。"鴝"又訛作"鵾"[④]。

【騵】《爾雅·釋畜》："青驪繁鬣，騵。"郭注："《禮記》曰：周人黄馬繁鬣。繁鬣，兩被毛，或曰美髦鬣。"

[①] 參見本書第五章第三節"䶎"字條。
[②] 楊寶忠：《疑難字續考》，中華書局 2011 年版，第 503—504 頁。
[③] 楊寶忠：《疑難字考釋與研究》，中華書局 2005 年版，第 576 頁。
[④] 楊寶忠：《疑難字續考》，中華書局 2011 年版，第 446 頁。

按：《説文》無騥字，《釋文》："騥，而周反，本又作柔。"其字蓋本作柔，後加馬旁。《名義·馬部》："騥，人丘反，青驪馬也。"騥涉"騷"字而易旁作鬃①，《玉篇·彡部》："鬃，馬之繁騷。"

---

① 楊寶忠：《疑難字續考》，中華書局 2011 年版，第 388—389 頁。

第三章

《爾雅》名物詞用字异文類型

《爾雅》名物詞用字异文頗夥，其字際關係亦頗爲複雜。本章將《爾雅》名物詞用字异文分爲分化字、异體字、通假字、同形字等四種類型。

第一節 分化字

分散多義字職務的主要方法，是把一個字分化成兩個或幾個字，使原來由一個字承擔的職務，由兩個或幾個字來分擔。我們把用來分擔職務的新造字稱爲分化字[①]。沙宗元總結分化字可分爲三種類型：第一，通過在原字上加注偏旁或改換偏旁而形成的分化字，這是分化字的大宗。第二，對原字稍加筆畫上的細微改變而形成的分化字。第三，與原字在字形上没有聯繫的分化字[②]。根據分化字的定義和類型，我們知道前面提到的通過添加意符或替换意符而産生的《爾雅》名物詞用字與原字大多是母字和分化字的關係，下面再舉一些例子。

【虛】《釋地》："西北之美者，有崑崙虛之璆琳琅玕焉。"

按：字或加土旁作墟，《玉篇》（殘卷）卷二二《山部》崑字下正

[①] 裘錫圭：《文字學概要》，商務印書館1988年版，第223頁。
[②] 沙宗元：《文字學術語規範研究》，安徽大學出版社2008年版，第174頁。

作"墟"。《説文·丘部》:"虛,大丘也。崑崙丘謂之崑崙虛。"大徐本虛字注云:"今俗别作墟,非是。"《説文》虛字義爲"丘",因虛字又常表"空虛"①"虛假"義,故加旁分化出"墟"字。《玉篇·土部》:"墟,去餘切,居也,大丘也。"唐柳宗元《觀八駿圖説》:"古之書有記周穆王馳八駿升崑崙之墟者,後之好事者爲之圖。"②

【厓】《釋丘》:"望厓洒而高,岸。"郭注:"厓,水邊。洒謂深也。視厓峻而水深者曰岸。"

按:《釋文》:"厓,字又作涯,魚佳反。"《玉篇》(殘卷)卷二二岸字、卷一九洒字下均引作涯。《説文》無涯字,《説文·水部》:"涘,水厓也。"《説文·厂部》:"厓,山邊也。"厓既可指山邊,又可指水邊。其字蓋本作厓,後分化出"涯"字。《名義·水部》:"涯,宜佳反,涘也。"庾信《哀江南賦》:"江、淮無涯岸之阻。"③《論衡·驗符》:"盧江皖侯國際有湖。皖民小男,曰陳爵、陳挺,年皆十歲以上,相與釣於湖涯。"④

【負版】《釋蟲》:"傅,負版。"

按:《釋文》:"負版,字亦作蝂,甫簡反。"《説文》無蝂字,其字蓋本作負版。《名義·虫部》:"蝂,補蠜反,縛負。""負版"表蟲,其字并爲借字,後加虫旁,分化出"蝂"字。負亦或加虫旁分化出"蝜"字。唐柳宗元《蝜蝂傳》:"蝜蝂者,善負小蟲也。行遇物,輒持取,卬其首負之,背愈重,雖困劇不止也。"⑤明陶宗儀《南村輟耕録》卷一四:"蝜蝂升高,其道窮也,躓而不悔。"⑥

【科斗】《釋魚》:"科斗,活東。"郭注:"蝦蟆子。"

---

① 《廣雅·釋詁》:"虛,空也。"
② (唐)柳宗元:《柳宗元集》,中華書局1979年版,第441頁。
③ (北周)庾信撰,(清)倪璠注,許逸民校點:《庾子山集注》,中華書局1980年版,第101頁。
④ 黄暉撰:《論衡校釋》,中華書局1990年版,第838頁。
⑤ (唐)柳宗元:《柳宗元集》,中華書局1979年版,第484頁。
⑥ (元)陶宗儀撰:《南村輟耕録》,中華書局1959年版,第173頁。

按：字或加虫產旁分化作"蝌蚪"，《玉篇·虫部》："蝌，苦禾切，蝌蚪，蛞蟇；蚪，當口切，蝌蚪。"晋崔豹《古今注》卷中："蝦蟇子曰蝌蚪。一曰玄針，一曰玄魚。形圓而尾大，尾脱即脚生。"《南史·卞彬傳》："蝌斗唯唯，羣浮暗水。"①

【草】《釋畜》："牡曰騭，牝曰騇。"郭注："草馬名。"

按：字或加旁作騲，《釋文》："草馬，本亦作騲，《魏志》云：教民畜牸牛騲馬。是也。"《説文》無騲字，其字蓋本作草，後分化出"騲"字。《名義·馬部》："騲，且道反，牡（牝）也。"《顔氏家訓·書證》："良馬，天子以駕玉輅，諸侯以充朝聘郊祀，必無騲也。"②

【庉】《釋天》："風與火爲庉。"郭注："庉庉，熾盛之貌。"

按：字或作炖，《釋文》："庉，徒袞、徒昆二反，本或作炖字，同。"《説文》無炖字，《説文·广部》："庉，樓墻也。""火盛"字蓋本借庉字爲之，後分化出"炖"字。《名義·火部》："炖，徒昆反，火盛。"唐柳宗元《解祟賦》："炖堪輿爲甗錤兮，爇雲漢而成霞。"③

【盤】《釋山》："多大石，礜。"郭注："多盤石。"

按：《釋文》："磐，步丸反，今作盤，同。"《説文》無磐字，其字經典作"盤石"，《荀子·富國》："則國安於盤石。"楊倞注："盤石，盤薄大石也。"《文選·成公綏〈嘯賦〉》："坐盤石。"《古詩十九首》："良無盤石固。"李善注并引《聲類》曰大石。其字蓋本借盤字爲之，後分化出"磐"字。《名義·石部》："磐，薄安反，大石。"《史記·孝文本紀》："高帝封王子弟，地犬牙相制，此所謂磐石之宗也。"

【狼】《釋草》："孟，狼尾。"郭注："似茅，今人亦以覆屋。"

---

① （唐）李延壽撰：《南史》卷72《卞彬傳》，中華書局1975年版，第1768頁。
② 王利器撰：《顔氏家訓集解》（增補本），中華書局1993年版，第414—415頁。
③ （唐）柳宗元：《柳宗元集》，中華書局1979年版，第51—52頁。

按：字或換旁作蕂，《名義·艸部》："蕂，來唐反，[蕂]尾也，蒹蕂也。"同部："蓋，亡更反，蕂尾也，似茅，覆屋。"《史記·司馬相如列傳》："其卑溼則生藏蕂蒹葭。"裴駰集解引《漢書音義》："蕂，蕂尾草也。"

【綠耳】《釋畜》："小領，盜驪。"郭注："《穆天子傳》曰：天子之駿，盜驪、綠耳。"

按：字或作騄駬，《釋文》："綠耳，力玉反，本或作騄駬，同。"《説文》無騄駬字，《名義·馬部》："騄，呂蜀反，白馬兩耳黃。"《太平御覽》卷八九六："郭璞注《穆天子傳》曰：竹書北唐之君來見，以一驪馬是生綠耳。魏時鮮卑獻千里馬，白色而兩耳黃，名之爲黃耳。"《名義》義即取自《穆天子傳》郭璞注。《名義》無駬字。《玉篇·馬部》："騄，力足切，騄駬，駿馬；駬，如始切，騄駬。"《淮南子·主術》："騏驥、騄駬，天下之疾馬也。"

第二節　异體字

學術界對异體字的定義各有不同，我們這裏采用裘錫圭先生的説法：异體字就是彼此音義相同而外形不同的字。嚴格地説，衹有用法完全相同的字，也就是一字的异體，纔能稱爲异體字。但是一般所説的异體字往往包括衹有部分用法相同的字。嚴格意義的异體字可以稱爲狹義异體字，部分用法相同的字可以稱爲部分异體字，二者合在一起就是廣義的异體字①。《爾雅》名物詞用字存在大量异體字，其中有的是狹義异體字，有的是廣義异體字。實際上在文獻使用中狹義的异體字是很少有的，大部分异體是部分异體字。我們采用廣義异體字概念，把《爾雅》名物詞用字的异體字大體分

---

① 裘錫圭：《文字學概要》，商務印書館 1988 年版，第 205 頁。

爲以下幾類。

一　隸變不同

【嫂】《釋親》："女子謂兄之妻爲嫂，弟之妻爲婦。"

按：《釋文》："媬，素早反，本今作嫂。"篆文字作"▨"，媬是篆文隸定字。

【壼】《釋宫》："宫中衖謂之壼。"郭注："巷閤間道。"

按：《釋文》："㕤，本或作壼，苦本反，郭、吕并立屯反。或作韋。"①《説文·口部》："㕤，宫中道。從口，象宫垣道上之形。《詩》曰：室家之㕤。"㕤字篆文作"▨"，㕤、壼、壺皆其隸變字。

【畝】《釋丘》："如畝，畝丘。"郭注："丘有壟界如田畝。"

按：《釋文》："畝，本或作畞。"《説文·田部》："畮，六尺爲步，步百爲畮。從田、每聲。畞(畝)，畮或從田、十、久。"畞字篆文作"▨"，畞、畝祇是隸變方式不同而已。

【蕢】《釋草》："蕢，赤莧。"郭注："今之莧，赤莖者。"

按：《釋文》："蕢，字亦作䕬。巨愧反，又苦怪反。"蕢字篆文作"▨"，蕢、䕬隸變方式不同。

【苬】《釋草》："苀苬，馬舄。"

按：《釋文》："苬，字亦作苢。"《説文·艸部》："苢，苀苢，一名馬舄，其實如李，令人宜子。"苢字篆文作"▨"，苬、苢隸變方式不同。

二　易位

一字由兩個或多個部件構成，部件相對位置發生變易叫作易位。易位可以分上下易位、左右易位等。

---

① 《經典釋文异文之分析》以爲"或作韋"當是涉上文"宫中之門謂之闈"而誤。參見林燾等《經典釋文异文之分析》，《燕京學報》1950 年第 38 期。

【畬】《釋地》："田一歲曰菑，二歲曰新田，三歲曰畬。"郭注："《易》曰：不菑，畬。"

按：《説文·田部》："畬，三歲治田也。《易》曰：不菑畬田。"字或作畭，《釋文》："畬，本或作畭，同，羊如反，《字林》弋恕反。"

【杼】《釋木》："栩，杼。"郭注："柞樹。"

按：《説文·木部》："柔，栩也。讀若杼。"又"栩，柔也。"小徐本"柔"作"柔"，大徐本"柔"即"柔"之誤。則《説文》字作柔。柔易位作杼，與《説文》訓"機之持緯者"之字同形。

【鷚】《釋鳥》："鷚，天鸙。"郭注："大如鷃雀，色似鶉，好高飛作聲，今江東名之曰天鷚。音綢繆。"

按：《釋文》："鷚，字又作鷄。"《説文·鳥部》："鷚，天鸙也。從鳥、翏聲。"《名義·鳥部》："鷚，莫侯反，如鷃高飛。"

【鴂】《釋鳥》："鴂，鵏鼓。"

按：《釋文》："鴥，大結反，《説文》音吐節反，本今作鴂。"《説文·鳥部》："鴥，鵏鼓也。從鳥、失聲。"

【麇】《釋獸》："[鹿]絕有力，麇。"

按：《説文》作麉，《説文·鹿部》："麉，鹿之絕有力者。從鹿、幵聲。"麉、麇一字。

三　意符不同

由於表意功能相同或側重角度不同，《爾雅》名物詞用字表意部件由甲部件變爲乙部件，表意部件變易後，音義未發生變化。

【墉】《釋宮》："墙謂之墉。"郭注："《書》曰：既勤垣墉。"

按：《説文·土部》："墉，城垣也。"字或換旁作隗，《釋文》："墉，音容，本或作隗，同。"《玉篇》（殘卷）卷二二《阜部》："隗，餘鍾反，《字書》或墉字也。墉，城也，"又或作牖、䧡，《集韻》平聲《鍾韻》："墉、隗、牖、䧡，《説文》：城垣也。或作隗、牖。古作䧡。"

【盆】《釋器》："盎謂之缶。"郭注："盆也。"

按：《説文·皿部》："盆，盎也。從皿、分聲。"字或換作瓦旁作瓫，《集韻》平聲《魂韻》："盆、瓫，步奔切，《説文》：盎也，又姓。或作瓫。"

【罍】《釋器》："彝、卣、罍，器也。小罍謂之坎。"

按：字或從木、從皿、從金作，籀作䍃。《集韻》平聲《灰韻》："櫑、罍、𥂈、鑂、䍃，《説文》：龜目酒尊，刻木作雲雷象，象施不窮也。或從缶、從皿、從金。籀作䍃。"

【鬵】《釋器》："鬵謂之鬲。"郭注："《詩》曰：溉之釜鬵。"

按：字又或從瓦作甑，《釋文》："鬵，本或作甑，即凌反，又子孕反。"《説文·鬲部》："鬵，鬲屬。"《説文·瓦部》："甑，甗也；甗，甑也。一曰：穿也。"依《説文》字當從鬲作。又《説文·鬲部》："鬵，大釜也。一曰：鼎大上小下若甑曰鬵。"依《説文》"一曰"之説，似亦可從瓦作。

【岫】《釋山》："山有穴爲岫。"郭注："謂巖穴。"

按：字或從穴旁，《説文·山部》："岫，山穴也。宿，籀文從穴。"又或從谷旁，《集韻》去聲《宥韻》："岫、宿、峀，《説文》：山穴也。籀從穴、谷。"

【蕡】《釋草》："蕡，枲實。"郭注："《禮記》曰：苴麻之有蕡。"

按：《説文》或體作䒞，《説文·艸部》："䒞，枲實也。蕡，䒞或從麻、賁。"字或從艸旁作蕡，《釋文》："蕡，本或作蕡，符刃反，或扶沸反。"《禮記·内則》："菽、麥、蕡、稻、黍、粱。"釋文："蕡，字又作䔖。大麻子。"《名義·艸部》："䒞，扶云反，枲實也，蕡[字]，又䔖字①。"蕡與《説文》訓"雜香艸"字同形。

【鼈】《釋魚》："鼈三足，能。龜三足，賁。"郭注："《山海經》

---

① "字"原作點號，今依《説文》改。

曰：從山多三足鱉，大苦山多三足龜。今吳興郡陽羨縣君山上有池，池中出三足鱉，又有六眼龜。"

按：字又從魚或從虫作，《廣韻》入聲《薛韻》："鼈，魚鼈。俗作鱉、蟞。"又從黽作，《龍龕·龜部》："鼈，俗，并列反，正作鼈。"

【雌】《釋鳥》："桃蟲，鷦。其雌鴱。"郭注："鷦鷯，桃雀也。俗呼爲巧婦。"

按：《釋文》："雌，字或作䧿。"《說文·隹部》："雌，鳥母也。從隹、此聲。"《集韻》平聲《支韻》："䧿，《說文》：鳥母也。一曰牝也。或從鳥。"

四　聲符不同

由於表音功能相同，《爾雅》名物詞用字表音部件由甲部件變爲乙部件，表音部件發生變易，音義未發生變化。

【楹】《釋宮》："杗廇謂之梁。其上楹謂之梲。"

按：《說文·木部》："楹，柱也。《春秋傳》曰：丹桓宮楹。"字或作櫺、桯，《集韻》平聲《清韻》："楹、櫺、桯，《說文》：柱也。引《春秋傳》：丹桓宮楹。或從贏、從呈。"《廣韻》盈、贏、呈俱爲平聲清母字，韻母相同。

【篧、罩】《釋器》："篧謂之罩。"郭注："捕魚籠也。"

按：《釋文》："篧，郭士角反，又捉、廓二音。"《說文·竹部》："籗，罩魚者也。從竹、靃聲。篧，籗或省。"小徐本下有："篧，籗或從隹。"字或從蒦得聲，《集韻》去聲《莫韻》胡故切："籱、篧，捕魚器。或作篧。"同書入聲《鐸韻》黃郭切篧字亦有或體籱。字又或從卓得聲，《集韻》入聲《覺韻》捉小韻側角切："箏、箈，筆（揚州使院本作篧，是也）也。或作篧。"《集韻》翼、篧并有或體作箏，未知《集韻》所據。又入聲《覺韻》竹角切："籱、篧、篧、罩、箏，《說文》：罩魚者也。或并省，亦作罩、箏。"《集韻》溝通篧與罩、箪字關係，祇取卓聲，與"簍謂之罩"之罩字爲同形字。

《説文·网部》："罩，捕魚器也。"字或從綽聲，《名義·网部》："䍷，罩字。"字或改從竹旁，《釋文》："罩，陟孝、陟角二反，《字林》云竹卓反，字又作箪。"《集韻》又作䈰、䈇，《集韻》入聲《覺韻》："罩、䈰、䈇、箪，捕魚哭（器）。或作䈰、䈇、箪。"

【鮨】《釋器》："魚謂之鮨。"郭注："鮨，鮓屬也。見《公食大夫禮》。"

按：《説文·魚部》："鮨，魚䏚醬也，出蜀中。"字或從祁、從示得聲作鰭、魠，《集韻》平聲《脂韻》："鮨、鰭、魠，鮓屬。《爾雅》：魚謂之鮨。或從祁，從示。"

【筊】《釋樂》："大簫謂之言，小者謂之筊。"

按：字或從爻得聲，《釋文》："筊，本或作茭字，户交反。"又或從骹得聲，《集韻》平聲《爻韻》："筊、茭、篍，《説文》：竹索也。一曰：簫之小者謂之筊。或從爻、從骹。"

【湄】《釋水》："水草交爲湄。"郭注："《詩》曰：居河之湄。"

按：《説文·水部》："湄，水艸交爲湄。"字或作㵟、湏、溦、濔，《釋文》："湄，本或作㵟、湏、溦、濔。"湄字篆文作𣵱，㵟、湏皆小篆字形的訛變。溦、濔則爲改換聲旁。字又或作從麋得聲，《集韻》平聲《脂韻》："湄、湏、溦、濔、瀖，《説文》：水草交爲湄。或作湏、溦、濔、瀖。"

【㿺】《釋草》："瓟，㿺。其紹瓟。"郭注："俗呼㿺瓜爲瓟。紹者，瓜蔓緒，亦著子，但小如㿺。"

按：字或作瓝，《釋文》："㿺，步角反，《字林》作瓝，云：小瓜也。"《説文·瓜部》："瓝，小瓜也。"字或改從包聲作瓟，《集韻》入聲《覺韻》："瓝、㿺、瓟，《説文》：小瓜也。或作㿺、瓟。"

【藕】《釋草》："荷，芙渠。其根藕。"

按：《説文·艸部》："藕，芙蕖根。從艸、水，禺聲。"《釋文》：

"藕,字亦作蕅,同。"《名義·艸部》:"蕅,吾後反,芙渠根也。"

【䈛】《釋草》:"䈛,筡中。"郭注:"言其中空,竹類。"

按:字或作䉭,《釋文》:"䈛,字或作䉭,密謹反,又亡忍反。"《名義·竹部》:"䈛,眉隕反,竹中空也,䉭字。"字又或從愍得聲,《集韻》上聲《準韻》:"䈛、䉭、䉭,艸名。《爾雅》:䈛,筡中。中空,類竹。或作䉭、䉭。"

【鮂】《釋魚》:"鮂,鱒。"郭注:"似鱓子,赤眼。"

按:字或從畢得聲,《集韻》入聲《質韻》:"鮂、鱪,魚名。或從畢。"

【蠣】《釋魚》:"蛭,蟣。"郭注:"今江東呼水中蛭蟲,入人肉者爲蟣。"

按:字或從支得聲,《釋文》:"蟣,郭音祈,《字林》云:齊人名蛭也。《本草》又作蚑。"

【騧】《釋畜》:"黑喙,騧。"郭注:"今之淺黄色者爲騧馬。"

按:字或從叧、從瓜得聲作𩣫、𩦡,《集韻》平聲《麻韻》:"騧、𩣫、𩦡,《説文》:黄馬黑喙。籀從叧。或作𩦡。"

五 俗體字

俗體字也稱"俗字""俗體",學術界對俗體字的定義各有不同,這裏我們采用張涌泉的定義,張氏認爲俗字是漢字史上各個時期與正字相對而言的主要流行於民間的通俗字體[①]。值得注意的一點是各家對俗體字的定義雖然不同,然基本上都認爲俗體字是異體字的一種。《爾雅》名物詞用字也有用俗體者。

【鼎】《釋器》:"鼎絕大謂之鼐。"郭注:"最大者。"

按:字或作鼑、鼒、鼑,《龍龕·斤部》:"鼑、鼒、鼑,三俗,鼎,正,音頂。"又或作鼑、鼑、鼒,《篇海》引《搜真玉鏡》:"鼑、鼒、鼒,

---

[①] 張涌泉:《敦煌俗字研究》,上海教育出版社1996年版,第2頁。

三井音鼎。"此亦鼎字。

【觔】《釋地》:"北方之美者,有幽都之觔角焉。"郭注:"幽都,山名。謂多野牛觔角。"

按:俗作筋,《釋文》:"觔,音斤,本或作筋字,非。"《玉篇·竹部》:"筋,居勤切,俗觔字。"

【蔥】《釋草》:"茖,山蔥。"

按:《釋文》:"蔥,本又作葱,音聰。"葱是蔥字俗寫。字又作蔥,《集韻》平聲《東韻》:"葱、蔥,《説文》:菜也。古作蔥。"

【薊】《釋草》:"术,山薊。楊,枹薊。"

按:俗又作蓟,《廣韻》去聲《霽韻》:"蓟,草名,《爾雅》曰:术,山薊。俗作蓟。"

【猋】《釋草》:"猋、藨,芀。"郭注:"皆芀、荼之别名。方俗異語,所未聞。"

按:《釋文》:"猋,必遥反,又方瓢反,又方幺反,字從三犬,俗從三火,非也。"

【魁】《釋木》:"枹,遒木,魁瘣。"郭注:"謂樹木叢生,根枝節目盤結魂磊。"

按:《爾雅匡名》:"魁,(《釋文》)又云:魁字又作尬。案:斗亦作升,此從升,即魁字,非從斤也。"嚴氏所言是也。

【疐】《釋木》:"瓜曰華之,桃曰膽之,棗李曰疐之,樝梨曰鑽之。"郭注:"皆啖食治擇之名。樝似梨而酢澁,見《禮記》。"

按:《釋文》:"疐,亦作疌,同,丁計反。"疌爲疐之俗寫。

第三節　通假字

通假也叫通借,有廣義、狹義之分,我們這裏説的是狹義的通假,指借一個同音或音近的字來表示一個本有其字的詞①。《爾雅》名物詞用字有通假現象。

【鄉】《釋宮》："兩階間謂之鄉。"郭注："人君南鄉當階間。"

按:《釋文》："鄉,本又作曏,許亮反,注同。"《說文·日部》："曏,不久也。"字作曏者,蓋爲通假。

【弭】《釋器》："弓有緣者謂之弓,無緣者謂之弭。"

按:《說文·弓部》："弭,弓無緣,可以解轡紛者。䚀,弭或從兒。"字又作彌,《集韻》上聲《紙韻》:"弭、䚀,《說文》:弓無緣,可以解轡紛者。古從兒。通作彌。"作彌者爲通假字。

【墳】《釋地》："墳莫大於河墳。"郭注："墳,大防。"

按:《說文·土部》："坋,塵也。從土、分聲。一曰:大防也。"同部:"墳,墓也。從土、賁聲。"依《說文》,字當作坋。作墳者,通假也。

【翼】《釋地》："南方有比翼鳥焉,不比不飛,其名謂之鶼鶼。"

按:又或作翌,《釋文》:"翼,本或作翌。"《名義·羽部》:"翌,餘職反,明也,光明照曠中也。"作翌者,蓋爲通假。

【茨】《釋草》："茨,蒺藜。"郭注："布地蔓生,細葉,子有三角,刺人,見《詩》。"

按:《說文·艸部》:"薺,蒺棃也。《詩》曰:墻有薺。"今《毛詩》作"墻有茨"。《說文·艸部》:"茨,以茅葦蓋屋。"不訓"蒺藜"。字又或作薋,《釋文》:"茨,徂咨反,或作薋,同。"《說文·艸部》:"薋,艸多皃。從艸、資聲。"段注:"蒺藜之字,《說文》作薺,今《詩》作茨,叔師所據《詩》作薋,皆假借字耳。"

【車】《釋草》："莣,杜車。"郭注："可以爲索,長丈餘。"

按:《釋文》:"居,本亦作車,音同。"車、居音同通用。

【蛉】《釋蟲》:"蜭蛉,桑蟲。"郭注:"俗謂之桑蟎,亦曰

---

① 裘錫圭:《文字學概要》,商務印書館 1988 年版,第 106、187 頁。

戎女。"

按：《説文》字作蠕，《説文・虫部》："蠕，螟蠕，桑蟲也。從虫、需聲。"又《説文》蠣下引《詩》"螟蠕有子，蠣蠃負之。"亦作蠕。《説文・虫部》："蛉，蜻蛉也。一名桑根。"蠕、蛉音近，故借作蛉字。

【虺】《釋魚》："蝮虺，博三寸，首大如擘。"郭注："身廣三寸，頭大如人擘指。此自一種蛇，名爲蝮虺。"

按：《説文》字作虫，《説文・虫部》："虫，一名蝮。博三寸，首大如擘指，象其卧形。"又同部："虺，虺以注鳴。《詩》曰：胡爲虺蜥。"虫、虺音同，是以通借。

【彙】《釋獸》："彙，毛刺。"郭注："今蝟狀似鼠。"

按：《説文・希部》："希，蟲似豪豬者。蝟，或從虫。"希隸作彙或彙。字或作虇，《釋文》："彙，亦作虇，同，音謂。"《説文・朱部》："虇（虇），艸木虇孛之皃。從朱、畀聲。"大徐本補作"于貴切"，是作虇者，通假也。

第四節　同形字

同形字是分別爲記録不同的詞所造而字形偶然相同的一組漢字，也指由於形借、字形演變等原因所形成的字形相同而音義不同的一組漢字。[①]《爾雅》名物詞用字由於各種原因發生變異，造成大量同形字。新産生的《爾雅》名物詞用字可能與《説文》字同形，可能與《爾雅》其他名物詞用字同形，也可能與其他字書字同形。

[①] 沙宗元：《文字學術語規範研究》，安徽大學出版社2008年版，第328頁。沙宗元的同形字概念源於裘錫圭先生的《文字學概要》而略作總結。

一 與《説文》字同形

【奥】《釋宫》:"西南隅謂之奥。"郭注:"室中隱奥之處。"

按:字或加阜旁作隩,《釋文》:"奥,本或作隩,同,於耗反。《尚書》并《説文》皆云:奥,室也。……"《説文·宀部》:"窔(奥),宛也。室之西南隅。從宀、丵聲。"同書《𨸏部》:"隩,水隈崖也。從𨸏、奥聲。"蓋西南隅之奥本作奥,因受隅字影響類化爲隩,與訓"水隈崖"之隩同形。

【瓴】《釋宫》:"瓴甋謂之甓。"郭注:"甋甎也。今江東呼瓴甓。"

按:《釋文》:"瓴,力丁反,《詩傳》作令,音陵;甋,丁歷反,《詩傳》作適,音同。"《説文·土部》:"甓,瓴適也。一曰:未燒也。"段注:"《陳風》:中唐有甓。傳曰:甓,令適也。字作令適,零、嫡二音。加瓦者,俗字也。"則瓴甋本作令適,後加瓦旁明矣。《説文·瓦部》:"瓴,甕似瓶也。從瓦、令聲。"《説文》瓴字訓"瓶",非甎也。《説文》無甋字。令字加瓦旁與訓"瓶"之瓴爲同形字。《名義·瓦部》:"瓴,力丁反,甕也,甓也;甋,都秋(狄?)反,瓴甋。"

【定】《釋器》:"斪斸謂之定。"郭注:"鋤屬。"

按:字或加金旁作錠,《釋文》:"定,多佞反,或作錠。郭云:鋤屬。李云:鋤别名。"其字蓋本作定,因鋤屬爲金屬,故加金旁。《説文·金部》:"錠,鐙也。"與此爲同形字。《名義·金部》:"錠,都定反,鋤。"

【罦】《釋器》:"罬謂之罦。罦,覆車也。"郭注:"今之翻車也。有兩轅,中施罥以捕鳥。展轉相解,廣异語。"

按:《説文》或作罧,《説文·网部》:"罧,覆車也。罦,罧或從孚。"字又作罤,《集韻》平聲《虞韻》芳無切:"罦、罤,《爾雅》:罦,覆車也。今曰翻車,有兩轅,中施罥以捕鳥。或從否。"《説文·网部》:"罤,兔罤也。"《集韻》同罦之罤與《説文》字同形。

【隅】《釋地》："齊有海隅。"郭注："海濱廣斥。"

按：字或從水作渦，箋注本《切韻》（斯 2071）平聲《虞韻》："渦，齊藪名。又水名，在襄國。"《説文·水部》："渦，水出趙國襄國之西山，東北入寖。""海隅"字作渦者，蓋涉海字類化，與《説文》字同形。又或作嵎，《釋文》："隅，本或作嵎，同，仰于反。"

【隈】《釋丘》："厓，隈。"郭注："今江東呼爲浦隩。《淮南子》曰：漁者不争隈。"

按：《説文·𨸏部》："隈，水曲隩也。"字或從水作渨，《釋文》："隈，本或作渨，同，烏回反，《字林》一由反。"《説文·水部》："渨，没也。"《玉篇》（殘卷）卷一九《水部》："渨，於回反，《説文》：隈（渨），没也。水澳曲名。渨爲隈字，在𨸏部。"作渨者，蓋受澳字類化，此與《説文》字同形。

【沚】《釋水》："水中可居者曰洲，小洲曰渚，小渚曰沚，小沚曰坻，人所爲爲潏。"

按：《説文·水部》："沚，小渚曰沚。《詩》曰：于沼于沚。"字或作渚，《釋文》："沚，音止，本或作渚，音同，又音市。"《名義·水部》："渚，之巳反，小洲也，沚字①。"同部："沚，諸以反，小渚。"《説文·水部》："渚，水暫益且止未減也。"渚從寺得聲，與《説文》字同形。

【坻】《釋水》："水中可居者曰洲，小洲曰渚，小渚曰沚，小沚曰坻，人所爲爲潏。"

按：《説文·土部》："坻，小渚也。《詩》曰：宛在水中坻。"字又或從犀得聲，又或改從水旁作泜，《釋文》："坻，本或作墀，同，直基反，本又作泜，音同。"《説文·土部》："墀，涂地也。"《説文·水部》："泜，水，在常山。"《爾雅》墀、泜與《説文》字同形。

【瓜】《釋草》："黃，菟瓜。"郭注："菟瓜似土瓜。"

---

① "字"原作點號，《玉篇·水部》："沚，之以切，小渚也，亦作渚。"

按：字或加艸旁作苽，《説文·艸部》："黃，兔苽也。"小徐本字作"瓜"，《名義·艸部》："黃，餘神反，菟瓜也，似土瓜也。"字亦作"瓜"。《説文·艸部》："苽，雕苽，一名蔣。"其字蓋本作瓜，後加艸旁，與"雕苽"字同形。

【余】《釋草》："莕，接余。其葉苻。"郭注："叢生水中，葉圓，在莖端，長短隨水深淺，江東食之。亦呼爲莕。"

按：字或徑加艸旁作荼，《釋文》："余，羊如反，本或作荼，非。"《名義·艸部》："莕，何梗反，菨荼也，苻字。"字正從艸作。與《説文》"苦荼"字同形。

【離】《釋草》："離南，活莌。"郭注："草生江南，高丈許，大葉，莖中有瓢，正白，零陵人祖曰貫之爲樹[①]。"

按：《釋文》："蘺，力知反，本今作離。"《爾雅·釋草》："倚商，活脱。"郭注："即離南也。"字正作離。其字蓋本作離，後加艸旁。《名義·艸部》："莌，他活反，蘺南也。"《説文·艸部》："蘺，江蘺，蘪蕪。"與此爲同形字。

【茜】《釋草》："茜，蔓于。"郭注："草生水中，一名軒于，江東呼茜。"

按：《説文·艸部》："蓨，水邊艸也。"《爾雅義疏》《爾雅匡名》《爾雅正名》以爲此即《爾雅》茜字。《名義·艸部》："蓨，與周反，蔓于、軒于、臭草，生水中。"前人所云是也。茜蓋蓨之省。《説文·酉部》："茜，禮祭束茅，加于裸圭而灌鬯酒，是爲茜，象神歆之也。一曰：茜，榼上塞也。"與此爲同形字。

【莞】《釋草》："莞，苻蘺。其上蒚。"郭注："今西方人呼蒲爲莞蒲。蒚謂其頭臺首也。今江東謂之苻蘺，西方亦名蒲中莖爲蒚，用之爲席。音羽翮。"

[①] "祖曰"當作"植曰"，參見周祖謨校箋《爾雅校箋》，雲南人民出版社2004年版，第264頁。

按：《説文・艸部》："莞，艸也，可以作席。從艸、完聲；蔙，夫蘺也。從艸、晥聲。"依《説文》字當作蔙，蔙省作莞，與《説文》字同形。《集韻》上聲《混韻》："蔙、莞，艸名。《爾雅》：蔙，芙蘺。或省。"

【異】《釋草》："連，異翹。"郭注："一名連苕，又名連草，《本草》云。"

按：字或加艸旁作萛，《玉篇・艸部》："萛，餘記切，連翹草。"《名義・艸部》："萛，餘記切，芋①，連草也。"异字加艸旁，與《説文》訓"芋"之字同形。

【鹵】《釋草》："杜，土鹵。"郭注："杜衡也，似葵而香。"

按：字或加旁作薗，《釋文》："薗，本又作鹵，音魯。"其字蓋本作鹵，後加艸旁。《説文・艸部》："藘，艸也，可以束。薗，藘或從鹵。"與此爲同形字。《名義・艸部》："薗，來伍反，杜衡也，藘字，似葵，香自生也。"

【蛄】《釋蟲》："螻，蛄䗐。"郭注："䗐屬也。今青州人呼䗐爲蛄䗐。"

按：字或作蚰，《釋文》："蛄，字或作蚰，而占反。"《説文・虫部》："蚺，大蛇，可食。"與此處爲同形字。

【鶹】《釋鳥》："鵅，鵋䳢。"郭注："今江東呼鵂鶹爲鵋䳢，亦謂之鶹鶹。"

按：《説文・萑部》："舊，雎舊，舊留也。鵂，舊或從鳥、休聲。"鵂鶹字《説文》作舊留。《説文・鳥部》："鶹，鳥，少美長醜爲鶹離。從鳥、留聲。"鵂鶹之字《説文》作留，後加鳥旁作鶹，與鶹離字同形。

【轝】《釋鳥》："轝，鸒斯。"

按：《釋文》："轝，音餘，樊、孫本作鸒。"《説文・鳥部》："鸒

---

① 《説文・艸部》："萛，芋也。"

84

（鷽），卑居也。從鳥、與聲。"與此所指不同。其字蓋本作𦫵，後人有改作鷽者，與《說文》字同形。阮元《爾雅注疏校勘記》："唐石經作𦫵，非。"阮氏蓋非。

【貜】《釋獸》："貜父，善顧。"郭注："貑貜也，似獼猴而大，色蒼黑，能貜持人，好顧眄。"

按：《釋文》："貜，字亦作玃，俱縛反。《說文》云：大母猴也。"《說文·犬部》："玃，母猴也。《爾雅》云：玃父善顧，攫持人也。"《說文·豸部》："貜，䝙貜也。"依《說文》，字當從犬作，犬、豸相類，故改從豸作，與《說文》"䝙貜"字同形。

【翅】《釋獸》："鳥曰翄。"郭注："張兩翅，皆氣體所須。"

按：《說文》："翄，翼也。從羽、支聲。翨，翄或從氏。"又作翚，《釋文》："翄，申豉反，本或作翅，又作翚。音同，或吉豉反，案：《周禮》有翚氏。是也。"《說文·羽部》："翨，鳥之彊羽猛者。"字作翨者，與《說文》字同形。

【閼】《釋畜》："回毛在膺，宜乘。在肘後，減陽。在幹，茀方。在背，閼廣。"郭注："皆別旋毛所在之名。"

按：閼字或作騔，《廣韻》入聲《屑韻》："騔，《爾雅》馬回毛在背曰騔驩。驩音光，亦作閼廣。"《說文·馬部》："騔，馬行威儀也。《詩》曰：四牡騔騔。"《名義》《玉篇》、切韻系韻書釋義略同《說文》，《廣韻》始訓"馬回毛在背"。此字當是在閼字基礎上改換意符而成，與《說文》字同形。

二　與《爾雅》其他字同形

【蔦】

❶《釋草》："蓡，蔦。"郭注："今澤蔦。"

按：《說文》無蔦字。《釋文》："蔦，本又作舃，私夕反。下同。郭云：今澤舃。"《名義·艸部》："蓡，庶俱反，澤舃也，苞蓡也。"

其字蓋本作舄，後加艸旁。

❷《釋草》："蓫，牛脣。"郭注："《毛詩傳》曰：水舄也。如蓫斷，寸寸有節，拔之可復。"

按：《說文》無蔦字。《說文·艸部》："蓫，水舄也。"《名義》蓫字下亦訓"水舄"。其字蓋本作舄，後加艸旁。

❸《釋草》："芣苢，馬舄；馬舄，車前。"郭注："今車前草，大葉長穗，好生道邊，江東呼爲蝦蟇衣。"

按：《說文·艸部》："苢，芣苢，一名馬舄，其實如李，令人宜子。"字亦作舄，字或加旁作蔦，《釋文》："蔦，四夕反，本今作舄。"《集韻》入聲《昔韻》："蔦、藅，馬蔦，艸名。車前也。或作藅。"則字又或作藅。

澤舄、水舄、馬舄俱爲草名，字亦俱無艸旁。因其爲草名，故分别添加艸旁，造成三個名物詞用字同形。

【蔏】

❶《釋草》："拜，蔏藋。"郭注："蔏藋亦似藜。"

按：《說文》無蔏字，《說文·艸部》："藋，釐艸也。一曰：拜，商藋。從艸、翟聲。"其字蓋本作商，後加艸旁。

❷《釋草》："蓫薚，馬尾。"郭注："《廣雅》曰：馬尾，蔏陸。《本草》云：別名薚。今關西亦呼爲薚，江東呼爲當陸。"

按：《說文》無蔏字，《釋文》："蔏，音商，本亦作商。"《名義·艸部》："薚，他唐反，商陸。"王念孫《廣雅疏證》引《神農本草》亦作"商陸"。[①]其字蓋本作商，後加艸旁。

❸《釋草》："倚商，活脫。"郭注："即離南也。"

按：《釋文》："蔏，音商，本今作商。"《說文》《名義》無蔏字。其字蓋本作商，後加艸旁。

❹《釋草》："購，蔏藗。"郭注："蔏藗，藗蒿也。生下田。初

---

① 徐復主編：《廣雅詁林》，江蘇古籍出版社 1992 年版，第 824 頁。

出可啖，江東用羹魚。"

按：《説文》無蔄字，疑其字本作商，後加艸旁。

商藿、商陸、倚商、蔄蔞爲四個名物，其字蓋俱無艸旁。因爲它們都表草名，所以分别加上表意部件，造成"蔄"字一身而兼四職。

【蒤】

❶《釋草》："蒤，虎杖。"郭注："似紅草而粗大，有細刺，可以染赤。"

按：《説文》無蒤字，《名義·艸部》："蒤，達胡反，虎杖也。"《爾雅正名》："下文'蒤薺①'，《釋文》：'蒤，本今作涂。'案：《説文》無蒤，當作涂。"《正名》所言當是。

❷《釋草》："蒤，委葉。"郭注："《詩》云：以茠蒤蓼。"

按：《説文》無蒤字，《釋文》："荼，字亦作蒤，音徒。"《説文·艸部》薅字下引《詩》作"既茠荼蓼"，《詩·頌·良耜》作"以薅荼蓼"，字并作荼。蒤當爲荼之改换聲旁字。

❸《釋草》："姚莖，涂薺。"郭注："未詳。"

按：字或加艸旁作蒤，《釋文》："蒤，音徒，本今作涂。"與訓"虎杖"之蒤同形。

訓"虎杖"之蒤與"涂薺"字蓋本作涂，後加艸旁。蒤蓼字蓋本作"荼"，後换旁作蒤。變异後的三個名物詞用字同形。

【葒】

❶《釋草》："蒤，虎杖。"郭注："似紅草而粗大，有細刺，可以染赤。"

按：《爾雅校箋》："似紅草，《大觀本草》卷十三'虎杖'下掌禹錫引此注'紅'作'葒'。"②

❷《釋草》："紅，蘢古。其大者蘬。"郭注："俗呼紅草爲蘢鼓，

---

① 指《釋草》："姚莖，涂薺。"
② 周祖謨校箋：《爾雅校箋》，雲南人民出版社2004年版，第261頁。

語轉耳。"

按：字或加艸旁作葓，《廣韻》平聲《東韻》："葓，水草。一曰蘢古。《詩》云：隰有游龍。傳曰：龍即紅草也。字或從艹。"

紅草與訓"蘢古"之紅俱無艸旁，因其爲草名，文獻或加艸旁，造成兩名物詞用字同形。

【蕿】

❶《釋草》："蘾，烏蕿。"

按：《説文》無蕿字，《玉篇·艸部》："蕿，胡拜切，烏殟草。"《宋刻集韻》去聲《怪韻》："蕿，艸名。《爾雅》：蕿，烏殟。"其字蓋本作殟，後加艸旁。《名義·艸部》："蕿，蘇昆反，蘾也，[蕿]蘸也。"

❷《釋草》："須，蕿蘸。"郭注："蕿蘸，似羊蹄，葉細，味酢，可食。"

按：蕿字或作蕿，《説文》無蕿、蕿字。又《爾雅·釋草》："蘾，烏蕿。"《宋刻集韻》去聲《怪韻》："蕿，艸名。《爾雅》：蕿，烏殟。"疑"蕿蘸"字亦本作殟，後加艸旁。《名義·艸部》："蕿，蘇昆反，蘾也，[蕿]蘸也。"

【蘮】

❶《釋草》："熒，委萎。"郭注："藥草也。葉似竹，大者如箭，竿有節，葉狹而長，表白裏青，根大如指，長一二尺，可啖。"

按：《集韻》上聲《迥韻》户茗切："蘮、熒、藚，艸名。或省。亦從迥。"其字蓋本作熒，後加艸旁，又改換聲旁作藚。

❷《釋草》："蒛，苀熒。"

按：熒又或加艸旁作蘮，《名義·艸部》："蒛，渠俱反，苀蘮也。"

【蕦】

❶《釋草》："臺，夫須。"郭注："鄭箋《詩》云：臺可以爲禦雨笠。"

按：須字或加艸旁作蕦，《釋文》："蕦，音須，本今作須。"《説文》無蘱字,《詩·小雅·南山有臺》:"南山有臺,北山有萊。"毛傳:"臺,夫須也。"其字蓋本作須,後加艸旁。

❷《釋草》:"須,葑蓯。"

按:《釋文》:"蕦,音須,本今作須。"《説文·艸部》:"葑,須從也。"《説文》與《爾雅》略异,然亦作須。其字蓋本作須,後加艸旁。《名義·艸部》:"蕦,胥瑜反,似羊蹄,葉細,味酢,可食。蕦,葑蓯也。"

❸《釋草》:"須,薞蕪。"郭注:"薞蕪,似羊蹄,葉細,味酢,可食。"

按:須字或加艸旁作蕦,《名義·艸部》:"蕦,胥瑜反,似羊蹄,葉細,味酢,可食。蕦,葑蓯也。"

夫須與訓"葑蓯"、訓"薞蕪"之須俱爲草名,其字亦不加旁。因其表草名,後分別加上艸旁,造成三個名物詞用字同形。

【薔】

❶《釋草》:"薔蘼,蘪冬。"郭注:"門冬,一名滿冬,《本草》云。"

按:《説文·艸部》:"薔,薔蘼,蘪冬也。"

❷《釋草》:"蘜,治薔。"郭注:"今之秋華菊。"

按:《説文·艸部》:"蘜,治墻也。"其字蓋本作墻,後加艸旁。"治墻"之墻本無艸旁,加旁後與"薔蘼"字同形。

【蘩】

❶《釋草》:"蘩,由胡。"

按:《大戴禮記·夏小正》:"繁,由胡。"字亦作繁。字或加艸旁作蘩,《釋文》:"蘩,音煩,字今作繁。"

❷《釋草》:"蔜,薩蔞。"郭注:"今蘩蔞也。或曰雞腸草。"

按:《釋文》:"蘩,音煩。蔞,字亦作縷,力主反,今蘩蔞草。"

《爾雅匡名》:"盧學士曰:邢本作:蔜,薩蔞。《釋文》於注中今蘩薻也。先爲蘩字作音而後及薻字,知經文本無薻字也。元照案:石經已有之矣(《玉篇》同),非始於邢本。或經文本作縿,不從艸。故陸不加耳。《説文·艸部》無薻字。"《釋文》先出蘩字後出薻字,而今本《爾雅》正文作"薞蘩",若果作此,何以不先出薻字?盧氏所疑是也。箋注本《切韻》(斯2071)平聲《豪韻》:"薻,蘩縷,蔓生細草。"《廣韻·豪韻》同。《説文·艸部》:"薞,艸也。"小徐繫傳:"今蘩縷草。"《新撰字鏡·艸部》:"薻,五勞反,蘩縷,細草也。"其字并作"繁縷",蓋其字本不從艸,後加旁也。"繁縷"之"繁"加艸旁與訓"由胡"之繁加艸旁字同形。

【櫖】

❶《釋木》:"諸慮,山櫐。"郭注:"今江東呼櫐爲藤,似葛而粗大。"

按:慮字或加木旁作櫖,《釋文》:"諸慮,如字,施力積反,字又作櫖,力余反。"《名義·木部》:"櫖,力豫反,李也,藟藤,似葛大也。"

❷《釋木》:"痤,椄慮李。"郭注:"今之麥李。"

按:慮字或加木旁作櫖,《集韻》平聲《戈韻》:"𣠤,木名。[椄]櫖李也。"

"諸慮""椄慮李"之慮俱無木旁,兩名物詞用字分別加旁後爲同形字。

【梗】

❶《釋木》:"無姑,其實夷。"郭注:"無姑,姑榆也。生山中。葉員而厚,剥取皮合漬之,其味辛香,所謂無夷。"

按:夷字或加旁作梗,《釋文》:"夷,舍人本作梗,同。"

❷《釋木》:"梗,赤梀。"

按:《説文·木部》:"梗,赤梀也。《詩》曰:隰有杞梗。"

❸《釋木》:"女桑,梗桑。"

按：《釋文》："栜，大兮反，或作夷。"《爾雅匡名》："《詩》（《詩·豳風·七月》）：猗彼女桑。傳云：女桑，荑桑。此用雅訓。艸、木偏旁通用，故又作栜。其作夷者，省文。"

無姑之實名夷，其字加木旁作栜。"荑桑"之字或換從木旁作栜。二字與訓"赤楝"之栜爲同形字。

【䗪】

❶《釋蟲》：蜚，蠦䗪。"郭注："䗪即負盤，臭蟲。"

按：盤又或改換爲虫旁，《釋文》："盤，字又作䗪，蒲安反。"《說文·虫部》："䗪，䗪蟄，毒蟲也。"與此處同形。《說文》作"負䗪"，《說文·䖵部》："蠹，臭蟲，負䗪也。"

❷《釋蟲》：蜚蠊，蠜。草蠜，負蠜。"

按：《說文·虫部》："蠜，皁蠜也。從虫、樊聲。"《釋文》："蠜，音煩，下同。本或作蟠。"蟠爲蠜之改換聲旁字。《說文·虫部》："蟠，䗪蟄，毒蟲也。從虫、般聲。"與此爲同形字。

負盤爲蟲名，盤字因換旁作䗪。"皁蠜"之蠜改換從般得，作蟠。變異後的《爾雅》名物詞用字與《說文》"䗪蟄"字同形。

【魧】

❶《釋魚》："[貝]大者魧，小者鰿。"郭注："《書大傳》曰：大貝，如車渠。車渠謂車輞，即魧屬。"

按：《說文》："魧，大貝也。一曰：魚膏。"字或從虫作，《釋文》："魧，謝戶郎反，郭胡黨反，《字林》作蚢，云：大貝也。又口莽反。"

❷《釋蟲》："蚢，蕭繭。"郭注："食桑葉者，皆蠶類。"

按：《說文》無蚢字，《名義·虫部》："蚢，胡唐反，蠶也。"

【鴚】

❶《釋鳥》："狂，茅鴟。"郭注："今䳄鴟也，似鷹而白。"

按：《釋文》："狂，如字，本或作鴚。"《說文》無鴚字，其字蓋本作狂。《名義·鳥部》："鵟，瞿方反，同上①。"

❷《釋鳥》："狂，夢鳥。"郭注："狂鳥，五色，有冠，見《山海經》。"

按：《釋文》："鵟，音狂，本今作狂。"《説文》無鵟字，《山海經·大荒西經》："（栗廣之野）有五采之鳥，有冠，名曰狂鳥。"此即郭注所本。《玉篇·鳥部》："鵟，巨王切，鳥有冠。"

狂之爲鳥，一爲茅鴟，一爲夢鳥，二者俱爲鳥名，分別加鳥旁後字亦同形。

【鵜】

❶《釋鳥》："鵜，鴮鸅。"郭注："今之鵜鶘也。好群飛，沈水食魚，故名洿澤。俗呼之爲淘河。"

按：《説文》無鴮、鸅二字，《釋文》："鴮，《毛詩傳》作洿，同。音烏，郭火布反；鸅，音澤，《毛詩傳》作澤。"《詩·曹風·候人》："維鵜在梁，不濡其翼。"傳曰："鵜，洿澤鳥也。"其字蓋本作洿澤，後加鳥旁。《名義·鳥部》："鴮，徒奚反，洿澤。鸅，同上。"

❷《釋鳥》："鵽，澤虞。"郭注："今婣澤鳥。似水鴞，蒼黑色，常在澤中。見人輒鳴唤不去，有象主守之官，因名云。俗呼爲護田鳥。"

按：《釋文》："澤虞，《字林》作鸅鸃，音同。"《説文》無鸅、鸃二字。《名義·鳥部》："鸅，儲格反，鸃鳩。"同部："鸃，語俱反。"

洿澤、澤虞爲鳥名，其字無鳥旁。因其表鳥，分別換從鳥作。改換部件後字亦同形。

【獅】

❶《釋獸》："狻麑，如虦貓，食虎豹。"郭注："即師子也，出西域。漢順帝時疎勒王來獻犎牛及師子。"

按：《漢書·西域傳·烏弋山離國》："而有桃拔、師子、犀牛。"

---

① 上爲"鵜"字。

92

顏師古注："師子即《爾雅》所謂狻猊也。"又引孟康曰："師子似虎，正黄有頓耏，尾端茸毛大如斗。"字或加犬旁作獅，《玉篇·犬部》："獅，音師，猛獸也。"所指即此物也。

❷《釋畜》："犬生三，獫；二，師；一，玂。"

按：師字又加旁作獅，故宮本《裴韻》平聲《脂韻》："獅，犬生三子。""三"爲"二"之誤，《廣韻·脂韻》作"犬生二子"。

"師子"爲猛獸，字無犬旁，因其爲獸，故加旁作獅。犬生二子名曰"師"，因表犬生子，故亦加犬旁作"獅"。"獅子"與犬生二子之"獅"同形。

三　與其他字書字同形

【鏤】《釋器》："金謂之鏤，木謂之刻，骨謂之切，象謂之磋，玉謂之琢，石謂之磨。"郭注："六者皆治器之名。"

按：《說文·金部》："鏤，剛鐵，可以刻鏤。"字或作鐹，《釋文》："鏤，字又作鐹，音漏。"《說文》無鐹字，此蓋鏤之改換聲旁字，與《玉篇》"鏉鐹"字同形。

【隒】《釋山》："重甗，隒。"郭注："謂山形如累兩甗。甗，甑。山狀似之，因以名云。"

按：字或換旁作嶮，《釋文》："隒，本或作嶮字，同。郭魚檢反，《字林》云：山形似重甗。居儉反，顧力儉、力儼二反。"《玉篇》（殘卷）卷二二《阜部》："隒，居斂、旅撿二反，《爾雅》：重巘曰隒。郭璞曰：山形如累兩甗也。《說文》：隒，厓也。《廣雅》：隒，方也。"《說文》無嶮字。《玉篇》（殘卷）卷二二《山部》："嶮，仕檢反，《埤蒼》：嶮嶮，厂巖也。《字指》：嶮，小不平也。""重甗，隒"字本當作隒，因其表山，故換旁作嶮，與《玉篇》（殘卷）嶮字同形。

【杬】《釋木》："杬，魚毒。"郭注："杬，大木。子似栗，生南方，皮厚，汁赤，中藏卵果。"

按：《説文》無杬字，《釋文》："杬，音元，又作芫。"《説文·艸部》："芫，魚毒也。"《名義·艸部》："芫，牛園反，魚毒，大木，似栗也。"其字蓋本作芫，因其入《釋木》，故改換從木旁。《名義·木部》："杬，牛爰反，椹也。"《廣雅·釋器》："杬，椹也。"與此爲同形字。

【蛣】《釋蟲》："蜤螽，蛣蝺。"郭注："蛣蜙也，俗呼蟒螑。"

按：《説文·虫部》："蛣，蛣蝺，以股鳴者。蚣，蛣或省。"大徐本注云："臣鉉等曰：今俗作古紅切，以爲蜈蚣，蟲名。"蜈蚣本作"吴公"①，後加虫旁，與蛣蝺字同形。

【傅】《釋蟲》："傅，負版。"

按：傅或作縛，《名義·虫部》："蝜，補蝜反，縛負。"又或改換從虫作蟧，《玉篇·虫部》："蝜，百限切，蟧蝜也。"蟧與"蟧蟟"字同形。

【是】《釋魚》："鱀，是鱊。"郭注："鱀，鱔屬也。體似鱏，尾如鞠魚，大腹，喙小鋭而長，齒羅生，上下相銜，鼻在額上，能作聲，少肉多膏。胎生、健噉細魚。大者長丈餘，江中多有之。"

按：《釋文》："是，本或作鯷，非。"《説文·魚部》："鯷，大鮎也。"鯷或換旁作鯷，《集韻》平聲《齊韻》："鯷、鮧、鯷，魚名，《説文》：大鮎也。或作鮧、鯷。"與此處爲同形字。

【彭】《釋魚》："蜎蠌，小者蟧。"郭注："螺屬，見《埤蒼》。或曰即彭蜎也，似蟹而小。"

按：彭字或加旁作蟚，《釋文》："蟚，音彭，本今作彭。"《説文》無蟚字，其字蓋本作彭，後加虫旁。《名義·虫部》："蟚，蒲衡反，蟹腳有毛；蜞，渠儀反，蟚。"與此處爲同形字。

---

① 《廣雅·釋蟲》："蝍蛆，吴公也。"

第四章

《爾雅》名物詞用字發展變易的原因

　　《爾雅》名物詞用字發生變易有多種原因，我們總結爲以下六點：增強表意功能、明確表音功能、受文獻用字影響、傳抄訛誤、同義借用、師讀不同。

第一節　增强表意功能

　　《爾雅》名物詞用字發展變易的主要原因是爲了增强其表意功能。表意功能的增强主要表現在添加或替換表意部件、複加表意部件、疊加表意部件、在表意字上添加表意部件、妄改表意部件五個方面。

一　添加或替換表意部件

　　《爾雅》名物詞用字增强表意功能主要是通過添加或替換表意部件實現的。名物詞用字記錄的是名物，如山、水、草、木、蟲、魚、鳥、獸、畜等，《爾雅》名物詞用字有許多没有表意部件，有些名物詞用字雖然有表意部件，但其部件與所記錄之名物無關。《爾雅》名物詞用字經過改變以後，其字與所記錄的名物相一致，人們一望其偏旁便知其字是表山還是表水抑或是表草等。從增加表意功能這點來看，《爾雅》名物詞用字的變易是具有積極意義的。

【公】《釋親》："夫之兄爲兄公，夫之弟爲叔，夫之姊爲女公。"

按：字或加女旁作妐，《釋文》："兄妐，音鍾，本今作公。"阮元《爾雅注疏校勘記》："《禮記》俗本女旁置公，與《釋文》合。下文'夫之姊爲女公'，《昏義注》亦作'女妐'……唐石經、今本作公，是也。"《説文》《名義》無妐字，兄公、女公因表人倫，故加女旁。《切韻》殘卷（伯3798）平聲《鍾韻》："妐，夫兄。"

【畢】《釋器》："簡謂之畢。"郭注："今簡札也。"

按：字或加竹旁作篳，《釋文》："畢，如字，《禮記》云：呻其占畢。謂呻吟占視簡畢之文也。李本作篳，同。"《義疏》："畢用竹，故李巡從竹。"

【仲】《釋樂》："大箎謂之產，其中謂之仲，小者謂之箹。"

按：字或加旁作筗，《釋文》："仲，或作筗，同。"樂器多爲竹制，故加竹旁。

【章】《釋山》："上正，章。"郭注："山上平。"

按：《文選》卷二〇："航琛越水，輦賮逾嶂。"注引《爾雅》作"上正，嶂。"其字蓋本假"章"爲之，因其言山，故加山旁。

【尾】《釋水》："瀵，大出尾下。"郭注："尾猶底也。"

按：《説文‧水部》："瀵，水浸也。《爾雅》曰：瀵大出尾下。"《説文》引《爾雅》字作尾，《玉篇》（殘卷）卷一九《水部》瀵字下引《爾雅》亦作尾。字或加水旁作浘，《釋文》："尾，字或作浘。亡鬼反。"《名義‧水部》："浘，無斐反，水名[①]。"《集韻》上聲《尾韻》："浘，浘濔海浊。一曰水流皃。一曰泉底。"《集韻》"一曰泉底"蓋就《釋文》"字或作浘"而言。

【亭歷】《釋草》："蕇，亭歷。"郭注："實、葉皆似芥，一名狗薺，《廣雅》云。音典。"

按：《説文‧艸部》："蕇，亭歷也。"與《爾雅》同。字或加艸

[①] 未知《名義》所據。

96

第四章 《爾雅》名物詞用字發展變易的原因

旁作葶藶,《釋文》:"亭,字或作葶,同;歷,字或作藶,《廣雅》云:狗薺、大室、亭歷也。"其字蓋本作亭歷,因其爲艸名,故加艸旁。《名義·艸部》:"葶,丁珍反,葶藶也,又狗薺;藶,力狄反,葷也,葶藶也。"

【翹】《釋草》:"連,異翹。"郭注:"一名連苕,又名連草,《本草》云。"

按:字或加艸旁作藬,《釋文》:"翹,字亦作藬,祁饒反。"其字蓋本作翹,因其表艸名,後加艸旁。《廣韻》平聲《宵韻》:"藬,蓮藬,草也。"連字亦加艸旁。

【衡】《釋草》:"杜,土鹵。"郭注:"杜衡也,似葵而香。"

按:"杜衡"爲艸名,"衡"字或加旁作蘅。《釋文》:"衡,字或作蘅,音行。"《名義·艸部》:"蘅,何庚反,如葵,臭如麋也。"

【遠志】《釋草》:"葽繞,蕀菟。"郭注:"今遠志也。似麻黃,赤華,葉銳而黃,其上謂之小草,《廣雅》云。"

按:"遠志"爲艸名,字或加艸旁作"蒝蒠",《釋文》:"遠志,字又作蒝蒠,非。"《名義·艸部》:"蒠,諸异反,遠蒠草也,葽[繞],[蕀]菟者。"《集韻》上聲《阮韻》:"蒝、菟,蒝蒠,藥艸。或作菟。"

【來】《釋木》:"椋,即來。"郭注:"今椋材中車輞。"

按:《説文·木部》:"椋,即來也。"字作來。因其爲木名,字或加旁作棶,《釋文》:"棶,力臺反,《埤蒼》《字林》并作棶①,云:椋也。本今作來。"《名義·木部》:"棶,力才反,椋木也。"

【章】《釋木》:"榆,無疵。"郭注:"榆,梗屬,似豫章。"

按:"豫章"爲木名,章字或加木旁作樟。《釋文》:"章,本或作樟。"《名義·木部》:"樟,之楊反,杙也,豫章,大木也。"

【要】《釋木》:"邊,要棗。"郭注:"子細膏,今謂之鹿盧棗。"

按:"要棗"爲木,要字或加旁作櫻,《釋文》:"要,一遙反,注

---

① "棶",宋元遞修本作林,今依文淵閣《四庫全書》本改。

97

同，字或作櫻。"《集韻》平聲《宵韻》："櫻，棗名，子細霄。"

【父】《釋蟲》："蠸，輿父，守瓜。"郭注："今瓜中黃甲小蟲，喜食瓜葉，故曰守瓜。"

按："輿父"爲蟲，父字或加虫旁作蚥，《釋文》："父，音甫，下同。字或作蚥。"《玉篇·虫部》："蚥，音甫，虫名。"

【負】《釋蟲》："草螽，負蠜。"郭注："《詩》云：喓喓草蟲。謂常羊也。"

按：《釋文》："蝜，音負，字或作負。"則陸氏所見《爾雅》有作蝜者。"負蠜"爲蟲，故字加虫旁作。

【威、委黍】《釋蟲》："蛜威，委黍。"郭注："舊說鼠婦別名。然所未詳。"

按：《說文·虫部》："蛜，蛜威，委黍。"與《爾雅》同。《釋文》："威委黍，今《爾雅》本旁或并加虫旁，并如字。""蛜威，委黍。"所釋者蟲，故字加虫旁。《名義·虫部》："蝛，於歸反，蛜蝛也；螼，於詭反，蛜蝛也；螽，尸與反，同上。"

【賊】《釋蟲》："食苗心，螟。食葉，蟘。食節，賊。食根，蟊。"郭注："分別蟲噉食禾所在之名耳，皆見《詩》。"

按：食禾節之蟲名曰賊，因其爲蟲，字或加虫旁。《釋文》："蟘，音賊，本今作賊。"《玉篇·虫部》："蟘，音賊，食禾根蟲。"依《爾雅》，《玉篇》釋義當作"食禾節蟲。"

【王】《釋魚》："鮥，鮛鮪。"郭注："鮪，鱣屬也。大者名王鮪，小者名鮛鮪。今宜都郡自京門以上江中通出鱏鱣之魚，有一魚狀似鱣而小，建平人呼鮥子，即此魚也。音洛。"

按：字或加魚旁作鮭，《玉篇·魚部》："鮭，于匡切。魚也。"胡吉宣《玉篇校釋》："《廣韻》平陽雨方切云：鮭鮪，魚名。鮪爲鮪之形誤。《集韻》：鮭，魚名，鮪也。案：即俗王鮪字，王者，大也。大鮪謂之王鮪，小鮪謂之叔鮪，相對而稱。《字林》變叔爲鮛，後人又變王作魠，濫施偏旁，於斯爲甚。"①

【刀】《釋魚》："鮤，鱴刀。"郭注："今之鮆魚也，亦呼爲鮥魚。"

按：《釋文》："刀，字亦作魛，《字林》云：刀魚飲而不食。"《說文》無魛字，《說文·魚部》："鮆，飲而不食刀魚也。"字亦作"刀"。其字蓋本借作"刀"，因"鱴刀"爲魚名，故加魚旁作。《名義·魚部》："魛，都高反。"此字列於"鮤"字下，即"刀魚"字。

【爰居】《釋鳥》："爰居，雜縣。"郭注："《國語》曰：海鳥爰居。漢元帝時琅邪有大鳥如馬駒，時人謂之爰居。"

按："爰居"爲鳥，字或加旁作"鶢鶋"。《釋文》："爰，本亦作鶢，音袁；居，本或作鶋，同。李云：爰居，海鳥也。樊云：似鳳凰。"《名義·鳥部》："鶢，虫（？）飜反。鶋，舉魚反，如駒。"

【晨】《釋鳥》："晨風，鸇。"郭注："鷂屬。《詩》曰：鴥彼晨風。"

按：《釋文》："晨，如字，本或作鷐。"《說文·鳥部》："鷐，鷐風也。"《詩·秦風·晨風》："鴥彼晨風。"傳曰："晨風，鸇也。"《說文·鳥部》："鴥，鷐飛。從鳥、穴聲。《詩》曰：鴥彼晨風。"《詩經》《爾雅》并作晨風，蓋其字本作晨，因"晨風"爲鳥，故加鳥旁作。

【由】《釋鳥》："鸓鼠，夷由。"郭注："狀如小狐，似蝙蝠，肉翅。翅尾項脅毛紫赤色，背上蒼艾色，腹下黃，喙頷雜白。脚短，爪長，尾三尺許。飛且乳，亦謂之飛生。聲如人呼，食火烟。能從高赴下，不能從下上高。"

按："夷由"類鳥，由或加旁作鷯。《釋文》："由，字或作鷯。"《名義·鳥部》："鷯，餘周反，似鼠。"

【白】《釋鳥》："鷩雉，鵫雉。"郭注："今白鵫也，江東呼白鷩，

---

① 胡吉宣校釋：《玉篇校釋》，上海古籍出版社1989年版，第4893頁。

亦名白雉。"

按："白鵫"爲鳥，白字或加旁作鳺，《釋文》："鳺，音白，本今作白。"

【凱】《釋天》："南風謂之凱風。"郭注："《詩》曰：凱風自南。"

按：凱之爲風，字或換從風作。《釋文》："颽，口海反，又作凱。"《名義·豈部》："颽，空改反，南風。"《廣韻》上聲《海韻》："颽，南風，亦作凱。"

【繹】《釋天》："繹，又祭也。周曰繹，商曰肜，夏曰復胙。"郭注："祭之明日，尋繹復祭。《春秋經》曰：壬午猶繹。"

按：《釋文》："繹，以石反，五經及《爾雅》皆作此字，本或作禪，《字書》爲饎、鐸二字，下同。"《説文·糸部》："繹，抽絲也。"《玉篇》（殘卷）卷二七《糸部》："繹，又祭之繹。《蒼頡篇》爲饎字，在食部。"《玉篇》（殘卷）卷九《食部》："饎，餘石反，《公羊傳》：饎者，祭之明日也。何休曰：繼昨日事，不僅（今本作灌）地降神耳。《爾雅》：饎，又祭也，周曰饎，商曰融也。郭璞曰：《春秋》：壬午猶繹，是也。祭之明日，尋饎又祭之也。《白虎通》謂之饎者可鐸者若將虵出也[①]。或爲禪字，在示部，今爲繹字，在糸部。"《説文》無饎、禪字，《名義·示部》："禪，以石反，饎字也，祭之明日也。"《名義·食部》："饎，餘石反，祭也。"其字蓋本作繹，後因其爲祭名，改從食旁或示旁。《釋文》引《字書》其字又作鐸，《説文·金部》："鐸，大鈴也。"鐸字諸書皆"徒洛反"，與繹字不同音，不知《字書》何以作鐸字。

【蟁】《釋鳥》："鵹，蟁母。"郭注："似烏鶂而大，黃白雜文，鳴如鴿聲，今江東呼爲蚊母。俗説此鳥常吐蚊，故以名云。"

按：《説文·蚰部》："蟁，齧人飛蟲。蚊，俗蟁從虫、從文。"蟁作蟁者，避唐太宗諱也。字或作鶝，《釋文》："蟁，本或作鶝，郭

[①] 今《白虎通》無此文。

云：皆古蚊字。"《說文》無鴟字，《名義•鳥部》："鴟，莫均反，如翠赤喙。"《玉篇》："鴟，音珉，鳥名。"《山海經•西山經》："其鳥多鴟，其狀如翠而赤喙，可以禦火。"《名義》《玉篇》所指即此鳥。蟁作鴟者，蓋淺人以爲"鷏，蟁母"在《釋鳥》中，故改從鳥作。

【鼯】《釋鳥》："鼯鼠，夷由。"郭注："狀如小狐，似蝙蝠，肉翅。翅尾項脅毛紫赤色，背上蒼艾色，腹下黃，喙頷雜白。脚短，爪長，尾三尺許。飛且乳，亦謂之飛生。聲如人呼，食火烟。能從高赴下，不能從下上高。"

按：字或換從鳥旁作鶋，《釋文》："鼯，音吾，或作鶋。"《名義•鼠部》："鼯，午徒反，如小狐，似蝙翼。"同書《鳥部》："鶋，午吾反，如狐似蝙也。"因其在《釋鳥》，故換從鳥旁。

【鶝䳜】《釋鳥》："鴗，鶝䳜。"

按：《說文•鳥部》："鴗，鋪豉也。"字作鋪豉。鋪、鶝音同，䳜、豉一字①。鋪（鶝）又作鶝，《釋文》："鶝，音步，字或作䳱（鶝）②。"《廣韻》平聲《模韻》："鶝，鶝叔（䳜），鳥名。"同書去聲《暮韻》："鶝，鶝豉，鳥。"鶝當是鋪或鶝之易旁字。䳜又換旁作鵡，《名義•鳥部》："鶝，博胡反，［鶝］鵡（鶝）。"

【駂】《釋畜》："驪白雜毛，駂。"郭注："今之烏騘。"

按：《釋文》："駂，音保，《說文》云：黑馬驪白雜毛。"今本《說文》無駂字，《詩•鄭風•大叔于田》："叔于田，乘乘鴇。"毛傳："驪白雜毛曰鴇。"《釋文》："鴇，音保，驪白雜毛曰鴇，依字作駂。"《釋文》所謂"依字作駂"者，"鴇"當爲"駂"字之誤。疑其字本從鳥作，因其表馬，故易旁作駂。《名義•馬部》："駂，補道反，白毛。"《玉篇》："駂，布老切，驪白雜毛，今之烏騘也。"

---

① 《說文•尗部》："䳜，配鹽幽尗也。豉，俗䳜從豆。"
② 通志堂本《釋文》字作"鵒"，"鵒"字爲"鋪"之義符加鳥旁，於義無取，乃後人所改，不足爲據。

【觢】《釋畜》："角一俯一仰，觭；皆踊，觢。"郭注："今豎角牛。"

按：《說文‧角部》："觢，一角仰也。從角、㓞聲。《易》曰：其牛觢。"字或作挈，《釋文》："觢，字或作挈。郭常世反，《字林》之世反。"《說文》無㸚字，因其表牛，故更換作牛旁。《名義‧牛部》："㸚（挈），之世反，牛角皆躍。"

【登】《釋器》："木豆謂之豆。竹豆謂之籩。瓦豆謂之登。"郭注："即膏登也。"

按：《說文》字作豋，《說文‧豆部》："豋，禮器也。從廾，持肉在豆上。讀若鐙，同。"《爾雅匡名》以爲豋作登是隸變相溷，《爾雅正名》以爲登爲假借，這兩種可能都有。字又或作䁬，《集韻》平聲《登韻》："豋、䁬、甑，《說文》：禮器也。從廾，持肉在豆上。或作䁬、甑。通作鐙。"邵瑛《說文解字》："此字近代字書作䁬，蓋起於《集韻》，今經傳作登。"①蓋《集韻》爲使豋、登有別，另造從又、從豆之字。

還有一種情況是，一個名物詞重複出現在兩處，其實它們所表示的意義是完全一樣的，因爲名物詞所處的位置不同，後來分別添加了不同的表意部件，這也是爲了增強其表義功能。

例一：《釋蟲》："密肌，繼英。"郭注："未詳。"

《釋鳥》："密肌，繫英。"郭注："《釋蟲》已有此名，疑誤重。"

按：《釋蟲》中"密肌"字或作蜜蟣，《廣韻》平聲《脂韻》："蟣，密蟣，蟲名。"《集韻》平聲《脂韻》："蟣，蟲名。《爾雅》：蜜蟣，繼英。"字作蜜。"繼英"字或加虫旁作蠿蝧，《釋文》："繼，字又作蠿，音計。"《名義‧虫部》："蠿，公戾反，［密］肌，［繼］莫（英）。"《玉篇‧虫部》："蠿，公戾反，蠿蝧。"

---

① （清）邵瑛：《說文解字群經正字》，《續修四庫全書》經部第211册，影印清嘉慶二十一年桂隱書屋刻本，上海古籍出版社1995—2002年版，第138頁。

第四章 《爾雅》名物詞用字發展變易的原因

《釋鳥》中"密"字或加旁作鸆，《釋文》："鸆，音密，本今作密。"《名義·鳥部》："鸆，摩結反。"《玉篇》："鸆，眉筆切，鸆肌繼英。""英"字或加旁作鹰，《釋文》："鹰，音英，本今作英。"《說文》無鹰字。其字蓋本作英，後加鳥旁。《名義·鳥部》："鹰，猗迎反。"《玉篇》："鹰，於京切，鳥名。"《釋蟲》《釋鳥》兩存之，因其在《釋蟲》，故其字亦加蟲旁，因其在《釋鳥》，故其字亦加鳥旁。

例二：《釋獸》："[豕] 四豴皆白，豥。"郭注："《詩》云：有豕白蹢。蹢，蹄也。"

《釋畜》："四蹢皆白，首。"郭注："俗呼爲踏雪馬。"

按：《說文》無豴字，《釋文》："蹢，丁歷反，蹄也。本今作豴。"《廣雅·釋獸》："蹢，足也。"因其表豕四蹄白，故改從豕旁。《釋畜》中"蹢"字或換從馬作，故宮本《王韻》平聲《先韻》："駂，四駂（駂）白[1]。""蹢"字從足，既可表豕蹢，也可表馬蹢，因其所指對象不同，故分別改換爲不同的表意部件。

二　複加表意部件

複加表意部件是指《爾雅》名物詞用字已有表意部件，後來又在這個字的基礎上增加了另外一個表意部件，新增加的表意部件與原有表意部件具有同樣的表意功能。

【盎】《釋器》："盎謂之缶。"郭注："盆也。"

按：《說文·皿部》："盎，盆也。瓮，盎或從瓦。"字又或作甊，《龍龕·瓦部》："甊、瓮，二俗，烏浪反，正作盎，盆也。"盎已有表意部件皿，複加瓦旁。

【罟】《釋器》："緵罟謂之九罭。"

---

[1] "駂（駂）"字從字形看當隸作"駂"，但綜合形音義考慮，其字當爲"蹢"字之訛。"蹢"先受"駂"字影響類化作馬旁。駂、駂（駂）形體略近，因訛。

按：《說文·网部》："罛，网也。從网、古聲。"字或從糸旁作䍌，《玉篇·网部》："罛，故户切，魚罔也。或爲䍌。"罛已從网，複加糸旁。

【岨】《釋山》："土戴石爲岨。"郭注："土山上有石者。"

按：《釋文》："岨，《說文》亦作岻，七余反。"《說文·山部》："岻，石戴土也。《詩》曰：陟彼岻矣。"《說文》當作"土戴石"。字或改從穴旁，《名義·穴部》："窟，且居反，岻字，石戴土也。"窟又加石旁作磭，《集韻》平聲《魚韻》："岻、岨、磭，《說文》：石戴土也。引《詩》陟彼岻矣。或作岨、磭。"

【斯】《釋鳥》："鷽斯，鵯鶋。"郭注："鴉烏也。小而多群，腹下白，江東亦呼爲鵯烏。"

按：《釋文》："斯，本多無此字，案：斯是詩人協句之言，後人因將添此字也，而俗本遂斯旁作鳥，謬甚。"《詩·小雅·小弁》："弁彼鷽斯，歸飛提提。"傳曰："鷽，卑居。卑居，雅烏也。"傳亦單言鷽。斯是語氣詞，淺人鷽斯連言甚而加鳥旁者，誤也。斯或加旁作鷥、鶒，《玉篇·鳥部》："鷥，鷽鷥，雅烏也。"《廣韻》平聲《支韻》："鶒，鷽鶒，雅烏。"又或作鷥，《篇海》卷四《鳥部》引《搜真玉鏡》："鷥，音斯。"《重訂直音篇》（下文簡稱《直音篇》）以爲即鶒字，當是[①]。此字即從隹，又從鳥，"其"當是斯省聲。

【雟】《釋鳥》："雟周。"郭注："子雟鳥，出蜀中。"

按：《說文·隹部》："雟，周燕也。從隹、屮，象其冠也，冏聲。一曰：蜀王望帝婬其相妻，慙亡去，爲子雟鳥，故蜀人聞子雟鳴，皆起云望帝。"雟已從隹旁，字或複加鳥旁，《集韻》平聲《齊韻》："雟、鸐，鳥名，或作鸐。"

[①]（明）章黼：《重訂直音篇》，《續修四庫全書》經部第 231 册，影印明萬曆三十四年明德書院刻本，上海古籍出版社 1995—2002 年，第 259 頁。

三　疊加表意部件

疊加表意部件是指《爾雅》名物詞用字已有表意部件，後來又在其字上添加同樣一個表意部件，造成同一表意部件疊加的現象。

【登】《釋器》："木豆謂之豆。竹豆謂之籩。瓦豆謂之登。"郭注："即膏登也。"

按：《説文》作𣅾，《説文·豆部》："𣅾，禮器也。從収，持肉在豆上。讀若鐙，同。"《爾雅匡名》以爲𣅾作登是隸變相溷。《爾雅正名》以爲登、鐙俱爲假借。字又作豋，《新修玉篇》引《川篇》："豋，音登，禮器。"登（𣅾）已從豆，又加豆旁。

【岡】《釋山》："山脊，岡。"郭注："謂山長脊。"

按：《説文·山部》："罔(岡)，山骨也①。從山、网聲。"字又或加山作崗，《廣韻》平聲《唐韻》："岡，《爾雅》曰：山脊岡。崗，又作堽，并俗。"

【熒】《釋蟲》："熒火，即炤。"郭注："夜飛，腹下有火。"

按：字或從虫作螢，《釋文》："螢，户扃反，本今作熒。"《説文》無螢字，《説文·焱部》："熒，屋下小鐙燭之光②。從焱、冖。"其字蓋本作熒，後改從虫旁。《名義·虫部》："螢，蠿字。"螢本從虫，又加虫旁作蠿。

【蟘】《釋蟲》："食葉，蟘。"

按：《説文·虫部》："蟘，蟲食苗葉者，吏乞貣則生蟘。從虫、從貣，貣亦聲。《詩》曰：去其螟蟘。"《段注》："貣，各本作貸，今正。气、貣皆求也。《貝部》曰：貣從人求物也。冥螟、貣蟘皆疊韵。……從虫貣，貣亦聲。各本篆作'蟘'，解作'從虫貸，貸亦聲'，今正。"

---

① 小徐本作"山脊也。"
② 小徐本"鐙"作"燈"，《説文》無燈字，《説文·金部》："鐙，錠也。從金、登聲。"大徐本注云："臣鉉等曰：錠中置燭，故謂之鐙。今俗別作燈，非是。"

如段說，則其字本作蟦，後訛從貸。蟦省貝旁作貳（𧴓），大徐本"蠟"字下注云："臣鉉等曰：今俗作貳，非是。"貳或加虫旁作蟦。《釋文》："貳，字又作蟦。"

四　在象形字上添加表意部件

《爾雅》名物詞用字是一個象形字，後來又在象形字的基礎上添加一個表意部件。

【畢】《釋天》："宵田爲獠。"郭注："《管子》曰：獠獵畢弋。今江東亦呼獵爲獠，或曰即今夜獵載爐照也。"

按：《釋文》："罼，音畢，本又作畢。"《說文·華部》："畢，田罔也。從華，象畢形微也。或曰：由聲。"周原甲骨字作𢆉，季旭昇《說文新證》："周原甲骨從田（象田獵），𢆉象有柄的田網。……晉遙以華爲畢，可見得華就是畢的初文。"畢是在華字基礎上產生的，本已表網。罼則又是畢的加旁字。

【韭】《釋草》："藿，山韭。"

按：字或加艸旁作韮，《廣韻》上聲《有韻》："韭，《說文》曰：菜名也，一種而久者，故謂之韭。象形，在一之上，一，地也。俗作韮。"

【豸】《釋蟲》："有足謂之蟲，無足謂之豸。"

按：《說文·蟲部》："蟲，有足謂之蟲，無足謂之豸。"字或從虫作蛥，《集韻》上聲《紙韻》："豸、蛥，《說文》：獸長脊行豸豸然，有所司殺形。一曰有足謂之蟲，無足謂之豸。或從虫。"

【蜴】《釋魚》："蠑螈，蜥蜴；蜥蜴，蝘蜓；蝘蜓，守宮也。"

按：《說文·易部》："易，蜥易，蝘蜓，守宮也。象形。"《說文·虫部》："蜥，蜥易也。"字并作易。字又或加虫旁作蜴，《釋文》："蜴，音亦，《說文》《字林》作易。"《名義·虫部》："蜴，餘石反，蜥易。"

【燕】《釋鳥》："燕，白脰烏。"郭注："脰，頸。"

按：《說文·燕部》："燕，玄鳥也。䶒口，布㲋，枝尾。象形。"《釋文》："燕，於見反，象形，字或加鳥者，非。""加鳥者"即鷰、鵜字，《集韻》去聲《霰韻》："燕、鷰，《說文》：玄鳥也。或從鳥。亦書作鵜。"燕本象形，無勞更加表意部件。

五 妄改表意部件

《爾雅》名物詞用字通過添加或替換表意部件之後可以明確其義，但有些字是不宜或不能改換表意部件的，改換表意部件之後非但不能明確表意功能，甚至不知其字要表示什麼意思。如以下二例。

【休】《釋木》："休，無實李。"郭注："一名趙李。"

按：《釋文》："休，虛求反，又作林。"依《釋文》音，其字本當作休，後改易從木旁。盧文弨《爾雅音義考證》："《爾雅》多俗字，《釋草》篇多加艸，遂有接余而爲荇菜者。《釋木》篇多加木，遂有休字而改爲林者。"

【觜】《釋鳥》："鷽，山鵲。"郭注："似鵲而有文彩，長尾，觜、腳赤。"

按：《說文·角部》："觜，鴟舊頭上角觜也。"段注："凡羽族之咮銳，故鳥咮曰觜。俗語因之凡口皆曰觜，其實本鳥毛角之偁也。鳥口之觜，《廣雅》作柴。"觜後來又加口旁作嘴。《釋文》或作觜，《釋文》："觜，子髓反，字或作觜，《廣雅》云：口也。"《說文·鳥部》："觜，鱅觜也。"觜非觜，蓋淺人不知此爲嘴字，因其處《釋鳥》，故更換爲鳥旁。

第二節 明確表音功能

隨著時代的發展，語音也在發生變化，語音發生變化之後有些字的聲符不能準確地代表它的讀音，爲了和語音相一致，原有《爾雅》名物詞用字的聲符可能會被其他更能與其字讀音相和諧的聲符替換。這是爲了明確《爾雅》名物詞用字的表音功能。

【蘆、蒨】《釋草》："茹藘，茅蒐。"郭注："今之蒨也。可以染絳。"

按：《説文》無藘字。字或作蘆，《名義·艸部》："蘆，旅居反，茅蒐也，茹藘也，蒨草。"箋注本《切韻》（斯 2071）平聲《魚韻》臚小韻："蘆，蔆蘆。"又《名義·艸部》："蘆，力胡反，未出秀曰葦也。[蘆]菔也。"箋注本《切韻》（斯 2071）平聲《魚韻》臚小韻："蘆，漏蘆①，藥名。"《名義》、箋注本《切韻》（斯 2071）蘆字重出。《名義》兩蘆字讀音不同，《釋文》："藘，力居反。"與《名義》"旅居反"讀音正同。其字蓋本作蘆，後改從慮聲。

蒨本作茜，《釋文》："蒨，本或作茜，七見反。"《説文·艸部》："茜，茅蒐也。從艸、西聲。"《説文》《名義》無蒨字，改從倩聲當是適應讀音發展的需要。

【芐】《釋草》："芐，地黄。"郭注："一名地髓，江東呼芐。音怙。"

按：字或作芦，《集韻》上聲《姥韻》："芐、芦，艸名。《説文》：地黄也。引《禮》：鈃毛牛藿羊芐豕薇，是。或作芦。"芐改從户得聲，表音更準確了。

【鶪】《釋鳥》："鶪，天鷚。"郭注："大如鷃雀，色似鶉，好高飛作聲，今江東名之曰天鸍。"

按：《説文·隹部》雁字釋義下作"老雁鶪"，然正文無鶪字。《名義》《玉篇》亦無此字。《説文·鳥部》："鴳，雁也。從鳥、安聲。"《廣韻》去聲《諫韻》："鴳，《爾雅》曰：鳸，鴳。郭璞云：今鴳雀；

---

① 《名義·艸部》："萹，力豆反，蘆，藥草。"漏字改從艸，作萹。《新修玉篇》卷13《艸部》："蘆，韻又力居切，萹蘆草。"《説文》無"萹"字，其字蓋本作"漏"。

108

第四章 《爾雅》名物詞用字發展變易的原因

鷃，上同。"《廣韻》以爲鷃、鷃同字，是也。鷃當是鷃的改換聲旁字，鷃讀"烏諫切"却從安得聲[①]，已經不能準確表音了，於是又造了從鳥、晏聲的形聲字。

【狒】《釋獸》："狒狒，如人，被髮，迅走，食人。"郭注："梟羊也。《山海經》曰：其狀如人，面長唇黑，身有毛，反踵，見人則笑。交廣及南康郡山中亦有此物，大者長丈許。俗呼之曰山都。"

按：《説文》字作䫏，《説文·内部》："䫏（小徐本篆文作䫏），周成王時州靡國獻䫏，人身，反踵，自笑，笑即上唇掩其目，食人，北方謂之土螻。《尔疋》云：䫏䫏，如人，被髮。"《集韻》去聲《未韻》載異體作䫏、䫏、䫏、䫏。䫏、䫏、䫏、䫏、䫏并《説文》篆文異寫，䫏是改造篆文部分構件爲聲旁而成。

第三節　受文獻用字影響

有些《爾雅》名物詞用字添加或替換表意部件不是直接爲了增强它的表意功能，而是受文獻上下文的影響類化所致。

【唐】《釋宫》："宫中衖謂之壼，廟中路謂之唐，堂途謂之陳。"

按：《詩·陳風·防有鵲巢》："中唐有甓。"字亦作唐。唐字或加阜旁作隚，《釋文》："隚，音唐，本今作唐。"《説文》無隚字，《玉篇》（殘卷）卷二二《阜部》："隚，徒當反，《毛詩》：中唐有甓。箋云：唐，堂塗也。《爾雅》：廣（廟）中路謂之隚。"隚蓋涉"堂途謂之陳"之陳字類化。

【環】《釋器》："載轡謂之轙。"郭注："車軛上環，轡所貫也。"

按：環字或從車作轘，《名義·車部》："轘，魚倚反，在（車

[①] "烏諫切"乃大徐本《説文》引《唐韻》。

109

軜上轘，轡所貫者也。"《説文・車部》："轘，車裂人也。"與此爲同形字。《名義》轘字釋義同《説文》，檢字書"轘"字無訓車軜上轘者。其字蓋本作環，《名義》作轘者，蓋受"車軜"類化。

【磨】《釋器》："玉謂之琢，石謂之磨。"

按：磨字或加玉旁作璾，魏元暐墓誌："厲以琢璾，切磋成功。"①璾當是受琢字類化產生的。

【蜺】《釋天》："螮蝀，虹也。蜺爲挈貳。"郭注："蜺，雌虹也，見《離騷》。挈貳，其別名，見《尸子》。"

按：《釋文》："霓，五兮反，如淳五結反，郭五擊反，《音義》云：雄曰虹，雌曰霓。《説文》曰：屈虹青赤也，一曰白色陰氣也。故《孟子》云：若大旱之望雲霓也。本或作蜺，《漢書》同。"《説文・雨部》："霓，屈虹青赤或白色陰气也。從雨、兒聲。"《名義》："霓，五奚反，又五結反，雲色似龍。"其字蓋本作霓，虹霓字作蜺者，蓋爲類化。《説文・虫部》："蜺，寒蜩也。從虫、兒聲。"

【秬】《釋草》："芭，白苗。秬，黑黍。"

按：《説文・鬯部》："鬯，黑黍也，一稃二米以釀也。秬，鬯或從禾。"字或換從艸作苣，《山海經・大荒南經》："維宜芭苣，穋楊是食。"秬蓋涉芭字類化作苣。

【蚍衃】《釋草》："菸，蚍衃。"郭注："今荆葵也。似葵，紫色。謝氏云：小草，多華少葉，葉又翹起。"

按：衃或從虫作蚥，《釋文》："衃，本或作芣，又作蚥，房尤反，郭芳九反。"《説文・艸部》："菸，蚍衃也。"蚥字《説文》不作爲字頭出現，《名義》亦無蚥字。《名義・艸部》："菸，渠燒反，菸，蚍衃也。小草多華少葉。"字同《爾雅》作衃。其字蓋本借衃字爲之，後受蚍字類化作蚥。

【皇】《釋鳥》："鷗，鳳。其雌皇。"郭注："瑞應鳥。雞頭，蛇

---
① 毛遠明編著：《漢魏六朝碑刻校注》，綫裝書局 2008 年版，第 91 頁。

頸，燕頷，龜背，魚尾，五彩色。高六尺許。"

按：《釋文》："皇，本亦作凰。"《爾雅匡名》："凰字無所從，俗字之無理者。"鳳字初爲象形字，後來加注音符，變作從鳥、凡聲[①]。凰是涉鳳字類化而成，并非無理。

【趼】《釋畜》："騉蹄，趼，善升甗。"郭注："甗，山形似甑，上大下小。騉蹄蹄如趼而健上山。秦時有騉蹄苑。"

按：《釋文》："趼，五見反，又五堅反，本或作研。"甗字下陸云："舍人云：研，平也。謂蹄平正。……李云：騉者，其蹄正堅而平似研也。……郭云：甗山形似甑也，上大下小，騉蹄蹄如研而健上山。"則舍人、李巡、郭璞字并作研，字作趼者，蓋受蹞字類化。

【羒】《釋畜》："羊：牡，羒；牝，牂。"

按：《釋文》："羒，又作犿，同，符云反。《字林》云：牂羊。"《説文》《名義》《切韻》系韻書無犿字，其字蓋本作羒，因受"牡""牝"二字類化，後改從牛旁。《初學記》卷二九引《爾雅》："羊：牡，犿；牝，牲。""牂"亦類化從牛旁[②]。

第四節　傳抄訛誤

《爾雅》名物詞用字在傳抄過程中會發生訛誤，訛變作他字。

【陝】《釋宮》："陝而修曲曰樓。"郭注："修，長也。"

按：《釋文》："陝，戶夾反，《説文》云：隘也，從𨸏、夾聲。俗作狹，或作狎字，下甲反。今人以陝弘農縣，《字書》陝之字音失冉反，狹代陝行之久矣。"《説文·𨸏部》："陝，隘也。從𨸏、夾聲。"又同部："陝，弘農陝也。古虢國王季之子所封也。從𨸏、夾聲。"陝、

[①] 裘錫圭：《文字學概要》，商務印書館 1988 年版，第 6 頁。
[②] "𠂉""牛"俗書易混，故"牂"作"牲"也可能是訛混的結果。此條蒙梁春勝指出。

陝字形相近，故有混用者。

【彴】《釋天》："奔星爲彴約。"郭注："流星。"

按：《説文》無此字，字當作彴。周祖謨《爾雅校箋》："唐寫本作'彴約'，《開元占經》卷七一引同。《玉篇》人部'彴'，扶握切，引'《爾雅》曰：奔星爲彴約。'字亦作'彴'。"[①]《名義·人部》："彴，之約反，流星也。"亻、彳形近，彴因訛作彴。

【華】《釋草》："葭華。"郭注："即今蘆也。"

按：《爾雅匡名》："《文選注》（三）引：'葭，葦也。'案：《説文》曰：葦，大葭也。葭，葦之未秀者。是葭、葦一物也。華與葦形近而訛，當以李善所引爲正。"嚴説當是。

第五節　同義借用

"同義借用"是指兩字意義相同或相近，記錄《爾雅》名物詞既可用甲字也可用乙字。

【仄】《釋水》："氿泉穴出。穴出，仄出也。"郭注："從旁出也。"

按：字或作側，《釋文》："仄，菹棘反，本亦作側。"《説文·厂部》："仄，側傾也。從人在厂下。"《説文·人部》："側，旁也。從人、則聲。"仄、側聲近義通，故可通用。

【蓶】《釋草》："蒹，薕。"郭注："似萑而細，高數尺，江東呼爲蒹蓶。"

按：《釋文》："蓶，徒的反。本今作萑，音桓。《字林》作藋。"《釋文》謂"本今作萑，《字林》作藋"者，"藋""萑"皆"萑"字，《廣韻》平聲《桓韻》："萑，萑葦。《易》亦作萑，俗作藋。萑本自音灌。"蓶、萑義同，《廣雅·釋草》："蓶，萑也。"

[①] 周祖謨校箋：《爾雅校箋》，雲南人民出版社 2004 年版，第 231 頁。

第六節　師讀不同

傳統學問有師承，各家之説不盡相同，學人各守其説。《爾雅》在流傳過程中也會有這種問題，師説不同，其用字或有不同。

【楣】《釋宫》："楣謂之梁。"郭注："門户上横樑。"

按：楣字又或作梠，《釋文》："楣，亡悲反，或作梠，亡報反。《埤蒼》云：梁也。吕伯雍云：門樞之横樑。《説文》云：秦名屋檼聯也。齊謂之檐，楚謂之梠。"《説文·木部》楣、梠二字并存，"楣，秦名屋檼聯也。齊謂之檐，楚謂之梠。""梠，門樞之横樑，從木冒聲。"段注於楣下注云："《爾雅》：楣謂之梁，皆非許慎所謂楣者。"於梠下注云："《釋宫》曰：梠謂之梁。郭曰：門户上横樑。今本《爾雅》作楣，字之誤也。……陸引《埤蒼》《字林》以證梠，引《説文》以證楣，謂梠、楣義不同。今本脱誤不可讀。陸於梠不引《説文》者，隨翻閱所得也。梱言樞之下，梠言樞之上，門上爲横樑，鑿孔以貫樞，今江浙所謂門龍也。"《黄侃音訓》："此有三義：一曰楣，前梁也……一曰梠，門樞之横樑，《説文》作梠，吕伯雍説同。三曰楣，秦名屋檼聯也，齊謂之庐，楚謂之梠。江藩説吕氏、許君所見《爾雅》同作梠謂之梁，鄭、郭所見同作楣謂之梁。段玉裁説此楣字誤，金鶚説《禮》鄭注楣字亦誤，不知師讀不同，未可專信《説文》。"[①]《名義·木部》："楣，靡饑反，前梁，門上横樑，梠也。"黄氏説楣字三義正與《名義》合，其説當是。

【騽】《釋畜》："驪馬黄脊，騽。"

按：《釋文》："騽，音習，《説文》作驔，音簟，《字林》云：又音譚。今《爾雅》本亦有作驔者。"《説文·馬部》："驔，驪馬黄脊。"同部："騽，馬豪骭也。"《説文》驔、騽義别。《名

---

① 黄侃：《爾雅音訓》，《爾雅詁林》，湖北教育出版社 1996 年版，第 1788 頁。

113

義·馬部》:"騨,徒點反,黄谷(脊);騽,似立反,黄脊。"《名義》騨、騽義同,《名義》騽字釋義蓋本《爾雅》。《說文》《爾雅》有异者,蓋師讀不同。

第五章

《爾雅》名物詞用字歷時考察與研究的意義

第一節　有利於總結漢字發展規律

前人對漢字發展規律多有總結，蔣善國在《漢字學》中認爲："漢字發展的規律，是突破象形表意的本質，走向表音。形聲字是漢字的主要形式，它的產生和發展正表現了這個規律。"[①] "形聲字本身也表現了音化的總趨勢。雖説形聲字有表意兼標音的作用，但是標音的作用比表意的作用占優勢，例如鴛鴦和梧桐等字，如把鴛鴦和梧桐的聲符'夗央'和'吾同'取消，只剩下'鳥鳥'和'木木'，人們就不知道'鳥鳥'和'木木'是什麼；如果取消義符'鳥鳥'和'木木'，只剩下'夗央'和'吾同'，人們還可以就全句的文義去猜它是什麼東西。可見形聲字的基本意義是存在'夗央'和'吾同'聲符上面，不是存在'鳥鳥'和'木木'義符上面。字音是字的主體，義符是無關重要的。如果采取這個看法，漢字發展到形聲字階段，已進到標音文字，在作用方面，跟拼音文字已距離很近，只是體系不同罷了。這是形聲

[①] 蔣善國：《漢字學》，上海教育出版社1987年版，第126頁。

字聲符的標音作用壓倒了義符的表意作用的實例。"①

我們不認同蔣先生的這種觀點,通過《爾雅》名物詞用字歷時考察與研究我們知道形聲字多是添加或替換表意部件產生的,如"倉庚"爲鳥,其字本作倉庚,後來才在"倉庚"的基礎上添加了鳥旁作"鶬鶊"二字。"扶搖"爲風,其字亦本作扶搖,"颮飈"是後起字。按照蔣先生的説法,説到"倉庚"和"扶搖"我們就知道其要表達的意思了,去掉"倉庚"和"夫奋","鳥鳥""風風"就没有意義了。實際情況并不是這樣,"倉庚""扶搖"是初作字,"鶬鶊""颮飈"是後起字,之所以有後起字,就是爲了表意的明確。漢字形聲化是漢字發展的總趨勢,形聲字的發展使得漢字的表音、表意功能都加强了。片面强調哪一點都是不正確的。②

《爾雅》名物詞用字的變易正説明了這一點,通過前面的論述,我們知道《説文》和經典文獻中是借字的,後來大多都添加或替換了表意部件,③而這種情況很多就是在漢魏或其後產生的,下面我們再舉一些《爾雅》名物詞用字之外的一些例字作爲旁證。

【錽】其字爲"夎"字加旁,《説文·夊部》:"夎,瑙蓋也。"段注:"司馬彪《輿服志》:乘輿金錽。劉昭引蔡邕《獨斷》曰:金錽者,馬冠也,高廣各五寸,上如五華形,在髦前。薛綜注《東京賦》同。按:在馬髦前,則正在馬之瑙蓋。其字本作金夎,或加金旁耳。馬融《廣成頌》:揚金夎而拖玉瓖。字正作夎可證。《西京賦》:璘弁玉纓。薛曰:弁,馬冠叉髦也。徐廣説金錽云:金爲馬叉髦。然則弁也,叉髦也,夎也,一也。"

---

① 蔣善國:《漢字學》,上海教育出版社 1987 年版,第 158 頁。
② 筆者在本書初稿認爲漢字是向表意化方向發展,梁春勝看過論文,認爲筆者的這種説法有問題。實際上形聲字既表音又表意,過去的學者因爲某些原因有强調漢字表音化的,筆者只强調漢字的表意化,有些矯枉過正了。
③ 借字祇起表音作用,談不上表意部件。本書所説的表意部件是借字這個字形所固有的表意部件。此條蒙梁春勝指出。

第五章 《爾雅》名物詞用字歷時考察與研究的意義

【藡】《廣雅·釋草》:"地葵,地藡也。"《玉篇·艸部》:"藡,地膚,藥草。"《説文》無藡字,《太平御覽》卷九九二:"地膚,《本草經》曰:地膚一名地華,一名地脉,一名地葵。"《集韻》平聲《虞韻》:"藡,艸名。《博雅》:地葵,地藡。通作膚。"其字蓋本作膚,後加艸旁。《名義·艸部》:"藡,甫俎反,他(地)藡,藥草。"

【鴒】其字爲"牄"字換旁,《集韻》平聲《陽韻》:"牄,鴒,《説文》:鳥獸來食聲也。引《虞書》鳥獸牄牄。或從鳥。"因其義所指爲鳥獸,故換爲鳥旁。

【鴕】其字爲"駝"字換旁,《正字通》:"鴕,大鳥,駝蹄。如漢元帝時有鳥如馬駒,故名駝鳥。因鳥族作鴕。"

【驊】其字蓋本作"華",《廣雅·釋獸》:"驊騮。"王念孫疏證:"驊或作華。《穆天子傳》:'天子之駿華騮。'郭璞注云:'色如華而赤。'"[①]《名義·馬部》:"驊,胡爪反,如華赤也。"

【蚟】其字蓋本作"王"。《方言》卷一一:"蜻蚓,南楚謂之蚟孫。"周祖謨《校箋》:"《周禮·考工記》正義及《玉燭寶典》卷六引均作王,陸璣《毛詩草木魚蟲疏》亦云:楚人謂之王孫。"[②]

【鵅】《集韻》入聲《鐸韻》:"鵅,鵅公,鳥名。"其字蓋本作"郭",《廣韻》平聲《談韻》:"鸙,鸙鸚,鳥名,今俗呼郭公也。"

【鸝鶛】《集韻》上聲《蕩韻》:"鸝,鸝鶛,鳳類。"《説文》無鸝鶛字,其字蓋本作"廣昌",《廣雅·釋鳥》:"廣昌,鳳皇屬也。"

不僅《説文》以後的字通過添加或替换表意部件增强了表意性,《説文》裏的許多字也都是後起的,前面"《説文》有加旁字,其他材料用不加旁字""《説文》既有加旁字也有不加旁字"兩部分中我們提到這一點,其實《説文》有加旁表意字,經典文獻用借字也可以認爲

---

① 徐復主編:《廣雅詁林》,江蘇古籍出版社1992年版,第1017頁。
② 周祖謨校箋:《方言校箋》,中華書局1993年版,第69頁。

是以下這種情況。

【扆】《釋宫》："牖户之間謂之扆。"郭注："窗東户西也。《禮》云斧扆者，以其所在處名之。"

按：《説文·户部》："扆，户牖之間謂之扆，從户、衣聲。"段注："《詩》《禮》多假依爲之。"《詩·生民之什·公劉》："既登乃依。"《釋文》："乃依，毛如字，鄭於豈反，箋云：或扆字。"《禮記·曲禮下》："天子當依而立。"《釋文》："當依，本又作扆，同，於豈反，注同，狀如屛風，畫爲黼文，高八尺。"《禮記·明堂位》："天子負斧依南郷而立。"《釋文》："依，本又作扆，同，於豈反，注同。"《荀子·正論》："居則設張容負依而坐。"楊倞注："户牖之間謂之依。"《漢書·嚴助傳》："負黼依，馮玉幾。"顔師古注："依讀曰扆。扆形如屛風而曲之，畫以黼文，張於户牖之間。"以上種種，足可證段氏之説。疑其字本作依，後來新造從户、衣聲的形聲字。唯扆字《説文》有之，故前賢守《説文》之説，不知《説文》之字亦有後起者。

【塒】《釋宫》："雞棲於弋爲榤，鑿垣而棲爲塒。"郭注："今寒郷穿墙棲雞，皆見《詩》。"

按：《説文·土部》："塒，雞棲於垣爲塒，從土、時聲。"《詩·王風·君子于役》："雞棲於塒。"《釋文》："時，如字，本亦作塒，音同。《爾雅》同，《玉篇》時理反，鑿墙以棲雞。"《集韻》平聲《之韻》："塒，《説文》：雞棲垣爲塒，今寒郷穿墻棲雞。通作時。"其字蓋本作時，後加土旁。

【櫨】《釋宫》："栭而謂之楶。"郭注："即櫨也。"

按：《説文·木部》："櫨，柱上柎也。"《禮記·明堂位》："山節。"鄭玄注："刻欂盧爲山也。"《釋文》："盧，如字，本又作櫨。"《釋名》："盧在柱端，如都盧負屋之重也。"疑其字蓋本作盧，後加木旁。

第五章　《爾雅》名物詞用字歷時考察與研究的意義

【橜】《釋宮》："橜謂之闑。"郭注："門闑。"

按：《説文》字作槷，《木部》："槷，𢧵也。一曰：門梱也。"段注："槷或借臬，梱或借困。荀卿曰：和之璧，井裏之臬也。玉人琢之，爲天子寶。晏子作：井裏之困。"《莊子·達生篇》："吾處身也，若橛株拘。"《釋文》："橛，本或作橜，同，其月反。"字亦作橛。蓋其字本借臬字爲之，後加木旁作槷，易位作橜。

【梪】《釋器》："木豆謂之梪。"郭注："豆，禮器也。"《釋文》："豆，如字，本又作梪。"

按：《説文·豆部》："豆，古食肉器也。從口，象形。㑹，古文豆。"同部："梪，木豆謂之梪。從木、豆。"段注："《毛傳》亦曰：木曰豆，所以薦菹醢也。瓦曰登，所以薦大羹也。《毛詩》豆當作梪，瓶人豆中縣。豆本瓦器，故木爲之則異其字。"《名義·豆部》："梪，徒鬭反，禮器。"梪當由豆字分化而來，疑其字本作豆，因其爲木制，後加木旁。經典作豆，則是保留了其本來寫法。

【襮】《釋器》："黼領謂之襮。"郭注："繡刺黼文以襮領。"

按：《説文·衣部》："襮，黼領也。"《釋文》："襮，音僕，又作偃，衣領也。"則陸氏所見或本作偃。《儀禮·士昏禮》："女從者畢袗玄，纚笄被纇黼。在其後。"鄭玄注："卿大夫之妻刺黼以爲領，如今偃領矣。"字作偃。疑其字本作偃，後改從衣旁。

【鼖】《釋樂》："大鼓謂之鼖。"郭注："鼖長八寸。"

按：《説文·鼓部》："鼖，大鼓謂之鼖。鼖八尺而兩面，以鼓軍事。從鼓、賁省聲。韇，鼖或從革、賁不省。"《詩·大雅·靈臺》："賁鼓維鏞。"傳云："賁，大鼓也。"《周禮·夏官·大司馬》："諸侯執賁鼓。"鄭注引《鼓人職》曰："以賁鼓鼓軍事。"字并作"賁"。蓋其字本作賁，後加鼓旁而從賁省聲。

【鏞】《釋樂》："大鐘謂之鏞。"郭注："《書》曰：笙鏞以間。亦名鏄。音博。"

119

按：《説文·金部》："鏞，大鐘謂之鏞。"《詩·商頌·那》："庸鼓有斁，萬舞有奕。"毛傳曰："大鼓曰庸。"《釋文》："庸，如字，依字作鏞，大鍾也。"《逸周書·世俘篇》："王奏庸。"其字蓋本借庸字爲之，後加金旁。

【穢】《釋天》："穀不熟爲饑，蔬不熟爲饉，果不熟爲荒，仍饑爲荐。"

按：荒字又作穢，《説文·禾部》："穢，虛無食也。從禾、荒聲。"《段注》："荒年字當作穢，荒行而穢廢矣。"從漢字發展規律來看，先有荒，然後再有加禾旁之穢。《徐箋》："此即荒字，相承增偏旁耳。"徐氏所言是也。《名義》《玉篇》字作穢，《玉篇·禾部》："穢，呼光切，凶年也，空也，果不熟也，今作荒。"

【凉】《釋天》："北風謂之凉風。"郭注："《詩》云：北風其凉。"

按：郭璞引《詩》："北風其凉。"字或作飌，《釋文》："凉，本或作古飌字，同，力張反。"《説文·風部》："飌，北風謂之飌。從風、凉省聲。"《説文》以前古文字無飌字，疑其字本作凉，《詩》所存即舊本原貌。《玉篇》（殘卷）卷一九《水部》："凉，《爾雅》：北風謂之凉風。《説文》爲飌字，在風部。"

【猋】《釋天》："扶搖謂之猋。"郭注："暴風從下上。"

按：《釋文》又或作飆，《釋文》："猋，必遙反，《字林》作飆，音同。"《説文·風部》："飆，扶搖風也。颮，飆或從包。"《説文》有飆字，《正名》以爲《説文》爲正字，其實《説文》之飆亦當爲猋之加旁俗字。

【霄】《釋天》："雨䨘爲霄雪。"郭注："《詩》曰：如彼雨雪，先集維䨘。䨘，水雪雜下者，謂之消雪。"

按：《説文·雨部》："霄，雨䨘爲霄。"字或作消，《釋文》："霄，音消，本亦作消。"郭注此條亦云"消雪"。敦煌本《爾雅注》引作"雨霓爲消雪"。疑其字本作消，後改從雨旁。

【祡】《釋天》："祭天曰燔柴。"郭注："既祭，積薪燒之。"

按：《釋文》："柴，仕皆反，《説文》作祡，云：燒柴燎祭天也。"《説文·示部》："祡，燒祡樊燎以祭天神。《虞書》曰：至于岱宗，祡。褅，古文祡從隋省。"小徐本作"燒柴樊以祭天神"，"祡"作"柴"。《尚書·舜典》："至于岱宗，柴。"《禮記·王制》："柴而望祀山川。"鄭玄注："柴，祭天告至也。"《白虎通義·封禪》："柴燎祭天。"《説文·火部》："尞，柴祭天也。"《集韻》平聲《佳韻》："祡、褅，《説文》：燒柴樊燎以祭天神。引《虞書》：至于岱宗，祡。古文從隋省。通作柴。"疑其字本作"柴"，後改換作示旁。

【禷】《釋天》："是禷是禡，師祭也。"郭注："師出征伐，類於上帝，禡於所征之地。"

按：《釋文》："禷，音類，經典作類。"《説文·示部》："禷，以事類祭天神。"桂馥《説文解字義證》引錢大昭曰："類祭之事，見於經典者有五：《小宗伯》：凡天地之大裁，類社稷宗廟則爲位。禱祈之類也；《王制》：天子將出，類乎上帝。巡守之類也；又云：天子將出徵，類于上帝。《大雅·皇矣》：是類是禡。《釋文》：禷，師祭也。行師之祭也；《肆師》：類造上帝，戰勝之類也；《舜典》：肆類于上帝。攝位之類也。皆非常祭，依正禮而爲之，故云以事類祭。"①今檢原書，字皆作"類"。又《史記·五帝本紀》："遂類于上帝。"《後漢書·和帝紀》："告類薦功"字亦作"類"。疑其字本作類，後加示旁。《匡名》以爲"類"爲省文，不確。

【隃】《釋地》："東陵，阠。南陵，息慎。西陵，威夷。中陵，朱滕。北陵，西隃，雁門是也。"郭注："即雁門山也。"

按：《説文·𨸏部》："隃，北陵西隃，鴈門是也。"《史記·趙世家》："反莖分、先俞於趙。"《集解》："徐廣曰：'《爾雅》曰：

---

① （清）桂馥撰：《説文解字義證》，上海古籍出版社 1987 年版，第 10 頁。

西俞，雁門是也。'"《册府元龜》卷八八八注亦作"西俞"。其字蓋本作俞，後加阜旁。

【泥】《釋丘》："水潦所止，泥丘。"郭注："頂上污下者。"

按：《説文》作㞾，《説文·丘部》："㞾，反頂受水丘。"段注："《孔子世家》：叔梁紇與顔氏女禱於尼丘，得孔子，生而首上圩頂，故因名曰丘，字仲尼。按《白虎通》曰：孔子反宇，是謂尼丘。德澤所興，藏元通流，蓋頂似尼丘，故以類命爲象。㞾是正字，泥是古通用字，尼是假借字。"《顔氏家訓·書證篇》："世間小學者，不通古今，必依小篆，是正書記；凡《爾雅》《三蒼》《説文》豈能悉得《蒼頡》本指哉？亦是隨代損益，互有同異。西晋已往字書，何可全非？但令體例成就，不爲專輒耳。考校是非，特須消息。至如'仲尼居'三字之中，兩字非體，《三蒼》尼旁益丘，《説文》居下施几，如此之類，何由可從？"《段注》㞾下云："《顔氏家訓》乃曰：至如'仲尼居'三字之中，兩字非體，《三蒼》尼旁益丘，《説文》尸下施几，如此之類，何由可從？玉裁謂：若言駭俗則難依，若言古義則不可不知也。又漢碑有作仲泥者，淺人深非之，豈知其合古義哉。"[①]㞾字不見於《説文》以前之古文，顔推之以爲"《三蒼》尼旁益丘"，《釋文》："泥，依字作尼。"陸德明云："依字作尼。"疑其字本作尼，作㞾者，後出也，段説恐誤。

【隩】《釋丘》："隩，隈。"郭注："今江東呼爲浦隩。《淮南子》曰：漁者不争隈。"

按：《説文·自部》："隩，水隈崖也。"字或從水作澳，《釋文》："隩，《字林》烏到反，郭於六反，注及下同，本或作澳。"《説文·水部》："澳，隈厓也。其内曰澳，其外曰隈。"《玉篇》（殘卷）卷二二《阜部》："隩，於報反，《爾雅》：隩，隈也。郭璞曰：今江東呼爲浦隩，《淮南》曰：隩（漁）者不争隈。是也。又曰：内爲隩。郭璞曰：

[①] （漢）許慎撰，（清）段玉裁注：《説文解字注》，上海古籍出版社1981年版，第387頁。

別厓[表]裏之名也。《蒼頡篇》：澳，藏也。《說文》爲隩（澳）字，在水部。隅隩爲奧字，在穴部也。"①《詩·衛風·淇奧》："瞻彼淇奧。"毛傳："奧，隈也。"其字蓋本借奧字爲之，後加旁作隩、澳。

【濫】《釋水》："濫泉正出。正出，涌出也。"郭注："《公羊傳》曰直出，直猶正也。"

按：《說文·水部》："濫，氾也。一曰：濡上及下也。《詩》曰：觱沸濫泉。"《詩·小雅·采菽》："觱沸檻泉，言采其芹。"毛傳："檻泉，正出也。"《釋文》："檻泉，銜覽反，徐下斬反，《爾雅》云：檻泉正出。正出，涌出也。"《詩·大雅·瞻卬》："觱沸檻泉，維其深矣。"鄭箋云："檻泉，正出，涌出也。"《說文·水部》："沸，渾沸，濫泉。"小徐本作"渾沸，檻泉也"。《論衡·是應篇》："《爾雅·釋水章》：檻泉正出。正出，涌出也。"《詩》、毛傳、鄭箋、小徐本《說文》字作檻，《釋文》《論衡》引《爾雅》亦作檻。疑其字本借作檻，後改從水旁。

【菉】《釋草》："菉，王芻。"郭注："菉，蓐也。今呼鴟腳莎。"

按：《說文·艸部》："菉，王芻也。《詩》曰：菉竹猗猗。"《詩·衛風·淇奧》："瞻彼淇奧，綠竹猗猗。"毛傳："綠，王芻也。"《釋文》："綠竹，并如字，綠，王芻也。《爾雅》作菉，音同。"《詩·小雅·采綠》："終朝采綠，不盈一匊。"箋云："采綠，王芻也。"字亦作綠。其字蓋本借綠字爲之，後改從艸旁。字或作藗，《集韻》入聲《燭韻》："菉、藗，艸名。《說文》王芻也。引《詩》：菉竹猗猗。或從綠。"

【莿】《釋草》："茦，刺。"郭注："草刺針也。關西謂之刺，燕北、朝鮮之間曰茦，見《方言》。"

按：刺字或作莿，《說文·艸部》："茦，莿也。"同部："莿，茦也。"郭注引《方言》作刺，今《方言》亦作刺，疑其字本作刺，

---

① 《名義》《玉篇》"奧"字俱在《宀部》。

123

後加艸旁。

【檈】《釋木》："檈味，梬棗。"郭注："檈味，短味。"

按：《釋文》："檈，音旋，郭云：檈味，短味。《字林》作檈，一縣反。"《說文·木部》："檈，檈味，梬棗。從木、還聲。"《初學記》卷二八《果木部》引《爾雅》："還味，梬棗。"字作還。疑其字本作還，後加木旁。

【鯈】《釋魚》："鮂，黑鰦。"郭注："即白鯈魚，江東呼爲鮂。"

按：《玉篇》(殘卷) 卷二四《魚部》："鮂，徐鳩反，《爾雅》：鮂，黑玆。郭璞曰：鮂白鯈也，江東呼鮂。"字作"鯈"，典籍亦有作儵者，《左傳·僖公二十三年》："生伯儵[①]、叔劉。"《釋文》："儵，直由反，本又作鯈。"《莊子·秋水》："鯈魚出游從容。"《釋文》："鯈魚，謂白儵[②]魚也。"《山海經·北山經》："其狀如儵而赤麟。"郭璞注："小魚曰儵。"疑其字本作儵，後改從魚旁作鯈。

【鳸】《釋鳥》："鳸，鴳。"郭注："今鴳雀。"

按：《釋文》："鳸，《說文》作雇，籀文也。《左傳》《詩》并作扈，同，音戶。"《說文·隹部》："雇，九雇，農桑候鳥，扈民不婬者也。從隹、戶聲。春雇鴶鴠，夏雇竊玄，秋雇竊藍，冬雇竊黃，棘雇竊丹，行雇唶唶，宵雇嘖嘖，桑雇竊脂，老雇鷃也。鴠，雇或從雩。鳸，籀文雇從鳥。"《左傳·昭公十七年》："九扈爲九農正。"傳曰："扈有九種也，春扈鴶鶋，夏扈竊玄，秋扈竊藍，冬扈竊黃，棘扈竊丹，行扈唶唶，宵扈嘖嘖，桑扈竊脂，老扈鷃鷃。以九扈爲九農之號，各隨其宜以教民事。"《詩·小雅·小宛》："交交桑扈，率場啄粟。"傳曰："桑扈，竊脂也。"此蓋《釋文》所本。《爾雅·釋鳥》："春鳸，鴶鶋。……宵鳸，嘖嘖。"《釋文》："扈，音戶。"則陸氏所見作扈，《太

[①]《故訓匯纂》所據本如此作，今《左傳》字作"鯈"。
[②]《故訓匯纂》所據本如此作，今《莊子音義》："鯈魚，徐音條，《說文》直留反，李音由，曰：魚也。《爾雅》云：鮂，黑鰦。郭注：即白鯈也。一音篠，謂白鯈魚也。"則陸氏所見《釋文》作"鯈"，然其引郭注及"謂白鯈魚"，字并作"鯈"。

平御覽》卷九二三引《爾雅》亦作扈。疑其字本作扈，後改從隹或鳥旁。《名義·鳥部》："鳸，胡古反，雇字。"

【鶏】《釋鳥》："鵖鴋，雝渠。"郭注："雀屬也。飛則鳴，行則搖。"

按：《釋文》："渠，字或作鶏。"《詩·小雅·常棣》："脊令在原，兄弟急難。"傳曰："脊令，雝渠也。"《説文·鳥部》："雝，雝鶏也；䳢，雝䳢也。"其字蓋本作渠，後加鳥旁作鶏、䳢。

【鹿䠱】《釋獸》："鹿：牡，麚；牝，麀；其子，麛；其迹，速。"

按：《釋文》："䠱，素卜反，本又作速。《字林》云：鹿迹。一曰速，鹿子。"《説文·鹿部》："䠱，鹿迹也。從鹿、速聲。"其字蓋本借"速"字為之，後加鹿旁。《爾雅匡名》謂"其作速者，省文"。從文字發展過程看，應該是先借作速字，後造從鹿之字。《名義·鹿部》："麋（䴢），桑屋反，迹也。""麋（䴢）"當為䠱之訛省。

【獫猲】《釋畜》："長喙，獫。短喙，猲獢。"郭注："《詩》曰：載獫猲獢。"

按：猲字或作獥，《釋文》："獥，許謁反，《字林》作猲，火遏反。"《説文·犬部》："猲，短喙犬也。《詩》曰：載獫猲獢。《爾雅》曰：短喙犬謂之猲獢；獢，猲獢也。"《詩·秦風·駟驖》："載獫歇驕。"傳曰："獫、歇驕，田犬也。長喙曰獫，短喙曰歇驕。"《釋文》："歇，本又作猲，許謁反。《説文》音火遏反。驕，本又作獢，同，許喬反。獵獢，短喙，田犬也。"蓋其字本作"歇驕"，後加犬旁或換旁作"獵獢"，獵又省作猲。

第二節　有利於《爾雅》文本解讀

《爾雅》成書久遠，由於詞義和語音的發展以及文本的傳抄變易，

《爾雅》的某些語句可能會艱澀難懂，通過對《爾雅》名物詞用字的歷時考察與研究，我們可以更深刻地去理解《爾雅》文本。

【來】《釋親》："子之子爲孫，孫之子爲曾孫，曾孫之子爲玄孫，玄孫之子爲來孫。"郭注："言有往來之親。"

按：郝懿行《爾雅義疏》："來孫者，《釋名》云：此在無服之外，其意疏遠，呼之乃來也。按：此説來字似望文生義，來之言離也，離亦遠也。下文謂出之孫爲離孫，離、來音義同耳。"郝説蓋是。字或加旁作倈，《集韻》平聲《咍韻》："倈，玄孫之子爲倈孫。通作來。"《説文》無倈字，蓋淺人以爲"來"字表人倫，故加亻旁。

【隩】《釋丘》："厓内爲隩，外爲隈。"郭注："別厓表裏之名。"

按：今本《爾雅》作"外爲隈"，邢昺《爾雅疏》、王引之《爾雅述聞》以爲誤，詳參其説。敦煌本《爾雅注》作"外爲垿"，亦其證。《釋文》："鞫，如字，《字林》作垿，云：隩厓外也，九六反。"《詩·大雅·公劉》："芮鞫之即。"鄭箋："水之外曰鞫。"鞫蓋借字，後作垿字。《名義·土部》："垿，①居育反，曲岸。"《玉篇》："垿，居六切，涯也，水外爲垿。"《集韻》入聲《屋韻》："垿，曲厓外也。"

字又作阮，《玉篇·阜部》："阮，居六切，古岸。"此字居《玉篇》末，《名義》無此字。箋注本《切韻》（斯2071）入聲《屋韻》："阮，曲崖。"故宮本《裴韻·屋韻》："阮，曲崖。"蔣斧本《唐韻·屋韻》："阮，曲崖水外曰阮，水内曰隩。"②《廣韻》入聲《屋韻》："阮，曲岸水外曰阮。垿，上同。"

《名義》垿字訓"曲岸"，故宮本《王韻》、敦煌本《王韻》阮字訓"曲岸"，《廣韻》阮字訓"曲岸水外"。與上述不同，《集韻》垿字，箋注本《切韻》、故宮本《裴韻》、蔣斧本《唐韻》阮字，俱訓"曲崖"或"曲崖水外"。疑訓"曲崖"者是，《説文》："隩，水隩崖也；澳，

---

① 此字誤入"墥"字釋義中。
② （唐）孫愐：《唐韻》，《唐五代韻書集存》，中華書局1983年版，第687頁。

隈厓也；隈，水曲隩也。"皆就崖而言。崖、岸形近，故崖訛作岸。《玉篇》阬訓"古岸"，亦當爲"曲崖"之誤。

其字又作汱，《集韻》入聲《屋韻》："阬、圫、汱，水厓外也。或作圫、汱。"《玉篇·水部》："汱，居六切，水文也。"此與《玉篇》字同形。當是阬、圫之換旁字。

【蘆】《釋草》："蘆，從水生。"郭注："生於水中。"

按：《爾雅義疏》："《釋文》：蘆草生江水中。按：水草交曰湄。《詩》借作蘆，與蘆聲同。非草名也。"郝氏所言當是。

【蔽】《釋木》："木自獘，柛。立死，椔。蔽者，翳。"郭注："樹蔭翳覆地者。《詩》云：其椔其翳。"

按：郭注："樹蔭翳覆地者。《詩》云：其椔其翳。"《詩·大雅·皇矣》："其菑其翳。"毛傳曰："木立死曰菑，自獘爲翳。"《爾雅義疏》："傳云：自獘爲翳。是蔽當作獘，作蔽亦假借也。"王引之《經義述聞》此條下亦謂郭本作蔽爲借字，云："毛傳'自獘爲翳'雖與《爾雅》原文小異，而其爲踣木則同。上文立死椔，謂不獘者也，亦對獘者而言。若云樹蔭翳相覆蔽，則是相覆蔽之木，而非踣木，與上二句全不相應矣。"郝氏、王氏所說當是。字作蔽者，淺人所改。

【佳】《釋鳥》："佳其，鳺鴀。"郭注："今鵓鳩。"

按：《爾雅·釋鳥》："佳其，鳺鴀。"陸德明《釋文》："佳，如字，旁加鳥，非也；鳺，本亦作夫。《字林》甫于反；鴀，本亦作不，同，方浮、方九二反。夫不，楚鳩也。"陸氏只言"佳，如字"，并沒有明確標注它的讀音。佳亦作雉，即陸氏所謂"旁加鳥"者。《釋文》所見"鳺鴀"有作"夫不"者。《詩·小雅·四牡》："翩翩者雉。"傳云："雉，夫不也。"鄭箋云："夫不，鳥之慤謹者，人皆愛之。"《詩·小雅·南有嘉魚》："翩翩者雉。"毛傳云："雉，一宿之鳥。"鄭箋云："一宿者，一意於其所宿之木也。"此兩處陸氏《釋文》皆云："雉，音佳，本又作佳。"《詩》所言"翩翩者雉"之"雉"從傳注看與《爾雅》之"隹其"當爲一物,《黃侃音訓》云"單言曰雛,長言曰雛其"[①]蓋是。然《釋文》一云"雛,音隹,本又作隹",一云"隹,如字,旁加鳥,非也"。"隹其,鳺鴀"之"隹"到底讀什麼音？或者說它本該寫成什麼？

《說文》:"雛,祝鳩也。從鳥,隹聲。隼,雛或從隹、一。一曰鶉字。"徐灝《段注箋》:"雛爲祝鳩,職追切；隼爲鷙鳥,思允切。二字音義懸絶……其誤顯然。……蓋《說文》本有鵻篆,音思允切,其古文作隼。因雛與鵻形極相似,傳寫去鵻篆,遂誤合雛、隼爲一,刪'職追切'之音,乃以'思允切'綴於雛字之下,致此乖戾。"胡吉宣《玉篇校釋》和徐氏有類似的觀點,以爲鵻、雛形近而誤合爲一。[②]今人胡奇光等《爾雅譯注》[③]、徐朝華《爾雅今注》[④]隹其之隹及雛字亦標注拼音作"zhuī"。

我們不認同胡、徐二家的觀點。《玉篇·鳥部》:"鵻,思尹切,祝鳩也。急疾之鳥也。或作隼。"《玉篇》有鵻無雛,《說文》有雛無鵻,釋義和或體也完全相同,可以說這兩個字就是一個字。《玉篇》經唐宋人增删,已非顧野王《玉篇》原貌。只依《玉篇》定奪,似乎不足以服人。《名義》是顧氏《玉篇》的删節本,除删去大量書證、例證外,收字、字序悉依顧書。而顧書把《說文》字列於前,依《說文》原書序。和《玉篇》位置相當處,《名義》作:"鵻,思尹反,急鳥也。"此外別無雛字。《名義》保留了顧書原貌,後人無從竄改。所以,我們可以肯定鵻、雛爲一字,而且今本《說文》還把雛字位置提前了。《玉篇》《名義》鵻字在鷹下鴿上,而《說文》居鶻下鴿上。《說文·鳥部》:"鴿,鳩屬。"《急就篇》第四章:"鳩鴿鶉鷃中網死。"顏師古注:

---

① 黃侃:《爾雅音訓》,《爾雅詁林》,湖北教育出版社 1996 年版,第 4087 頁。
② 胡吉宣校釋:《玉篇校釋》,上海古籍出版社 1989 年版,第 4708 頁"鵻"字條、第 4814 頁"隼"字條。
③ 胡奇光、方環海撰:《爾雅譯注》,上海古籍出版社 1999 年版,第 367 頁。
④ 徐朝華注:《爾雅今注》,南開大學出版社 1987 年版,第 315 頁。

第五章 《爾雅》名物詞用字歷時考察與研究的意義

"鵧似鶌鳩而色青白。"隹其，郭璞注："今鶌鳩也。"把同類的事物排列在一起是《說文》編排的一種體例。鶌（雉）即鶌鳩，鵧類似鶌鳩，《說文》應該把兩字放在一起的。這進一步印證了我們前面所説。

《段注》於雉字下注云："《〈詩〉釋文》：雉音隹，本又作佳。按：《釋鳥》直作佳，職追切，十五部。大徐'思允切'。……從一者謂一宿之鳥也。箋云：一宿者，一意於其所宿之木也。《毛詩》《爾雅音義》云：雉，本作佳。蓋是本作隼，轉寫之訛耳。《廣韻》及大徐本雉'思允切'，未爲非也。"① 桂馥《說文解字義證》注云："《釋文》：佳，如字，旁加鳥，非也。馥按：兩佳字并當作隼。所謂如字者，如隼字也。旁加鳥，非也者，隼旁加鳥作雉也。"② 《廣雅疏義》："戴侗引唐本《說文》雉從鳥從隼，隼似佳，從卂省。李陽冰云：隼，卂省聲。郭本《爾雅》作佳，乃隼字之訛。雉音思允切；佳，鳥之短尾總名，音職追切。陸氏《釋文》云：佳，如字，旁或加鳥，非也。陸謂如字者，隼字也。又謂或加鳥者，非也，雉字也。"③《玉篇·隹部》："隼，思尹切，祝鳩也。"《名義》："隼，思允反，祝鳩也。"此并"佳"爲"隼"字之證。

《說文·毛部》："毥，毛盛也。從毛隼聲。《虞書》曰：鳥獸毥毛。"《名義·毛部》："毥，而尹反。毛聚。毦，而刃（尹？）反。細毛以自温。"今本《玉篇·毛部》："毥，而勇、而允二切。衆也，聚也；毦，同上。"《名義》《玉篇》毥字與《説文》毥字位置相當，音讀相同、訓義相通，此隼、佳相混之證。隼、佳形近，隼訛作佳，淺人不知，因讀"佳"音。《名義·佳部》："佳，諸惟反，鶌鳩。"《名義》已有訓"祝鳩"之隼字，知"隼其"字誤作"佳"承來已久。

---

① （漢）許慎撰，（清）段玉裁注：《説文解字注》，上海古籍出版社1981年版，第149頁。
② （清）桂馥撰：《説文解字義證》，上海古籍出版社1987年版，第307頁。
③ 徐復主編：《廣雅詁林》，江蘇古籍出版社1992年版，第985頁。

第三節　有利於大型字典編纂

對《爾雅》名物詞進行歷時考察還有利於大型字典的編纂，不僅可以補收大型字典未收之字、增補大型字典未收之義，還可以溝通大型字典沒有溝通的字際關係。

一　補釋義

大型字典供人們查檢翻閱，因而它的釋義應當是全面的。由於時代局限和編纂者測查材料的範圍等各種因素的影響，有些釋義在大型字典中未被收錄。通過《爾雅》名物詞用字的考察，可以補收大型字典未收之義。不僅如此，還可以糾正傳世字書中的某些錯誤釋義。

【蒗】

shī《廣韻》式支切，平支書。歌部。

❶枲耳。又稱"苓耳"。即"蒼耳"。菊科。一年生草本。荒地野生，分布很廣。果實叫"蒼耳子"，有刺，可入藥。《廣雅·釋草》："苓耳、蒗、常枲，枲耳也。"《楚辭·離騷》："薋菉蒗以盈室兮，判獨立而不服。"王逸注："蒗，枲耳也。"洪興祖補注："蒗，形似鼠耳，詩人謂之卷耳，《爾雅》謂之苓耳，《廣雅》謂之枲耳，皆以實得名。《本草》：'枲耳，一名蒗。'"（《大字典》3254A，參《字海》277B）[①]

按：《爾雅·釋草》："卷施草，拔心不死。"郭注："宿莽也，《離騷》云。"施字或加旁作蒗，《釋文》："卷施，并如字。施，

[①]《漢語大字典》簡稱《大字典》，爲湖北辭書出版社、四川辭書出版社1986—1990年版。引文後將號內標注字頭所處的頁碼和欄數，字母A、B分別代表左、右二欄。如"（《大字典》3254A）"指此字頭出自《大字典》第3254頁左欄。《中華字海》簡稱《字海》，爲中華書局、中國友誼出版公司1994年版。引文標注方式與《大字典》略同。

或作葹，同。"《名義·艸部》："葹，舒移反，枲耳也。卷葹，拔心不亂死"①《集韻》平聲《支韻》："葹，卷葹，艸名，拔心不死。通作施。"《大字典》《字海》葹字下不收"卷施草"義，不妥。

【嫡】

嫡，shì《廣韻》施隻切，入昔書。女子出嫁。《廣韻·昔韻》："嫡，嫁也。"（《大字典》1089A）

嫡，shì 音市〕同"適"，出嫁。字見《元包經·孟陽》。（《字海》703A）

按：《玉篇·女部》："嫡，舒亦切，嫡女也。"箋注本《切韻》（斯 2071）入聲《昔韻》："嫡，嫁。"敦煌本《王韻》、故宮本《王韻》、故宮本《裴韻》《廣韻》《集韻》俱訓爲"嫁"。訓"嫁"之嫡本作適，後加女旁。《儀禮·喪服》："子嫁。"鄭玄注："凡女，行於大夫以上曰嫁，行於士庶人曰適人。"《玉篇·辵部》："適，尸亦切，之也，女子出嫁也。又之赤切。"《字海》謂同"適"是也。

《爾雅·釋親》："父之晜弟先生爲世父，後生爲叔父。"郭注："世有爲嫡者，嗣世統故也。"《釋文》："適者，本或作嫡，同。丁歷反。"《說文·女部》："嫡，孎也，"段注："俗以此爲嫡庶字，而許書不爾。蓋嫡庶字古只作適。適者，之也。所之必有一定也。《詩》：天位殷適。傳曰：紂居天位，而殷之正適也。凡今經傳作嫡者，蓋皆不古。"段氏所言當是，又《公羊傳·隱公元年》："立適以長，不以賢。"何休注："適謂適夫人之子。"亦作適字。故宮本《王韻》入聲《錫韻》的小韻："嫡，正也。"《玉篇·女部》："嫡，丁歷切，孎（孎）也，又正也。"此字書嫡訓"正"之早見者，《說文》《名義》無此訓。蓋"嫡庶"字本作適，因其表人倫故改辵爲女。字又或作嫡，《名義·女部》："嫡，丁狄反，主也，君也，正也。"又同部："嫡，知劇反，孎也，靜謁也。"《名義》嫡字釋義同《說文》，則野王時字

---

① "乱"當爲衍文。

正作嫡，不作嫡。作嫡者，適字加旁也。《大字典》《字海》不收"正也"一義，不妥。

【䖷】

（一）kuò《廣韻》苦栝切，入末溪。

〔䖷䗏〕䗏䖷。

（二）shé《集韻》食列切，入薛船。

〔䖷蚗〕也作"蛥蚗"。（《大字典》2849B，參《字海》1198B）

按：《爾雅·釋魚》："科斗，活東。"郭注："蝦蟆子。""活東"字或作䖷蠹，《名義·虫部》："䖷，胡括反，[蝦]蟆子也。"《廣韻》平聲《東韻》："蠹，䖷蠹，科斗蟲也。案：《爾雅》曰：科斗，活東。郭璞云：蝦蟆子也。字俗從蚰。"《大字典》《字海》蠹字下有"䖷蠹"義，然兩書䖷字下不收"䖷蠹"義，欠妥。

【蜋】

《說文》："蜋，堂蜋也。從虫，良聲。一名蚚父。"

（一）láng《廣韻》魯當切，平唐來。陽部。

〔螳蜋〕也作"蟷蜋"。即螳螂。

（二）liáng《廣韻》呂張切，平陽來。

〔蛲蜋〕即蛲螂。參見"蛲"。（《大字典》2858A，參《字海》1201B）

按：《爾雅·釋蟲》："蜩，蜋蜩。"郭注："《夏小正》傳曰：蜋蜩者，五彩具。"《爾雅匡名》："蜋，《文選注》（十七）引作良，《夏小正》亦作良，省文也。"《玉燭寶典》卷五引《夏小正》亦作"良蜩鳴"。竊疑其字本作良，後加虫旁作蜋，與"堂蜋"字同形，非省文也。《說文·虫部》："蜋，堂蜋也。從虫、良聲。一名蚚父。"與此處爲同形字。《大字典》《字海》蜋字下不收"蜋蜩"義，不妥。

【蟴】

sī《廣韻》息移切，平支心。支部。

〔蛄蟴〕也作"蛄螏"。毛蟲。《爾雅·釋蟲》："蟔，蛄蟴。"郭璞注："載屬也。今青州人呼載爲蛄蟴。"（《大字典》2889B，參《字海》1212C）

按：《爾雅·釋蟲》："蟔，蛄蟴。"《說文》無蟴字，《說文·虫部》："斯，蛄斯，墨也。"蟴蓋本作斯，後加虫旁。《大字典》《字海》沒有溝通與"斯"字的關係，欠妥。

《爾雅·釋蟲》："蟴螽，蜙蝑。"《釋文》："蟴，本又作蟴，《詩》作斯，同。音私支反。"《說文》無蟴字。《詩·周南·螽斯》作"螽斯"，《詩·豳風·七月》作"斯螽"，其實一也。《說文》詵字下引《詩》："螽斯羽，詵詵兮"，字亦作斯。其字蓋本作斯，後加虫旁。《名義·虫部》："蟴，思移反，蜙蝑也。蜈也。螏，同上。"《大字典》《字海》蟴下不收"蜙蝑"義，當據《爾雅》《名義》補入。

【駭】

xuán《廣韻》胡涓切，平先匣。

❶ 一歲的馬。《玉篇·馬部》："駭，馬一歲。"

❷ 馬黑色。《集韻·先韻》："駭，馬黑色。"（《大字典》4549B，參《字海》1650A）

按：《玉篇·馬部》："駭，胡涓切，馬一歲。"《新撰字鏡》同《玉篇》。箋注本《切韻》（斯2071）平聲《先韻》："駭，馬一歲。"《切韻》系韻書釋義并作"馬一歲"。《說文·馬部》："馬（羼），馬一歲也。從馬，一絆其足。讀若弦。一曰：若環。"《集韻》去聲《霰韻》："駭、羼，馬一歲。或作羼。"訓"馬一歲"之駭爲羼字異體。《集韻》訓"馬黑色"，《集韻》以前字書無此訓釋，"駭"字從馬從玄，玄有黑義，疑《集韻》爲望形生義。

又《爾雅·釋畜》："玄駒，裏驂。"郭注："玄駒，小馬，別名裹驂耳。或曰此即騄裏，古之良馬名。"玄字或作駮，《釋文》："玄駒，《字林》作駮，音同。"《名義·馬部》："駮，胡蠲反，小馬也。"《名義》釋義即本《爾雅》，依《爾雅》，《名義》釋義當作"駮駒，小馬也"。《大字典》《字海》當據《爾雅》收此義。

【鵜】

qí《廣韻》渠之切，平之群。又去其切。

❶〔鶨鵜〕見"鶨"。

❷小雁。《集韻·之韻》："鵜，小鴈。"（《大字典》4638B，參《字海》1686B）

按：《爾雅·釋鳥》："鶨，欺老。"《說文》無鵜字，《說文·鳥部》："鶨，欺老也。"字作欺。《爾雅·釋鳥》："鶨，鶨鵜。"《釋文》："鶨，巨記反，本亦作忌；鵜，去其反，本亦作欺，下'欺老'同，本今作鵜。"其字蓋本作欺，後改從鳥旁。《大字典》《字海》鵜下無收"鵜老"義，不妥。

【䳒】

《玉篇·鳥部》："䳒，汝居切，䳒鴒也。"

《廣韻》平聲《魚韻》："䳒，鴒也。"

按：《爾雅·釋鳥》："䳒，鴾母。"郭注："鶉也。青州呼鴾母。"䳒字《說文》作雓、䳒，《說文·隹部》："雓，牟母也。䳒，雓或從鳥。"《說文》與《爾雅》義合①。《名義·鳥部》："䳒，汝居反，鴒；䳒，同上。"""鴒"似可楷定作"鴒"字，《名義》本於顧野王《玉篇》，顧氏《玉篇》又多引《說文》《爾雅》，《名義》釋義不當與《說文》異。竊疑"鴒"字乃"鶉"字俗書，《名義·鳥部》"鶉"字作"鶋"，《隹部》"雛"字作"雛"，"鶋"字左旁是"雛"字左旁的進一步省減。

---

① "鴾母""牟母"一也，《釋文》："鴾字或作牟，音謀。"《說文》無鴾字，《說文》"雓"下釋作"牟母"。其字蓋本作牟，後加鳥旁。

第五章 《爾雅》名物詞用字歷時考察與研究的意義

"鶻"字又作"鴝",《名義·鳥部》:"鴝,莫侯反,毋①也,"鴝"也。"即"鶻"字進一步訛化的結果。"鴝"與"鴝"形體至近。《名義》"鴽"字下訓"鴝","鴝"即"鶻"字俗寫。箋注本《切韻》(斯 2055)平聲《魚韻》:"鴽,鶻。"《篇海》卷一一《鳥部》引《玉篇》:"䳖,汝居切,䳖,鶻母,即鴝也。或作鴽。""鴝"字《新修玉篇》引作"鶻"。《名義·鳥部》:"鶔,如祚反,鴝鶔也。"《爾雅·釋鳥》:"鴽子,鶔。"郭注:"别鶻鶔雛之名。"《名義》釋義即本此,"鴝"即鶻字。此并鴝混鶻之明證。《玉篇》《廣韻》不識俗字,故有此誤。

二 溝通字際關係

《漢語大字典》和《中華字海》是目前爲止收字最全、釋義最完備的大型字典,兩書在溝通字際關係方面作了大量工作,但依然有大量的字際關係未被溝通。《爾雅》名物詞用字由於各種原因發生了不少變易,變易之後的漢字儲存在歷代字書中,字書傳承過程中變易的《爾雅》名物詞用字與《爾雅》失去聯繫。通過對《爾雅》名物詞用字的考察和研究,不僅可以使後世字書收錄的變易的《爾雅》名物詞用字重新與《爾雅》建立聯繫,還可以借此考釋一些疑難俗字。

【侄】

zhí《廣韻》之日切,入質章。

❹② 兄弟的兒子。茅盾《子夜》六:"剩下的杜氏叔侄也跟了進去。"巴金《家》二十五:"没有一點子侄輩的禮貌。"(《大字典》147A)

zhí音直》❶兄弟的後代▷叔～|～女|～孫。❷同輩親友的後代▷表～|表～女|外～孫女。(《字海》72A)

---

① "毋"當爲"母"字之訛。
② 本書引《大字典》《字海》只取與本書内容相關的義項,義項前的序號一仍原書,所以所用序號有❶❷者,有(一)(二)者,有㈠㈡者。又,《大字典》釋義用簡化字,本書一律用繁體字。

按：《爾雅·釋親》："女子謂晜弟之子爲姪。"郭注："《左傳》曰：姪其從姑。"《說文·女部》："姪，兄之女也。從女、至聲。"後世又作侄，侄字表"兄女"義是很晚的事情。《名義·人部》："侄，之㮚反，堅也，牢也，固也。"《字彙·人部》："侄，職日切，音質，堅也，癡也，侄仡不前也。"《正字通·人部》："侄，之日切，音質，堅也，又癡也，侄仡不前也，俗誤以侄爲姪字。"清人黃生《字詁·侄》："姪者，乃兄女之名耳，近人又書作侄字。不知侄乃音質，堅也，痴也，侄仡不前也。"[①]《大字典》侄字第4個義項爲"兄弟的兒子"，《字海》一訓"兄弟的後代"，一訓"同輩親友的後代"，然兩書都沒有說明與姪字的關係，欠妥。

【荒】

chōng《廣韻》昌終切，平東昌。

〔荒蔚〕即益母草。唇形科。一年生或二年生草木。莖直立，方形。葉對生，掌狀多裂。夏季開花，花淡紅色或白色，輪生在莖上部的葉腋內。全草入藥，多用於婦科病；子名荒蔚，可利尿，治眼疾。《玉篇·艸部》："荒，荒蔚，即益母也。"《木草綱目·草部·荒蔚》："時珍曰：此草及子皆充盛密蔚，故名荒蔚。"(《大字典》3210A，參《字海》260B)

按：《爾雅·釋草》："萑，蓷。"郭注："今荒蔚也。葉似荏，方莖，白華，華生節間。又名益母，《廣雅》云。"《說文》無荒字，《名義·艸部》："萑，至維反，充尉，葉似荏，方莖，白華，華生節間[②]。又名益母也。"字不從艸旁。其字蓋本作"充尉"，後加艸旁。《名義·艸部》："荒，齒我（戎）反，[荒]蔚也。"《說文·艸部》："蔚，牡蒿也。"與此加旁之"荒蔚"爲同形字。《大字典》《字海》荒字下引"荒蔚"，然沒有溝通與"充尉"的關係，欠妥。

---

① (清)黃生著，諸偉奇主編：《黃生全集》，安徽大學出版社2009年版，第38頁。
② 第二個"華"字原作點號，今依《爾雅》郭注改。

第五章 《爾雅》名物詞用字歷時考察與研究的意義

【莚】

(二)《廣韻》予綫切,去綫以。

〔蔓莚〕牽纏。《玉篇·艸部》:"莚,蔓莚。"《廣韻·綫韻》:"莚,蔓莚不斷。"晉左思《蜀都賦》:"縻蕪布濩於中阿,風連莚蔓於蘭皋。"(《大字典》3206A,參《字海》260B)

按:莚字本當作"延",《爾雅·釋草》:"藬,鹿藿。其實莥。"郭注:"今鹿豆也。葉似大豆,根黃而香,蔓延生。"《釋文》:"莚,以戰反,又音延,本又作延。"又《爾雅·釋草》:"蘦,大苦。"郭注:"今甘草也。蔓延生,葉似荷,青黄,莖赤有節,節有枝相當。或云蘦似地黃。"《釋文》:"莚,餘見反,本今作延。""蔓延"字本不從艸,其字蓋受蔓字影響加類化作莚。莚又或從衍聲,《集韻》去聲《綫韻》:"莚、蔣,蔓莚也。或作蔣。"《大字典》《字海》莚、蔣字下沒有溝通與"延"字的關係,欠妥。

【茭】

(二) xiào《集韻》下巧切,上巧匣。宵部。

❶草根。《爾雅·釋草》:"菿,茭。"郝懿行義疏:"《廣韻》十六軫菿字下引《爾雅》而云:'藁葦根可食者曰茭'。是草根通名茭。"《廣韻·巧韻》:"薂,草根,或作茭。"(《大字典》3208A,參《字海》261A)

按:《爾雅·釋草》:"菿、茭、荄,根。"王引之《經義述聞》"菿茭荄根"條:"錢(大昕)曰:茭當爲芰,《説文》:荄,艸根也。菿,茇也,茅根也。芰,艸根也。則菿芰當連下荄根讀之。菿芰荄皆根之異名。引之謹案:錢説是也。芰之言木也,故槁本謂之槁芰,燭本謂之跋。《方言》曰:荄,杜根也,東齊曰杜,或曰芰。《淮南·地形篇》曰:凡根芰草者生於庶草,凡浮生不根芰者生於藻。皆其證也。隸書交字或作友,又作文,并與友相似,故芰譌爲茭耳。郭以菿茭爲一類,荄根爲一類,非也。(或曰:《釋文》茭字又作薂,薂茭同訓爲根,則茭字似不誤。曰:茭與根雖同義而《爾雅》原文自作芰,非作茭。《説文》荙葯芨三字相連而同訓艸根，即《爾雅》之葯芨荙根也。若茭字則訓乾芻而不訓艸根矣。然則訓茭爲根非《爾雅》義也。）"①錢、王二說當是。《釋文》："茭，字又作芅，胡巧反，又胡交反。《廣雅》云：根也。"或本"又作蔉"當即"又作芅"之回改，宋本不誤。《廣雅·釋草》："蔉、芅，根也。"《釋文》引《廣雅》所指當即芨字。《大字典》《字海》茭字下不溝通與"芨"字的關係，欠妥。

【莌】

tuō《廣韻》他括切，入末透。又徒合切。月部。

〔活莌〕即通脫木，通草。五加科。灌木或小喬木。莖髓大，白色，紙質。葉大，集生莖頂，基部心形，掌狀深裂。莖髓即中藥"通草"，爲利尿劑。《爾雅·釋草》："離南，活莌。"郭璞注："草生江南，高丈許，大葉，莖中有瓤，正白。"《本草綱目·草部·通脫木》引蘇頌曰："《爾雅》：'離南，活莌'，即通脫也。"（《大字典》3224A，參《字海》266A）

按：《爾雅·釋草》："倚商，活脫。"郭注："即離南也。"脫字或作莌，《釋文》："脫，徒活反，字又作莌。"又或作蓛，《爾雅》："離南，活莌。"《釋文》："莌，字或作蓛，徒活反。"《說文》無蓛、莌字。《名義·艸部》："莌，他活反，離南也。"《玉篇·艸部》："莌，他活、徒活二切，草生江南。蓛，同上。"則其字蓋本作脫，後換旁作莌，又或加旁作蓛。《大字典》《字海》莌、蓛字下沒有溝通與脫字的關係，欠妥。

【薂】

（一）xī《廣韻》先擊切，入錫心。錫部。

〔薂蓂〕薺菜的一種，莖梗上有毛。十字花科遏藍菜屬植物。種子或全草入藥，嫩苗作野菜。《爾雅·釋草》："薂蓂，大薺。"《本草綱

---

① （清）王引之：《經義述聞·爾雅》，《爾雅詁林》影印四部備要本，湖北教育出版社1996年版，第3464頁。

目·菜部·蔜蒻》："時珍曰：薺與蔜蒻，一物也，但分大小二種耳。小者爲薺，大者爲蔜蒻，蔜蒻有毛，故其子功用相同。"漢張衡《南都賦》："若其園圃則有……蔜蒻、芋瓜。"（《大字典》3230B，參《字海》267C）

按：《爾雅·釋草》："蔜蒻，大薺。"郭注："似薺葉細，俗呼之曰老薺。"《說文》無蔜字，《說文·艸部》："蒻，析蒻，大薺也。從艸、冥聲。"字作析。其字蓋本作析，後加艸旁。《大字典》《字海》蔜字下沒有溝通與"析"字的關係，欠妥。

【薛】

xū《集韻》匈于切，平虞曉。

藥草名，即蛇牀子。傘形科。一年生草本。果實入藥。《集韻·虞韻》："薛，藥艸，蛇牀也。"（《大字典》3233A，參《字海》269A）

按：《爾雅·釋草》："盱，虺牀。"郭注："蛇牀也。"盱字或加艸旁作薛，《集韻》平聲《虞韻》："薛，藥艸，蛇牀也。"《大字典》《字海》薛字下沒有溝通與"盱"字的關係，欠妥。

【荏】

（二）rěn《集韻》忍甚切，上寑日。

同"檜"。果木名。棗樹的一種。《集韻·寑韻》："檜，木名。《爾雅》：'還味，檜棗。'或從艸。"（《大字典》3237A，參《字海》270B）

按：《爾雅·釋木》："還味，檜棗。"《釋文》："檜，而審反，又作荏，同。"荏爲檜之換旁字，檜本初作"稔"。參"檜"字條。

【萋】

《說文》："萋，萋餘也。從艸，妾聲。"

（一）jiē《廣韻》即葉切，入葉精。盍部。

〔萋餘〕即荇菜。《說文·艸部》："萋，萋餘也。"《玉篇·艸部》："萋，苯萋，水草。叢生水中，葉圓，在莖端，長短隨水深淺。江東食之。"（《大字典》3239A，參《字海》271A）

按：《爾雅·釋草》："荇，接余。其葉苻。"接字或作莕，《釋文》："接，如字，《說文》作莕，音同。"《說文·艸部》："莕，菨餘也。從艸、妾聲。"《詩·周南·關雎》："參差荇菜，左右流之。"毛傳："荇，接余也。"疑其字本借作接字為之，後換旁作莕。《大字典》《字海》莕字下引"菨餘"條，然沒有和"接余"溝通，欠妥。

【萌】

mèng《集韻》莫更切，去映明。

狼尾草。《玉篇·艸部》："萌，狼尾草。"（《大字典》3242A，參《字海》272C）

按：《說文》無萌字，《爾雅》字作孟，《爾雅·釋草》："孟，狼尾。"郭注："似茅，今人亦以覆屋。"《名義·艸部》："萌，亡更反，莨尾也，似茅，覆屋。"《大字典》《字海》萌字下沒有溝通與"孟"字的關係，欠妥。

【菇】

gū《集韻》攻乎切，平模見。

❶〔藈菇〕王瓜。《玉篇·艸部》："菇，藈菇。"《廣雅·釋草》："藈菇，王瓜也。"（《大字典》3242A，參《字海》272B）

按：《爾雅·釋草》："鉤，藈姑。"郭注："鉤瓤也，一名王瓜。實如胞瓜，正赤，味苦。"姑字或加艸旁作菇，《釋文》："菇，音姑，本今作姑。"《說文》無菇字，其字蓋本作姑，後加艸旁。《名義·艸部》："菇，故吳反，瓳瓤也。"《大字典》菇字下沒有溝通與"姑"字的關係，欠妥。《字海》菇字下不收"藈菇"義，更為欠妥。

【蒟】

qú《廣韻》其俱切，平虞群。侯部。

草名。《爾雅·釋草》："蒟，苧熒。"郭璞注："未詳。"（《大字典》3253A，參《字海》276C）

按：《爾雅·釋草》："蔄，苬蓉。"《説文》無蔄字，《説文·艸部》："苬，苬蓉，朐也。"字作朐。其字蓋本作朐，後加艸旁。《大字典》《字海》蔄字下没有溝通與"朐"的關係，欠妥。

【菒】

xǐ《集韻》想止切，上止心。

❶〔菒耳〕即"蒼耳"。菊科。一年生草木。果實稱"蒼耳子"，倒卵形，有刺，易附於人畜體上到處傳播，可入藥。《楚辭·王逸〈九思·哀歲〉》："椒瑛兮涅污，菒耳兮充房。"原注："菒耳，惡草名也。"

❷同"枲"。麻。《正字通·艸部》："菒，俗枲字。"唐田再思《服母齊衰三年議》："猶子咸衣苴菒，季父不服緦麻。"(《大字典》3258B，參《字海》278C)

按："菒耳"字初作"枲耳"，《爾雅·釋草》："菤耳，苓耳。"郭注："《廣雅》云：枲耳也。"郭璞引《廣雅》作"枲耳"，《廣雅·釋草》："苓耳、葹、常枲、胡枲，枲耳也。"《廣雅》亦作"枲耳"。則其字本作"枲"，後加艸旁。訓麻之"菒"初亦作"枲"，《爾雅·釋草》："枲，麻。"《大字典》《字海》溝通了訓麻之"菒"與"枲"字的關係，却不知訓蒼耳之"菒"初亦作"枲"。

【葖】

tū《廣韻》陀骨切，入没定。艸部。

蘿蔔。《爾雅·釋草》："葖，蘆萉。"郭璞注："'萉'宜爲'菔'。蘆菔，蕪菁屬，紫華大根，俗呼雹葖。"邢昺疏："今謂之蘿蔔是也。"(《大字典》3256B，參《字海》278B)

按：《爾雅·釋草》："葖，蘆萉。"郭璞注："'萉'宜爲'菔'。蘆菔，蕪菁屬，紫華大根，俗呼雹葖。"《説文》無葖字，《齊民要術》卷三引《廣志》："蘆菔，一名雹突。"[1]字作"雹突"。其字蓋本作突，後

---

[1] (北魏)賈思勰：《齊民要術》，《四庫提要著録叢書》子部第131册，北京出版社2010年版，第471頁。

加艸旁。《名義·艸部》："葵,他骨反,蘆菔也,蕪菁屬,又名雹葵也。"《大字典》《字海》葵字下沒有溝通與"葵"字的關係,欠妥。

【藀】

quē《廣韻》傾雪切,入薛溪。月部。

〔藀蓋〕植物名。即"覆盆子"。《爾雅·釋草》:"茥,藀蓋。"郭璞注:"覆葐也,實似莓而小,亦可食。"(《大字典》3264A,參《字海》281B)

按:《爾雅·釋草》:"茥,藀蓋。"《說文》無藀蓋字,《說文·艸部》:"茥,缺盆也。"其字蓋本作缺盆,後加艸旁。《名義·艸部》:"藀,去拙反,[藀]蓋,茥也。""覆葐"之葐初亦當作盆,《名義》茥字下正作"覆盆"。"藀蓋""覆葐"字與"蓋葐"字同形。《大字典》《字海》藀字下沒有溝通與"缺"字的關係,欠妥。

【蒵】

(一) xí《廣韻》胡雞切,平齊匣。支部。

〔菟蒵〕即款冬。菊科,多年生草木。花蕾和葉可入藥。《爾雅·釋草》:"繁,菟蒵。"(《大字典》3266A,參《字海》282B)

按:《爾雅·釋草》:"繁,菟蒵。"《爾雅匡名》:"《說文》無蒵字,下有'菟奚,顆涷'。疑即此也。則此蒵字當作奚。"嚴氏所言當是。《爾雅·釋草》:"菟奚,顆涷。"《釋文》:"涷,《本草》云:款冬,一名橐吾,一名顆涷,一名虎鬚,一名菟奚,一名氐冬。"《名義·艸部》:"蒵,何雞反,虎鬚也,毒蘸也,生水中。""虎鬚"即菟奚。《大字典》《字海》蒵字下沒有溝通與"奚"字的關係,欠妥。

【葸】

xī《廣韻》相即切,入職心。職部。

〔葸菜〕又名"菲"。十字花科。一年生草本。初夏開淡紫色花,產中國北部和中部,供觀賞,嫩葉莖可作蔬菜,種子榨油,供食用。《爾雅·釋草》:"菲,葸菜。"郭璞注:"菲草生下溼地,似蕪菁,華紫赤色，可食。"郝懿行義疏："陸璣疏云：'蒠菜，今河內人謂之宿菜。'……此菜極似蘿蔔，野地自生，宿根不斷，冬春皆可采食，故云蒠菜。"(《大字典》3265B，參《字海》282A）

按：《爾雅·釋草》："菲，蒠菜。"《說文》無蒠字，《釋文》："蒠，音息，本又作息。"其字蓋本作息，後加艸旁。《名義·艸部》："蒠，胥力反，韭（菲），生濕地，似蕪菁，華赤，可食。"《大字典》《字海》蒠字下沒有溝通與"息"字的關係，欠妥。

【蒺】

jí《廣韻》秦悉切，入質從。質部。

〔蒺藜〕1.蒺藜科。一年生草本。莖平臥，夏季開黃色小花。果實也叫蒺藜，有棘刺，可入藥。《爾雅·釋草》："茨，蒺藜。"郭璞注："布地蔓生，細葉，子有三角，刺人。"《易·困》："困于石，據于蒺藜。"《韓詩外傳》卷七："春樹蒺藜，夏不可采其葉，秋得其刺焉。"魯迅《而已集·答有恆先生》："種牡丹者得花，種蒺藜者得刺。"又指象蒺藜的帶刺障礙物。如：鐵蒺藜；木蒺藜；骨蒺藜。《銀雀山漢墓竹簡·孫臏兵法·陳忌問壘》："蒺藜者，所以當溝池也。"唐王維《老將行》："漢兵奮迅如霹靂，虜騎崩騰畏蒺藜。"2.昆蟲名。《爾雅·釋蟲》："蒺藜，蝍蛆。"郭璞注："似蝗而大腹，長角，能食蛇腦。"(《大字典》3268A，參《字海》283A）

按：《爾雅·釋草》："茨，蒺藜。"郭注："布地蔓生，細葉，子有三角，刺人，見《詩》。"《說文》無蒺藜二字。《漢書·揚雄傳》："蹶松柏，掌疾棃。"字作"疾棃"。《說文·艸部》："薺，蒺棃也。"字作棃。其字蓋本作疾棃，後加艸旁作蒺藜。《名義·艸部》："蒺，祠栗反，薋字；①藜，力尸反，蒺藜也。"《集韻》入聲《職韻》："蒺，蒺藜，艸名。"藜爲藜字異寫。字又或作棃，文淵閣《四庫全書》本《爾雅注疏》字作棃。《說文·艸部》："藜，艸也。"《名義·

---

① 謂同"薋"字義也。

艸部》："藜，旅題反，葉如荻華赤也，蓬類也。"《名義》蔽、藜有別。字作藜者，假借也。今人多作蒺藜。《大字典》《字海》蒺字下引"蒺藜"條，却没有溝通與"疾棃"的關係，欠妥。《爾雅·釋蟲》："蒺藜，蝍蛆。"疑《釋蟲》字初亦作"疾棃"。

【䓫】

táng《廣韻》徒唐切，平唐定。

〔䓫蒙〕菟絲。旋花科，一年生的纏繞寄生草本植物。《玉篇·艸部》："䓫，䓫蒙，女蘿。"（《大字典》3268B，參《字海》283A）

按：《爾雅·釋草》："唐、蒙，女蘿。女蘿，菟絲。"郭注："別四名。《詩》云：'爰采唐矣。'"唐字或加旁作䓫，《釋文》："䓫，音唐，本今作唐。"《廣韻》平聲《唐韻》："䓫，䓫蒙，女蘿。案：《爾雅》作'唐蒙'，不從艸。"《說文》無䓫字，郭注引《詩》云："爰采唐矣。"字作唐。其字蓋本作唐，後加艸旁。《名義·艸部》："䓫，達當反，女蘿也，菜也。"《大字典》《字海》䓫字下没有溝通與"唐"字的關係，欠妥。

【篲】

huì《廣韻》徐醉切，去至邪。微部。

❶〔王篲〕即地膚草。藜科。一年生高大草木。葉綫狀披針形。嫩苗可食，果實入藥，老株可制掃帚。《爾雅·釋草》："葥，王篲。"郭璞注："王帚也，似藜，其樹可以爲埽篲，江東呼之曰落帚。"《本草綱目·草部·地膚》："子落則老。莖可爲帚，故有帚、篲諸名。"

❷同"彗"。掃；拂。遼佚名《創建静安寺碑銘》："有祥雲篲地，彌覆其上。"（《大字典》3274B，參《字海》285A）

按：《爾雅·釋草》："葥，王篲。"篲字《説文》作彗，《説文·艸部》："葥，王彗也。"其字蓋本作彗，後加艸旁。彗或作篲，《説文·又部》："彗，掃竹也。從又持甡。篲，彗或從竹。"希麟《續一

144

第五章 《爾雅》名物詞用字歷時考察與研究的意義

切經音義》卷八引《爾雅》正作篧。①《大字典》《字海》篧字下第二個義項溝通與"彗"字的關係，第一個義項却没有溝通與"彗"字的關係，欠妥。

【藼】

chún《廣韻》食倫切，平諄船。

〔牛藼〕藥草澤瀉。《玉篇·艸部》："藼，牛藼也。"（《大字典》3277A，参《字海》286A）

按：《爾雅·釋草》："蕁，牛脣。"郭注："《毛詩傳》曰：'水藛也。'如蕁蕍，寸寸有節，拔之可復。"《釋文》："藼，音脣，本今作脣。"《説文》無藼字，其字蓋本作脣，後加艸旁。《名義·艸部》："藼，時均反，牛藼，蕁也。"《大字典》《字海》藼字下没有溝通與"脣"字的關係，欠妥。

【蕍】

同"萸"。《玉篇·艸部》："蕍，草名。"《康熙字典·艸部》："蕍，《唐韻》作萸。"（《大字典》3295A，参《字海》288C）

按：《玉篇·艸部》："蕍，俞主切，草名。"《名義·艸部》與之對應的位置作："蕍，瑜縷反，薜蕍草。"《名義》《玉篇》同出一源，兩書所指相同。《名義》《玉篇》"蕍"字其實是"庾"的後起字，《爾雅·釋草》："薜，庾草。"《釋文》："庾，字或作蕍，謝羊主反，孫音臾。"《説文》無蕍字，其字蓋本作庾，後因其爲艸，故加艸旁作蕍。

《康熙字典·艸部》："蕍，《唐韻》作萸，《集韻》作蕍，詳'萸'字註。"②"萸"下云："《唐韻》：茱萸，亦作茱萸。詳萸字註。"③又"萸"下云："萸，《説文》茱萸也。……又同蕍，

---

① （遼）希麟：《續一切經音義》，《高麗大藏經》第41册，首爾：東國大學校1976年版，第839頁。
② （清）陳廷敬等：《康熙字典》，社會科學文獻出版社2008年版，第1264頁。
③ （清）陳廷敬等：《康熙字典》，社會科學文獻出版社2008年版，第1242頁。

薜荧，草名。"①是荧（荧）字一爲"茱荧"字，一爲"薜荧"字。《集韻》上聲《噓韻》："蕧（蕧）、荧，薜荧，艸名。或從臾。通作庾。"此荧爲"薜荧"字明證。蓋"薜庾"本作庾，後加艸旁作蕧，又省作荧（荧）。《大字典》"荧"字下云："《説文》：荧，茱荧也。從艸臾聲。yú《廣韻》羊朱切，平虞以。魚部。〔茱荧〕見'茱'。"《大字典》以蕧、荧爲一字，而其書荧字下又不載"薜荧（蕧）"條，殊欠妥當。

【蕧】

同"莞"。《集韻·末韻》："莞，活莞，艸名。生江南，高丈許，大葉，莖中有瓢正白。或作蕧。"（《大字典》3281B，參《字海》288A）

按：莞、蕧本當作"脱"，參"莞"字條。

【蔠】

zhōng《廣韻》職戎切，平東章。冬部。

〔蔠葵〕落葵科。一年生纏繞草本。葉肉質，廣卵形。嫩葉可食。《爾雅·釋草》："蔠葵，繁露。"郭璞注："承露也。大莖小葉，華紫黄色。"（《大字典》3287A，參《字海》290B）

按：《爾雅·釋草》："蔠葵，繁露。"《説文》無蔠字。《釋文》："終，本亦作蔠，同。"其字蓋本作終，後加艸旁。《名義·艸部》："蔠，之融反，承露也，［蔠］葵，白華紫實。"《大字典》《字海》蔠字下没有溝通與"終"字關係，欠妥。

【蕀】

jí音机陽平〕❶〔颠蕀〕一種攀援草本植物，即天門冬。中醫以塊根（天冬）入藥。❷〔蕀苑〕一種藥草，即遠志。見《廣雅·釋草》。（《字海》291A，參《大字典》3289A）

按：《爾雅·釋草》："髦，颠蕀。"郭注："細葉，有刺，蔓生，一名商蕀。《廣雅》云：女木也。"《廣雅·釋草》："颠棘，女木也。"

---

① 陳廷敬等：《康熙字典》，社會科學文獻出版社 2008 年版，第 1222 頁。

字作棘。《說文》無蕀字，其字蓋本作棘，後加艸旁。

《廣雅・釋草》："蕀苑，遠志也。"《爾雅・釋草》："葽繞，蕀蒬。"①郭注："今遠志也。似麻黃，赤華，葉銳而黃，其上謂之小草，《廣雅》云。"《釋文》："棘，居力反，字或作蕀，同。"《說文・艸部》："蒬，棘蒬也。"《說文》無蕀字，其字蓋本亦作棘，後加艸旁。《名義・艸部》："蕀，居抑反，蕀蒬，葽繞也。"《大字典》《字海》蕀字下沒有溝通與"棘"字的關係，欠妥。《大字典》蕀字下沒有收入"蕀蒬"義，亦不妥。

【藗】

dǐng《廣韻》都挺切，上迥端。耕部。

〔藗董〕長苞香蒲。香蒲科。多年生草本植物。葉片可編織席子、蒲包等。《爾雅・釋草》："藗，藗董。"郭璞注："似蒲而細。"（《大字典》3290B，參《字海》292A）

按：《爾雅・釋草》："藗，藗董。"《說文》無藗字，《說文・艸部》："董，鼎董也。"《名義・艸部》："藗，開愧反，鼎董（董）也。"其字蓋本作鼎，後加艸旁。《大字典》《字海》藗字下沒有溝通與"鼎"字的關係，欠妥。

【蔾】

lí《廣韻》力脂切，平脂來。又郎奚切。脂部。

❶〔蒺蔾〕植物名。蒺藜科，一年或二年生草本。《玉篇・艸部》："蔾，蒺蔾。"《易・困》："困于石，據于蒺蔾。"孔穎達疏："蒺蔾之草，有刺而不可踐也。"（《大字典》3291B，參《字海》292B）

按：其字蓋本作"疾梨"，參"蒺"字條。

【蘬】

huì《廣韻》胡罪反，上賄匣。又公回切。

❶草名。《集韻・賄韻》："蘬，懷羊也。"（《大字典》3305A，參《字

---

① 《廣雅》作"蕀苑"，《爾雅》作"蕀蒬"，苑、蒬音同，是以通用。

海》293C）

按：參"蔛"字條。

【蕧】

《説文》："蕧，盜庚也。從艸，復聲。"

fù《廣韻》房六切，入屋奉。又芳福切。沃部。

❶旋蕧花，又名金沸草。菊科。多年生草本。夏秋開花，花狀如金錢菊，故又稱金錢花。花和全草入藥。《爾雅·釋草》："蕧，盜庚。"郭璞注："旋蕧，似菊。"

❷覆盆子。薔薇科。落葉灌木。《廣韻·屋韻》："蕧，覆盆草。"（《大字典》3293A，參《字海》293A）

按：《爾雅·釋草》："茥，蒛葐。"郭璞注："覆葐也，實似莓而小，亦可食。"覆字或更換爲艸旁作蕧，《廣韻》入聲《屋韻》："蕧，覆葐草。又音服。"此字與《説文》訓"盜庚"字同形。《大字典》《字海》蕧字下没有溝通與"覆"字的關係，欠妥。

【蒅】

hán《廣韻》胡安切，平寒匣。

〔蒅蔣〕酸漿草。茄科。多年生或一年生草木。果實入藥。《玉篇·艸部》："蒅，蒅蔣也。"南朝梁劉峻《東陽金華山棲志》："蒅蔣逼側於池湖，菅蒯駢填於原隰。"（《大字典》3297A，參《字海》294B）

按：《爾雅·釋草》："葴，寒漿。"郭注："今酸漿草。江東呼曰苦葴。"《釋文》："蒅，何干反，本今作寒。"《説文》無蒅字，其字蓋本作寒，後加艸旁。《名義·艸部》："蒅，何蘭反，〔蒅〕蔣，葴也。"漿字亦換從艸旁作蔣。《大字典》《字海》蒅字下引"蒅蔣"，不與"寒漿"溝通，欠妥。

【蘐】

同"蒣"。《正字通·艸部》："蘐，《爾雅》本作蘐。"按：《爾雅·釋草》作"媞"。（《大字典·補遺》36B，參《字海》295A）

148

按:《正字通·艸部》:"蕛,梯尼切,音提,蓨莎草實也。《爾雅》本作蕛,俗作薪,舊本十二畫泛云草名,分爲二。"同部十二畫:"薪,蕛字之譌。《爾雅》:蓨侯,莎。其實蕛。舊註音提,艸名。譌作薪,非。別作蕛,亦非。"《爾雅·釋草》:"蓨侯,莎。其實媞。"今本《爾雅》不作蕛字,張自烈以爲《爾雅》字當作蕛,然《正字通》字頭無蕛字,其前字書亦有薪無蕛。《爾雅》之字蓋本作緹,加旁作蕛,又或假作媞字(參"蕛"字條)。蕛當是媞之加旁字,《正字通》謂"《爾雅》本作蕛",誤也。又薪字,胡吉宣《玉篇校釋》以爲即"提母"之加旁字,[1]説較《正字通》爲長。

【䕇】

qūn《篇海類編》區倫切。

小地蕈。《篇海類編·花木類·艸部》:"䕇,地蕈之小者。"(《大字典》3301B,參《字海》296C)

按:張涌泉《漢語俗字叢考》以爲"䕇"蓋即"菌"的繁化俗字[2],當是。今以《爾雅》補證之,《爾雅·釋草》:"中馗,菌。"郭注:"地蕈也,似蓋,今江東名爲土菌,亦曰馗厨。可啖之。"又云:"小者菌。"郭注:"大小異名。"菌字或作䕇,《釋文》:"䕇,郭巨隕反,孫去貧反,本今作菌。"《集韻》平聲《諄韻》:"䕇,地蕈之小者。通作菌。"

【薂】

(一)xí《廣韻》胡狄切,入錫匣。藥部。

蓮子。《爾雅·釋草》:"的,薂。"郭璞注:"即蓮實。"(《大字典》3303A,參《字海》297B)

按:《爾雅·釋草》:"的,薂。"《説文》無薂字,《釋文》:"薂,字又作敫,户歷反。"其字蓋本作敫,後加艸旁。《名義·艸部》:"薂,

---

[1] 胡吉宣校釋:《玉篇校釋》,上海古籍出版社1989年版,第2706頁。
[2] 張涌泉:《漢語俗字叢考》,中華書局2000年版,第230頁。

下了反，蓮實。"《大字典》《字海》蔜字下沒有溝通與"敿"字的關係，欠妥。

【薹】

tái《廣韻》徒哀切，平咍定。

❷薹草。又稱"臺""彎嘴薹草"。莎草科。多年生草本。莖葉可制蓑、笠。《集韻·咍韻》："薹，艸名，夫須也。"（《大字典》3310A，參《字海》299C）

按：《爾雅·釋草》："臺，夫須。"郭注："鄭箋《詩》云：臺可以爲禦雨笠。"臺字或加艸旁作薹，《釋文》："臺，字又作薹，同。"《說文》無薹字，《詩·小雅·南山有臺》："南山有臺，北山有萊。"毛傳："臺，夫須也。"其字蓋本作臺，後加艸旁。《大字典》《字海》薹字下不溝通與"臺"字的關係，欠妥。

【䔫】

kuí《廣韻》苦圭切，平齊溪。又《集韻》涓畦切。脂部。

〔䔫姑〕即王瓜，又稱土瓜。葫蘆科。多年生攀援草本。葉互生，近心臟形。夏季開白花，果實球形至橢圓形。塊根、果實入藥。《爾雅·釋草》："鉤，䔫姑。"郭璞注："鉤瓤也，一名王瓜。實如胞瓜，正赤，味苦。"（《大字典》3312B，參《字海》300C）

按：《爾雅·釋草》："鉤，䔫姑。"《說文》無䔫字，《釋文》："䔫，本或作暌，顧、謝同音圭，孫苦圭反。"其字蓋本作暌，後加艸旁。《名義·艸部》："䔫，苦攜反，[䔫]姑也，瓞。音婁。"①字或換旁作瓝，《名義·艸部》："瓝，苦攜反，䔫菇，瓞瓤也。"《廣韻》平聲《齊韻》："䔫，瓞瓤，亦作瓝。"《大字典》《字海》䔫字下沒有溝通與"暌"字的關係，欠妥。

---

① "音婁"爲"瓞"之注音字，爲旁注字，誤入正文。

第五章 《爾雅》名物詞用字歷時考察與研究的意義

【罰】

fá《廣韻》房越切,入月奉。月部。

草名。《爾雅·釋草》:"虇,罰。"郭璞注:"未詳。"(《大字典》3313A)

按:《爾雅·釋草》:"虇,罰。"《說文》無罰字,《釋文》:"罰,音伐,本又作罸。"其字蓋本作罸,後加艸旁。《名義·艸部》:"罰,扶發反,虇也。"《大字典》罰字下沒有溝通與"罸"字的關係,欠妥。《字海》無收此字,亦不妥。

【虇】

jiǎn《廣韻》九輦切,上獮見。元部。

草名。《爾雅·釋草》:"虇,罰。"郭璞注:"未詳。"(《大字典》3316A,參《字海》302A)

按:《爾雅·釋草》:"虇,罰。"《說文》無虇字,《釋文》:"虇,居輦反,本亦作蹇字。"其字蓋本作蹇,後加艸旁。《名義·艸部》:"虇,居輦反,罰也。"《大字典》《字海》虇字下沒有溝通與"蹇"字的關係,欠妥。

【藱】

(一) huì《經典釋文》胡罪反。

草名。又名"懷羊"。《爾雅·釋草》:"藱,懷羊。"郭璞注:"未詳。"(《大字典》3321B,參《字海》304C)

按:《爾雅·釋草》:"藱,懷羊。"郭璞注:"未詳。"字又作蘬,《名義·艸部》:"蘬,胡羅反,懷草,可食也。"《說文》無藱、蘬字,《文選》卷二《西京賦》"戎葵懷羊",李善注:"《爾雅》曰:瘣,懷羊。郭璞曰:未詳。"其字蓋本作瘣,後加艸旁。疒、广形近,藱因訛作蘬。字又或省作蒐,《集韻》上聲《賄韻》:"藱、蒐,艸名。懷羊也。或省。"《大字典》《字海》藱字下沒有溝通與"蘬""蒐"字的關係,欠妥。

151

【蘬】

tí《集韻》田黎切，平齊定。

古稱莎草科植物的果實。《類篇·艸部》："蘬，艸名。薃侯，莎；其子蘬。"（《大字典》3323B，參《字海》305B）

按：《爾雅·釋草》："薃侯，莎。其實媞。"郭注："《夏小正》曰：薃也者，莎䔺。媞者其實。"字或作緹，《大戴禮記·夏小正·正月》："緹縞。縞也者，莎隨也。緹也者，其實也。"《集韻》平聲《垒韻》："蘬，艸名。薃侯，莎。其子蘬。通作緹。"《集韻》亦謂"通作緹"。其字蓋本作緹，蘬即緹之加旁字，又或假作媞。《大字典》《字海》不溝通與"緹"字的關係，欠妥。

【蘈】

tuí《廣韻》杜回切，平灰定。微部。

〔牛蘈〕草名。《爾雅·釋草》："蘈，牛蘈。"郭璞注："今江東呼草爲牛蘈者，高尺餘許，方莖，葉長而銳，有穗，穗間有華，華紫縹色，可淋以爲飲。"《詩·小雅·我行其野》"言采其蓫"，漢鄭玄箋："蓫，牛蘈也。"陸璣疏："今人謂之羊蹄。"（《大字典》3326B，參《字海》306B）

按：《爾雅·釋草》："蘈，牛蘈。"《說文》《名義》無蘈字，《名義·艸部》："蘈，他雷反，牛穨也。"《新撰字鏡·草部》："蘈，他雷反，牛穨。"字并作穨。其字蓋本作穨，後加艸旁。《大字典》《字海》蘈字下不溝通與"穨"字的關係，欠妥。

【藋】

lí《集韻》陵之切，平之來。

草名。《集韻·之韻》："藋，艸名，夫須也。或作萊。"按：《爾雅·釋草》："臺，夫須。"指一種可製雨笠的莎草科植物。"藋""萊"，古代指藜，又稱灰菜，不當爲"夫須"。疑《集韻》或誤。（《大字典》3333B，參《字海》309B）

第五章 《爾雅》名物詞用字歷時考察與研究的意義

按：《集韻》平聲《之韻》陵之切："藋、萊，艸名。夫蘋也。或作萊。"此《大字典》所本。疑"藋"即"釐"之加旁字，《爾雅·釋草》："釐，蔓華。"《說文》字作萊，《說文·艸部》："萊，蔓華也。"徐鍇繫傳："臣鍇按：《爾雅》：釐，蔓華。注：未詳。釐與萊音同。"① "藋"即"釐"字加旁，《集韻》謂"藋"或作"萊"，是也。《爾雅·釋草》："臺，夫須。"郭注："鄭箋《詩》云：臺可以爲禦雨笠。"《玉篇·艸部》："萊，旅災切，藜草也。" "藋" "萊"訓蔓華，訓藜草，其義一也，然不訓夫須，《大字典》疑《集韻》有誤，是也。《類篇·艸部》："藋、萊，陵之切，艸名，夫蘋也。或作萊。"與《集韻》同。《新修玉篇》卷一三《艸部》"萊"字下補韻書音義："韻又里之切，草，夫蘋也。或作藋。"邢準所補音義當據《集韻》，是此爲《集韻》固有之誤。《詩·小雅·南山有臺》："南山有臺，北山有萊。"毛傳："臺，夫須也。萊，草也。"《集韻》之所以訓"藋" "萊"爲夫須，是因爲受了"南山有臺，北山有萊"的影響，把"臺"字之義誤入"萊"字下。"夫須"與"夫蘋"同，蘋是須之後起加旁字。《爾雅·釋草》："臺，夫須。"《釋文》："蘋，音須，本今作須。"《大字典》《字海》不知藋即"釐"字分化，藋訓夫須是受《詩經》"南山有臺、北山有萊"的影響，"夫須"是虛假字義。

【蘵】

zhī《廣韻》之翼切，入職章。職部。

草名。一種茄科植物。《爾雅·釋草》："蘵，黃蒢。"郭璞注："蘵草，葉似酸漿。華小而白，中心黃。江東以作菹食。"《顏氏家訓·書證》："江南別有苦菜，似酸漿，其花或紫或白，子大如珠，熟時或赤或黑。此菜可以釋勞。案郭璞注《爾雅》，此乃'蘵，黃蒢'也。今河北謂之龍葵。"（《大字典》3334A，參《字海》309B）

---

① （南唐）徐鍇撰：《說文解字繫傳》，中華書局 1987 年版，第 22 頁。

按：《爾雅·釋草》："蕆，黄蒢。"郭注："蕆草，葉似酸漿，華小而白，中心黄。江東以作葅食。"《説文》無蕆字，《説文·艸部》："蒢，黄蒢，職也。"字作職。《釋文》："蕆，字又作職，諸弋反。"其字蓋本作職，後加艸旁。《大字典》《字海》蕆、蘵字下没有溝通與"職"字的關係，欠妥。

【蟊】

máo《集韻》謨交切，平肴明。

❶〔蟊蜩〕一種小蟬。《方言》卷一一："蜩蟧謂之蟊蜩。"郭璞注："江東呼爲蟊蠽也。"

❷同"蟊"。吃苗根的害蟲。《集韻·屋韻》："蟊，《説文》：'蟲食草根者。'亦作蟊、蟊。"(《大字典》2902A，參《字海》309C)

按：《爾雅·釋蟲》："蟊，茅蜩。"郭注："江東呼爲茅蠽，似蟬而小，青色。"此與《大字典》第一義項引《方言》同。《釋文》："茅，本或作蟊，萌交反。"《説文》《名義》無蟊字，其字蓋本作茅，後加蚰旁。《説文·蚰部》："蟊，蠿蟊也。"此《集韻》同"蟊"之"蟊"字所本，《集韻》引《説文》與今本《説文》不同。"蟊"之作"蟊"，與"蟊蜩"字同形。《大字典》《字海》蟊字下没有指明與"茅"字的關係，不妥。

【薋】

(一) zàn《集韻》則旰切，去翰精。元部。

〔牡薋〕草名。《爾雅·釋草》："蘇，牡薋。"郭璞注："未詳。"(《大字典》3336B，參《字海》310B)

按：《爾雅·釋草》："蘇，牡薋。"《説文》無薋字，《説文·艸部》："蘇，牡贊也。"字作贊。其字蓋本作贊，後加艸旁。《大字典》《字海》薋字下没有溝通與"贊"字的關係，欠妥。

【蕗】

lù《廣韻》洛故切，去暮來。

〔蘩蕗〕又名"蔠葵"，即落葵。《玉篇·艸部》："蔠葵，蘩蕗。"《集韻·暮韻》："蕗，蘩蕗，艸名。或作蕗。"（《大字典》3338B，參《字海》311B）

按：《爾雅·釋草》："蔠葵，蘩露。"郭璞注："承露也。大莖小葉，華紫黃色。"字作露。《說文》無露字，其字蓋本作露，後加艸旁。《大字典》《字海》蕗字下沒有溝通與露字的關係，欠妥。

【virtual】

quǎn《廣韻》去阮切，上阮溪。又去願切。元部。

蘆葦嫩芽。也指蘆葦、竹子一類植物的嫩芽。《爾雅·釋草》："蒹、薕、蒠、蘆、菼、薍，其萌虇。"郝懿行義疏："《說文》'虋'字解云：'蓷渝，讀若萌。'是'虋，蓷渝'即《爾雅》'葫（萌），虇蓷'。下文'蓷'字上屬，與郭讀異也。牟廷相《方雅》云：'《說文》之'蓷渝'，《釋草》作'虇蓷'。《釋詁》作'權輿'，并同聲叚借字也。按《大戴禮·誥志篇》云'孟春百草權輿'，是草之始萌通名權輿矣。'"《集韻·願韻》："虇，竹葦萌。"宋贊寧《筍譜》："筍者，竹之篛也。……一名萌，一名篛竹，一名簅，一名虇。"（《大字典》3339A）

quǎn 音犬 ❶蘆葦一類植物的嫩芽。見《爾雅·釋草》。❷竹筍。見《筍譜》。（《字海》311B）

按：《爾雅·釋草》："蒹、薕、蒠、蘆、菼、薍，其萌虇。"郭注："今江東呼蘆笋爲虇，然則萑葦之類，其初生者皆名虇。"《釋文》："虇，郭音綣，丘阮反。本或作蘿，非。蘿音權，《說文》云：弓曲也。"《說文》無虇字，其字蓋本作綣，後加艸旁。《名義·艸部》："虇，枯遠反，蘆筍也。"《名義》釋義即本郭注。《爾雅》下句作："蓷、芛、葟、華，榮。"《爾雅義疏》："《說文》'虋'字解云：'蓷渝，讀若萌。'是'蘮，灌渝'即《爾雅》'葝（萌），蘮蒘'。下文'蒘'字上屬，與郭讀异也。"《爾雅匡名》："《説文・艸部》無蒘字，當作渝。案：《説文・艸部》有夢字，云：灌渝，從艸、夢聲，讀若萌。《爾雅》之萌即《説文》之夢也。灌渝爲句。郭注誤離而二之，後人又誤增艸頭耳。"《爾雅小箋》《爾雅正名》亦有相似的看法。依《釋文》《名義》，其字本借薶字爲之，後加艸旁。先賢篤信《説文》，必從《説文》找其本字，然未必盡是也。《大字典》《字海》薶字下不溝通與"薶"字關係，欠妥。《字海》分爲二個義項，兩義實爲一義。

【虌】

biē《集韻》必列切，入薛幫。月部。

蕨的幼葉，即蕨菜。可食。《爾雅・釋草》："蕨，虌。"郭璞注："初生無葉，可食，江西謂之虌。"陸德明釋文："虌，字亦作蟞。案：此即今蕨菜也。葉初出鱉蔽，因以名云。"（《大字典》3339B，參《字海》312A）

按：《爾雅・釋草》："蕨，虌。"《釋文》："虌，卑滅反，字亦作蟞。案：此即今蕨菜也，葉初出鱉蔽，因以名云。"《説文》無虌字，字作鼈，《説文・艸部》："蕨，鼈也。"《齊民要術》卷九"作菹、藏生菜法第八十八"蕨字下引《爾雅》作"蕨，鼈"[①]。與《説文》同。《詩・國風・草蟲》："陟彼南山，言采其蕨。"毛傳："蕨，鼈也。"《毛傳》字亦作鼈。蟞即鼈之俗字，《廣韻》入聲《薛韻》："鼈，魚鼈。俗作蟞。"其字蓋本作"蟞（鼈）"，後加艸旁作"虌（虌）"。《大字典》《字海》虌字下沒有溝通與"蟞（鼈）"字的關係，欠妥。

【鼈】

同"虌"。《類篇・艸部》："虌，艸名。《爾雅》：'蕨，虌。'或從鼈。"《詩・召南・草蟲》："陟彼南山，言采其蕨。"唐陸德明釋文：

[①]（北魏）賈思勰：《齊民要術》，《四庫提要著録叢書》子部第131冊，北京出版社2010年版，第569頁。

"蕨，虌也。《草木疏》云：'周、秦曰蕨，齊、魯曰虌。……俗云其初生似鱉脚，故名焉。'"（《大字典》3340B，參《字海》312B）

按：《詩·召南·草蟲》："陟彼南山，言采其蕨。"毛傳："蕨，鱉也。"《釋文》："蕨，居月反，虌也，《草木疏》云：周秦曰蕨，齊魯曰虌。虌，卑滅反，本又作鱉，俗云其初生似鱉脚，故名焉。"是《毛傳》字作"鱉"。其字蓋本作"鱉"，因其爲艸名，後人故加艸旁。又參"虌"字條。《大字典》《字海》虌字下没有溝通與"鱉"的關係，欠妥。

【崥】

bì《廣韻》卑吉切，入質幫。

❶道邊堂如墙。《廣韻·質韻》："崥，道邊堂如墙也。"

❷終南山道名。《集韻·質韻》："崥，終南山道名。"（《大字典》794A，參《字海》452C）

按：《爾雅·釋丘》："畢，堂墻。"郭注："今終南山道名畢，其邊若堂之墻。"據郭注，《大字典》《字海》所列兩個義項當合爲一個義項。《釋文》："畢，本又作崥，畢吉反。"《説文》無崥字，《玉篇》（殘卷）卷二二《山部》："崥，北結反，《爾雅·釋山》：崥，堂墻。郭璞曰：今終南山道名崥，[其]邊若堂之墻也。"《集韻》入聲《質韻》："崥，終南山道名。通作畢。"其字蓋本借畢字爲之，後加山旁。《大字典》《字海》崥字下没有溝通與"畢"字的關係，欠妥。

【嶇】

hù《廣韻》侯古切，上姥匣。

❶山矮而大。《廣韻·姥韻》："嶇，山卑而大曰嶇。"

❷山廣貌。《玉篇·山部》："嶇，山廣皃。"唐元結《閔荒詩》："河淮可支合，峰嶇生回溝。"（《大字典》795A，參《字海》455B）

按：鄧福禄、韓小荆《字典考正》以爲"嶇"當是"扈"的增旁分化字，[①]是也。《爾雅·釋丘》："[山]卑而大，扈。"郭注："扈，

---

① 鄧福禄等：《字典考正》，湖北人民出版社2007年版，第115頁。

廣貌。"扈字或加山旁作嶇，《釋文》："嶇，音户，或作扈。"《説文》無嶇字。《玉篇》（殘卷）卷二二《山部》："嶇，胡鼓反，《爾雅》：卑而大曰扈。郭璞曰：扈，廣貌也。《説文》古文扈字，[在]邑部也。"《大字典》《字海》嶇字下没有溝通與"扈"字的關係，欠妥。據郭注，《大字典》《字海》所列兩個義項當合爲一個義項，鄧氏無説，今補之。

【嶰】

xiǎn《集韻》息淺切，上獮心。

❶小山與大山不相連。《集韻·獮韻》："嶰，小山别大山曰嶰。"

❷山名。《玉篇·山部》："嶰，山名。"（《大字典》806B）

xiǎn 音顯】①山名。見《玉篇》。②義同"巘"，大山上的小山。《集韻》："嶰，小山别大山曰嶰。"按：《詩·大雅·公劉》"陟則在巘"。毛傳："小山别大山也。"（《字海》462A）

按：《爾雅·釋山》："小山别大山，鮮。"郭注："不相連。"《釋文》："鮮，息淺反，李云：大山少故曰鮮。或作嶰字，又音仙。"陸德明所見《爾雅》鮮字有加旁作嶰者，此《集韻》嶰字所本。"小山别大山"義爲小山與大山不相連，《大字典》釋義不誤。《字海》謂大山上的小山，誤也。《集韻》平聲《僊韻》："嶰，小山别大山曰嶰。通作鮮。"是《集韻》明謂"通作鮮"，《大字典》《字海》不引此句，没有溝通與《爾雅》的關係，大誤。

《説文》、《玉篇》（殘卷）、《名義》、《切韻》系韻書無嶰字。《玉篇》字作嶰，《玉篇·山部》："嶰，胡買切，山不相連也。"《玉篇校釋》嶰下云："嶰即《爾雅·釋山》'小山别大山'之鮮。鮮、解形近，孫炎、郭璞并云：不相連也。其所據古本鮮必爲解，故以不相連釋之，解散則不連屬也。《釋文》鮮作嶰，嶰亦即嶰之形誤。《文選》吴都、長笛二賦注引《爾雅》'小山别大山嶰'。"[1]《名義·山部》："嶰，爲買反，别大山。"

---

[1] 胡吉宣校釋：《玉篇校釋》，上海古籍出版社 1989 年版，第 4193 頁。

《新撰字鏡·山部》："嶰，皆買反，小山别大山。"[①]則野王所見《爾雅》當作"嶰"字。胡氏所言是也。則《爾雅》"小山别大山，鮮"當作"小山别大山，解"。解又或加旁作嶰，訛文鮮亦或加旁作㠏。

《玉篇》："㠏，音蘇，山名。"此字居《玉篇》部末，《名義》《玉篇》小山别大山之字作嶰，㠏亦當訓小山别大山或山不相連，陳彭年輩因前已有嶰字訓山不相連，又不知㠏、嶰一字，故改訓作山名，望形生訓也。

又《爾雅·釋山》："重甗，隒。"郭注："謂山形如累兩甗。甗，甑。山狀似之，因以名云。"毛傳謂"巘（㠏）"字訓"小山别大山"，似誤。《字海》謂㠏義同"巘"，不確。

【巘】

yǎn《廣韻》魚蹇切，上獮疑。又語偃切。元部。

❶形狀如甑的山。《玉篇·山部》："巘，《爾雅》曰：'重巘，隒。'謂山形如累兩甑兒。"《廣韻·阮韻》："巘，山形如甑。"《詩·大雅·公劉》："陟則在巘，復降在原。"《文選·張衡〈西京賦〉》："陵重巘，獵昆駼。"薛綜注："山之上大下小者曰巘。"唐杜甫《西枝村尋置草堂地夜宿贊公土室二首》之一："押蘆澀先登，陟巘眩反顧。"（《大字典》809A，參《字海》463A）

按：《爾雅·釋丘》："重甗，隒。"郭注："謂山形如累兩甗。甗，甑。山狀似之，因以名云。"是其字蓋本借甗字為之，後加山旁作巚，又易位作巚。巚或改換聲旁作巘，巘易位作巘。參"巚"字條。

【巚】

同"巘"。《集韻·元韻》："巚，山形似甗。"《正字通·山部》："巚，與巘同。"（《大字典》809B，參《字海》463A）

按：《爾雅·釋丘》："重甗，隒。"郭注："謂山形如累兩甗。甗，甑。山狀似之，因以名云。"甗字或作巚、巘，《玉篇》（殘卷）卷二二

[①] ［日］釋昌住：《新撰字鏡》，吳立民等編《佛藏輯要》第33冊，巴蜀書社1993年版，第308頁。

《山部》："嶚，魚偃反，《毛詩》：陟彼在巚。傳曰：小山別於大山者也。《爾雅》：重巚，隒。郭璞曰：山形如累兩甑也。"其字蓋本借甗字爲之，後加山旁作嶚，又易位作巚。嶚或換爲獻聲，《玉篇》："巘，魚偃切，《爾雅》曰：重巘，隒。謂山形如累兩甑兒。"巘又或易位作瓛，《集韻》上聲《阮韻》："巘，山形似甗。或書作瓛。"《大字典》《字海》巘、嶚字下沒有溝通與"甗"字關係，欠妥。又，兩書又謂嶚同巘，亦不符合漢字發展規律。

【蚈】

yǎn《廣韻》以淺切，上獮以。元部。

〔蟓蚈〕蚰蜒。《爾雅·釋蟲》："蟓蚈，入耳。"郭璞注："蚰蜒。"（《大字典》2850B，參《字海》481A）

按：《爾雅·釋蟲》："蟓蚈，入耳。"《釋文》："蚈，以善反，本又作蜒。"《說文》《名義》無蚈、蜒字。《周禮·冬官·梓人》："郤行，蟓衍之屬。"《釋文》："衍，如字，《爾雅》云：蟓衍，入耳。郭璞云：蚰蜒也。"其字蓋本作衍，後加虫旁作蜒，又省作蚈。《玉篇·虫部》："蚈，以淺切，蟓蚈。蜒，同上。"《大字典》《字海》蚈字下沒有溝通與"衍"字的關係，欠妥。

【狣】

zhào《廣韻》治小切，上小澄。宵部。

體壯力大的狗。《爾雅·釋畜》："絕有力，狣。"邢昺疏："（犬）壯大絕有力者，名狣。"《集韻·小韻》："狣，狗也。"（《大字典》1345A，參《字海》495A）

按：《爾雅·釋畜》："絕有力，狣。"《說文》無狣字，宋元遞修本《釋文》："桃，吕、郭同，音兆。"蓋陸氏所見《爾雅》作"桃"，後人見其表犬，因改換作犬旁。通志堂本《釋文》字作狣，蓋後人竄改。《名義·犬部》："狣，雉矯反，犬有力。"《爾雅正義》云："狣與獒聲相近，即獒也。"其說蓋非。《大字典》《字海》狣字下沒有溝

第五章 《爾雅》名物詞用字歷時考察與研究的意義

通與"桃"字的關係，欠妥。

【猫】

（一）māo《廣韻》武交切（《集韻》謨交切），平宵明。

❶動物名。猫科。聽覺、視覺極敏銳，善跳躍及攀援，喜捕食鼠類。性馴良，人多畜以捕鼠。亦作"貓"。《玉篇·犬部》："猫，食鼠也。或作貓。"《禮記·郊特牲》"迎猫，爲其食田鼠也"。唐陸德明《釋文》："猫，字又作貓。"唐段成式《酉陽雜俎續集·支動》："猫目睛暮圓，及午豎斂如綖，其鼻端常冷，唯夏至一日暖。"（《大字典》1352A，參《字海》497A）

按：猫字又作貓，《說文》無此二字，其字蓋初作"苗"，後加豸旁或犬旁。參"貓"字條。

【獼】

mí《廣韻》武移切，平支明。

〔獼猴〕哺乳綱，猴科。……《玉篇·犬部》："獼，獼猴。"明方以智《通雅·動物·獸》："獼猴，即母猴也。"……（《大字典》1378A，參《字海》505C）

按：《爾雅·釋獸》："貜，迅頭。"郭注："今建平山中有貜，大如狗，似獼猴。"《說文》《名義》無獼字，《禮記·樂記》："獶雜子女。"鄭注："獶，獼猴也，言舞者如獼猴戲也。"《釋文》："獼，音彌，武移反，本亦作彌。"其字蓋本借作彌，後加犬旁。《大字典》《字海》獼字下沒有溝通與"彌"字的關係，欠妥。

【廂】

《説文新附》："廂，廊也。從广，相聲。"

xiāng《廣韻》息良切，平陽心。陽部。

❶東西廊。《説文新附·广部》："廂，廊也。"《類篇·广部》："廂，廡也。"《文選·張衡〈東京賦〉》："下雕輦於東廂。"李善注引薛綜曰："殿東西次爲廂。"唐韋應物《擬古詩十二首》之十二："徘徊東西廂，

161

孤妾誰與儔。"

❷堂屋的東西墻。《玉篇·广部》:"厢,序也,東西序也。"《楚辭·東方朔〈七諫·怨思〉》:"蒺藜蔓乎東厢。"洪興祖補注:"厢,序也。"

❸正房兩側的房屋。《廣韻·陽韻》:"厢,亦曰東西室。"《樂府詩集·相和歌辭九·相逢行》:"音聲何嘈嘈,鶴鳴東西厢。"元王實甫《西厢記》第三本第二折:"月暗西厢,鳳去秦樓。"《老殘遊記》第十九回:"東厢兩間:一間做廚房,一間就是大門。"(《大字典》892B,參《字海》520C)

按:《爾雅·釋宮》:"室有東西厢曰廟。"郭注:"夾室前堂。"《説文》無厢字,《漢書·周昌傳》:"呂后側耳於東箱聽。"顏師古注:"正寢之東西室皆曰箱,言似箱篋之形。"《後漢書·虞詡傳》:"趨就東箱。"李賢注:"《埤蒼》云:箱,序也。字或作厢。"其字蓋本作箱,後換從广旁作厢。《名義·广部》:"厢,思楊反,序也,夾也,[①]室前堂也。"《大字典》《字海》厢字下沒有溝通與"箱"字的關係,欠妥。

【𡆥】

hán《集韻》河干切,平寒匣。

〔𡆥蟺〕蚯蚓。《類篇·虫部》:"𡆥,蟲名。𡆥蟺,蚯蚓也。"(《大字典》2881B,參《字海》628A)

按:"𡆥蟺(蚓)"字本作"寒蚓",後加旁作蛟,省作𡆥。參"蛟"字條。

【鳲】

shī《廣韻》式脂切,平脂書。脂部。

〔鳲鳩〕又名鵠鵴,布穀,桑鳩,郭公。鳲形目杜鵑科之大杜鵑。上體純灰黑色,兩翼暗褐,腹下有一系列白色橫斑,尾長大,棲息在

[①]"也"字原作點號,依《爾雅》郭注,此處當衍。

第五章 《爾雅》名物詞用字歷時考察與研究的意義

開闊林地，穀雨後常晨鳴不已，催人稼穡，主食昆蟲，爲農林益鳥。《爾雅·釋鳥》："鳲鳩，鴶鵴。"郭璞注："今之布穀也，江東呼爲獲穀。"(《大字典》4617A，參《字海》667C)

按：《爾雅·釋鳥》："鳲鳩，鴶鵴。"《釋文》："鳲，音尸，字又作屍。"《説文》無鳲、屍字，《鳥部》："鵴，秸鵴，尸鳩。"字作尸。《詩·曹風·鳲鳩》："鳲鳩，刺不一也。"《釋文》："鳲，音尸，本亦作尸。"其字蓋本作尸，後加鳥旁。《名義·鳥部》："鳲，舒祇反，食其子。"[1]《大字典》《字海》鳲字下没有溝通與"尸"字的關係，欠妥。

【妯】

（二）zhóu《廣韻》直六切，入屋澄。

〔妯娌〕兄弟之妻的合稱。《廣雅·釋親》："妯娌，娣姒，先後也。"《集韻·屋韻》："妯，《方言》：今關西兄弟婦相呼爲妯娌。"(《大字典》1037A，參《字海》684B)

按：《爾雅·釋親》："長婦謂稚婦爲娣婦，娣婦謂長婦爲姒婦。"郭注："今相呼先後，或云妯娌。"《釋文》："妯娌，音逐，下音里。《廣雅》云：先後也。郭注《方言》云：今關西兄弟婦相呼爲妯娌。"《説文·女部》："妯，動也。從女、由聲。"《名義·女部》："妯，敕流反，動也，擾也。"《説文》無娌字。《方言》卷一二："築里，匹也。"郭注："今關西兄弟婦相呼爲築里，度六反，《廣雅》作妯。"《方言校箋》："築里，戴本作'築娌'是也。"《名義·女部》："娌，力紀反，匹也。"釋義正與《方言》合，疑其字本假借作里，後加女旁作娌，故其字不見於《説文》，而《名義》則收錄之。《廣雅·釋親》："妯娌，娣姒，先後也。"《説文》《名義》妯字不訓"妯娌"，妯字本借築字爲之。築字郭注"度六反"，妯字《釋文》"音逐"，

---

[1]《詩·曹風·鳲鳩》："鳲鳩在桑，其子七兮。"傳曰："鳲鳩之養其子，朝從上下，莫從下上，平均如一。"《名義》"食其子"蓋即"鳲鳩之養其子"之誤截。

讀音正合。周祖謨謂戴本作"築娌"是也，不知戴本之字爲後人所改。《大字典》《字海》妯字下俱有"妯娌"條，然不溝通與"築里"之關係，欠妥。

【瑄】

xuàn《廣韻》胡畎切，上銑匣。

❶玉貌。《廣韻·銑韻》："瑄，玉皃。"《集韻·銑韻》："瑄，珮玉皃。"南朝齊謝超宗《肅咸樂》："璆縣凝會，瑄朱佇聲。"

❷佩玉。明楊慎《升菴外集·器用部·玉名詁》："瑄，玉珮之長也。"清朱彝尊《日下舊聞補遺·形勝》："喜蠶事之方殷，命后妃而釋瑄，且從事於桑室，伺三眠而罔宴。"（《大字典》1117A，參《字海》722C）

按：《說文》無瑄字，《爾雅·釋器》："璲，瑞也。"郭璞注："《詩》曰：鞙鞙佩璲。"鞙字又或作瑄，《釋文》："鞙鞙，胡犬反，又作瑄，同。"《詩·小雅·大東》："鞙鞙佩璲。"《釋文》："鞙，胡犬反，字或作瑄。"其字蓋本借鞙字爲之，後受璲字類化作瑄。《名義·玉部》："瑄，胡犬反。"《玉篇》訓"玉皃"。《大字典》《字海》瑄字下沒有溝通與鞙字的關係，欠妥。又，《大字典》瑄之下有二義，其實二義所指相同。

【璲】

suì《廣韻》徐醉切，去至邪。微部。

瑞玉名。《爾雅·釋器》："璲，瑞也。"郭璞注："《詩》曰：'鞙鞙佩璲。'璲者，玉瑞。"《玉篇·玉部》："璲，玉璲，以玉爲佩也。"《詩·小雅·大東》："鞙鞙佩璲，不以其長。"毛傳："璲，瑞也。"鄭玄箋："佩璲者，以瑞玉爲佩。"（《大字典》1138A，參《字海》731A）

按：《爾雅·釋器》："璲，瑞也。"郭璞注："《詩》曰：'鞙鞙佩璲。'璲者，玉瑞。"《說文》無璲字，《詩·小雅·大東》："鞙鞀者璲，不以其長。"毛傳："璲，瑞也。"《詩》有璲字而《説文》所無，則"璲"字或爲《説文》漏收，或《詩》爲後人所改。《詩·衞風·芄蘭》："容兮遂兮。"箋云："遂，瑞也。"其字當本作遂，後加玉旁。《名義·玉部》："璲，徐醉反，珮也。"①《大字典》《字海》璲字下没有溝通與"遂"字的關係，欠妥。

【杆】

（一）gàn《廣韻》古案切，去翰見。

木名。1.檀木。《玉篇·木部》："杆，檀木也。"2.柘木。《廣雅·釋木》："杆，柘也。"王念孫疏證："杆與榦同。《禹貢》：'（荆州）厥貢杶榦栝柏。'《考工記疏》引鄭注云：'榦，柘榦也'。又注《考工記》'荆之榦'云：'榦，柘也，可以爲弓弩之榦。'又《弓人》：'凡取榦之道七，柘爲上。'此柘之所以名榦也。"（《大字典》1156B，參《字海》738B）

按：《玉篇·木部》："杆，公旦反，檀木也。"此《大字典》所本。《名義·木部》："杆，公旦反，樜也，橝木也。""橝"即"檀"字俗寫，繿字俗作繿，壃字俗作壃，②可資比勘。《新撰字鏡·木部》："杆，公旦反，棧木，杆木也，橝木也，木觡也。樜也。"③樜又作柘，《玉篇·木部》："柘，之夜切，木名，亦作樜。"《廣雅·釋木》："杆，柘也。""樜也"義即本《廣雅》。《名義》《玉篇》《新撰字鏡》同出一源，《名義》與《新撰字鏡》訓釋相同，《玉篇》獨與之异，疑《玉篇》釋義有誤。《爾雅·釋木》："棧木，干木。"郭注："橝木也。江東呼木觡。"《釋文》："干木，古丹反，樊本作杆，同。"《説文》無杆字，其字蓋本作"干"，後加木旁。《名義》《玉篇》《新撰字鏡》"杆"字訓釋即本《爾雅》，而《玉篇》又誤"橝"爲"檀"。郝氏《爾雅義疏》、周祖謨《爾

---

① "珮"即"佩"之後起换旁字。《玉篇·玉部》："珮，步軰切，玉佩也。本作佩，或從玉。"
② 韓小荆：《〈可洪音義〉研究——以文字爲中心》，巴蜀書社2009年版，第507頁。
③ [日] 釋昌住：《新撰字鏡》，吳立民等編《佛藏輯要》第33册，巴蜀書社1993年版，第389頁。

雅校箋》引《玉篇》作"杆，殭木也"。未知所據何本。又《說文》無
"橿"字，郭注："橿木也。"《釋文》："殭，居良反，《字書》云：死
而不朽。本或作僵。《說文》云：僵，偃也。又作橿。"其字蓋本借作
"殭"或"僵"，後改從木旁。《大字典》《字海》"檀木"爲"橿木"
之訛，"橿木"本作"僵木"；兩書杆字下沒有溝通與"干"字的關係，
也欠妥。

【杙】

yì《廣韻》與職切，入職以。職部。

❷木椿。《爾雅·釋宮》："樴謂之杙。"郭璞注："橜也。"《左傳·襄
公十七年》："以杙抉其傷而死。"《南史·程靈洗傳》："齊人并下大柱
爲杙，柵水中。"清紀昀《閱微草堂筆記》卷一四："土坑下釘一桃杙，
上下頗礙，呼主人去之。"（《大字典》1160A，參《字海》739A）

按：《說文·木部》："杙，劉劉杙。從木弋聲。"此字《說文》
指木名。《爾雅·釋宮》："樴謂之杙。"郭注："橜也。"《說文·
厂部》："弋，橜也。象折木衺銳著形。從厂，象物掛之也。"又《說
文·木部》："橜，弋也，從木、厥聲。一曰：門梱也。""樴，弋也，
從木、戠聲。"知《說文》此字作弋，後類化從木作，與表木名之字
同形。《名義·木部》："杙，餘織反，橜也。"則野王時已有從木作
者。又《爾雅·釋宮》："雞棲於弋爲榤"，字亦作弋。《大字典》《字
海》杙字下不溝通與"弋"字的關係，欠妥。

【柴】

cí《廣韻》疾移切，平支從。

木名。無柴木，一種小樟木，即梇。《廣韻·支韻》："柴，無柴木，
一名梇。"周祖謨校勘記："梇，段氏據《爾雅·釋木》'梇無疵'之文
改作梇，與故宮《王韻》合。"（《大字典》1197B，參《字海》749A）

按：故宮本《王韻》平聲《支韻》："柴，梇。"《廣韻》作"梇"，
字之誤也。《爾雅·釋木》："梇，無疵。"郭注："梇，梗屬，似豫章。"

"疣"字或加旁作"樴",《名義‧木部》:"樴,辭貲反,榆也,對木也。"又或省作"榹",《釋文》:"疣,本又作榹,辭貲反,《字書》云:無榹,榆也。"又或省作"梔""柀",《集韻》平聲《支韻》:"樴、梔、柀,木名。郭璞曰:梗屬,似豫章。或作梔、柀,通作疣。"《説文》無樴、榹、梔、柀字,其字蓋本作"疣",後加木旁作樴,省作榹、梔、柀。《大字典》《字海》樴、榹、梔字俱與"柀"字溝通,然不知其字本作"疣"。

《説文‧木部》:"榆,毋杶也。"與《爾雅》异。《爾雅義疏》:"《字書》作榹,《玉篇》《廣韻》并作柀,是無正文。疑與杶形近而誤也。"王念孫《爾雅郝注刊誤》:"樴、柀皆疣之异文,非與杶形近而誤。《説文》母杶乃母柀之誤。"江藩《爾雅小箋》:"杶乃柀字之誤。蓋《説文》本作疣,後人改作柀。校者因《説文》無柀字,遂取字形相近者妄改爲杶耳。"王念孫、江藩所言當是。《集韻》平聲《諄韻》:"榆,木名。《説文》:母柀也。"《集韻》所引《説文》字作"母柀"。

【梿】

xiǎn《廣韻》蘇典切,上銑心。

❷棗木。《廣韻‧銑韻》:"梿,棗木。"《集韻‧銑韻》:"梿,木名。《爾雅》:'梿,大棗,出河東猗氏縣。子如雞卵。'"《太平御覽》卷七七〇引周處《風土記》:"預章梠梿諸木,皆以多曲理盤節爲堅勁也。"(《大字典》1200A,參《字海》749C)

按:《爾雅‧釋木》:"洗,大棗。"郭注:"今河東猗氏縣出大棗,子如雞卵。"洗字或加旁作梿,《廣韻》上聲《銑韻》:"梿,棗木。"《説文》《名義》無此字。其字蓋本作"洗",後改從木旁。《大字典》《字海》梿字下没有溝通與"洗"字的關係,欠妥。

【楴】

(一)zhé《廣韻》陟葉切,入葉知。

木小葉。《廣韻‧葉韻》:"楴,木小葉。"(《大字典》1210A,參《字

海》752C）

按：此字居《廣韻》部末，不見於《說文》《名義》《玉篇》及《廣韻》以前韻書。《爾雅·釋草》："茸，小葉。"疑其字即"茸"字換旁，其字本訓"小葉"，因字改從木，故訓"木小葉"。

【榩】

（一）cuó《廣韻》昨禾切，平戈從。歌部。

果木名。李的一種。《爾雅·釋木》："榩，接慮李。"郭璞注："今之麥李。"郝懿行義疏："《本草》陶（弘景）注：'李類甚多，京口有麥李，麥秀時熟，小而肥甜。'《類聚》引《廣志》曰：'麥李細小有溝道。'蓋雲翔曰：'今麥李樹小而多刺，葉圓而長，面青背白；實似麥粒，細小有溝，生紫黑，熟赤甜，與麥同熟，山中有之。'"（《大字典》1217A，參《字海》754C）

按：《爾雅·釋木》："痤，楰慮李。"《釋文》："痤，徂禾反。"則今本《爾雅》不從木作。其字蓋本作痤，通作座，後加旁作榩，省作榩。參"榩"字條。

【椈】

jú《廣韻》居六切，入屋見。沃部。

木名。即"柏"。《爾雅·釋木》："柏，椈。"《正字通·木部》："椈，柏別名。"《禮記·雜記上》："暢臼以椈，杵以梧。"鄭玄注："椈，柏也。"宋王洋《擬進南郊大禮慶成賦》："其邕則栩椈香鬱，芬芬蔥蔥。"（《大字典》1236B）

jú音居陽平，椈子。見《篇海》。（《字海》760B）

按：《爾雅·釋木》："柏，椈。"郭注："《禮記》曰：鬯臼以椈。"《說文》《名義》無椈字。《說文·木部》："柏，鞠也。"[①]其字蓋本作鞠，後改從木旁。郭注引《禮記》"鬯臼以椈"，《禮

[①]《集韻》入聲《陌韻》："柏、栢，木名。《說文》：鞠也。或從百。"字作鞠。《說文·勹部》："匊，在手曰匊。"大徐本注云："臣鉉等曰：今俗作掬，非是。""掬"則爲"匊"之後起分化字。

記·雜記》作"暢臼以椈"，椈蓋後人所改。《大字典》椈字下沒有溝通與"鞠"字關係，欠妥。《字海》椈字下謂"椈子，見《篇海》"。《篇海》卷七《木部》引《玉篇》："椈，居六切，柏椈。"《篇海》不訓"椈子"。

【棯】

（一）rěn《廣韻》如甚切，上寑日。侵部。

果木名。棗樹的一種。《爾雅·釋木》："還味，棯棗。"邢昺疏："還味者，短味也，名棯棗。"《集韻·寑韻》："棯，木名。"（《大字典》1235A，參《字海》760A）

按：《爾雅·釋木》："還味，棯棗。"郭注："還味，短味。"《説文》《名義》無棯字，《説文·木部》："檽，檽味，稔棗。"字作稔。《廣韻》平聲《仙韻》檽字引《説文》亦同。《初學記》卷二八《果木部》引《爾雅》："還味，稔棗。"字亦作稔。其字蓋本作稔，後改從木旁。《釋文》："棯，而審反，又作荏，同。"《説文》《名義》亦無荏字。荏爲棯之換旁字。《大字典》《字海》棯字下没有溝通與"稔"字的關係，欠妥。

【椹】

（一）zhēn《廣韻》知林切，平侵知。侵部。

斫木砧。也泛指捶或砸東西時用的墊板。《爾雅·釋宮》："椹謂之榩。"郭璞注："斫木櫍也。"邢昺疏："椹者斫木所用以藉者之木名也。一曰榩。"《廣雅·釋器》："杌、櫍，椹也。"王念孫疏證："凡椹櫍，或用以斫木……或用以莝芻，《周（禮）·（夏）官·圉師》注云'椹質圉人所習'……是也。或用以斬人。……《（戰國策）秦策》云'今臣之胸，不足以當椹質，要（腰）不足以待斧鉞'是也。或用以爲射埶。《周（禮）·夏官·司弓矢》'王弓弧弓，以授射甲革椹質者'是也。或用以爲門埶，昭八年《穀梁傳》'置旃以爲轅門，以葛覆質以爲埶'範甯注云'質，椹'是也。"《正字通·木部》："椹，擣衣以石爲質。"

(《大字典》1243A)

（一）zhèn 音真

❶捶砸或切東西時墊在底下的器物▷～板。❷〔～質〕（1）古代斬人時墊在下面的木板▷《史記・范雎蔡澤列傳》："今臣之胸不足以當椹質。"（2）射箭用的靶子▷《周禮・夏官・司弓矢》："王弓弧弓，以授射甲革～質者。"（《字海》762C）

按：《爾雅・釋宮》："椹謂之榩。"郭注："斫木櫍也。"椹字不見於《說文》，《名義》櫍、枮釋義中有椹字，然不見於正文收錄，《名義》或爲漏收。《周禮・夏官・司弓矢》："以授射甲革椹質者。"阮元《爾雅注疏校勘記》："《說文・弓部》引《周禮》：六弓：王弓、弧弓，以射甲革甚質。①甚蓋古椹字。"其字蓋本作甚，後加木旁。字或從石作碪、從金作鍖、從攴作敁，《集韻》平聲《侵韻》："椹、鍖，斫木櫍也。或作鍖。"《名義・攴部》："敁，知今反，質也，椹字。"②

《大字典》椹字下引《爾雅》"椹謂之榩"，亦引《周禮・夏官・司弓矢》句，但沒有指明與"甚"字之關係，欠妥。《字海》分爲二個義項，其實第一個義項和第二個義項所指都是相同的，第二個義項所分出的二個子項亦相同。《字海》同樣沒有溝通與"甚"字之關係。

【梂】

（一）tú《廣韻》陀骨切，入没定。

❶關閉門戶所用的立木。《玉篇・木部》："梂，植也。"《廣韻・没韻》："梂，傳者。"周祖謨校勘記："梂，瑣植。又傳也。"《集韻・没韻》："梂，《埤倉》：'戶持鎖植也。'"（《大字典》1256A，參《字海》766B）

按：《爾雅・釋宮》："植謂之傳，傳謂之突。"郭注："戶持鑠植

---

① 按：《說文》引《周禮》此條在弓字釋義中。
② "字"原作點號，《慧琳音義》卷62"鞭椹"條注云："椹，亦作枮、敁，義同。"

第五章 《爾雅》名物詞用字歷時考察與研究的意義

也。見《埤蒼》。""突"字或加木旁作榾,《釋文》:"突,本又作榾,徒忽反。"《説文》無榾字,其字本借突字爲之,後加旁作榾。《名義·木部》:"榾,徒骨反,植也。"《大字典》《字海》榾字下没有溝通與"突"之關係,欠妥。

【椥】

shí《廣韻》市之切,平之禪。

❷落椥,支持門樞的木頭。《集韻·之韻》:"椥,落椥,持門樞。"(《大字典》1263B,參《字海》769A)

按:《爾雅·釋宫》:"樞達北方謂之落時。"郭注:"門持樞者,或達北檼以爲固也。""時"字或加木旁作"椥",周祖謨《爾雅校箋》:"時,故宫舊藏項跋本《刊謬補缺切韻》之韻'椥'下引作'椥',蓋後起字。"[①]故宫本《裴韻》平聲《之韻》:"椥,落椥,持摳也。《爾雅》云:制扉著户木持者。"《大字典》椥字下引《集韻》訓"落椥",然没有説明《爾雅》作"落時",不妥。《字海》没有收"落椥"義項,亦不妥。

【樓】

qián《廣韻》渠焉切,平仙群。元部。

❶斫木砧。《爾雅·釋宫》:"椹謂之樓。"郭璞注:"斫木櫍也。"(《大字典》1263B,參《字海》769A)

按:《爾雅·釋宫》:"椹謂之樓。"郭璞注:"斫木櫍也。"字作樓。《説文》《名義》無樓字,《釋文》:"樓,音虔,本亦作虔。《詩》云:方斲是虔。"《文選》卷三〇謝惠連《擣衣》:"欄高砧響發,楹長杵聲哀。"李善注:"《爾雅》曰:砧謂之虔。"蓋其字本作虔,後加木旁。《大字典》引《爾雅》字作樓,樓即樓之異寫。《大字典》《字海》樓(樓)字下没有溝通與"虔"字之關係,欠妥。

---

① 周祖謨校箋:《爾雅校箋》,雲南人民出版社2004年版,第211頁。

【榭】

《說文新附》："榭，臺有屋也。從木，射聲。"

xiè《廣韻》辭夜切，去禡邪。魚部。

❶建在高臺上的木屋（多用於游觀）。《爾雅·釋宫》："闍謂之臺，有木者謂之榭。"郭璞注："臺上起屋。"郝懿行義疏："榭者，謂臺上架木爲屋，名之爲榭。"《説文新附·木部》："榭，臺有屋也。"《書·泰誓》："惟宫室臺榭，陂池侈服。"孔傳："土高曰臺，有木曰榭。"《楚辭·招魂》："層臺累榭，臨高山些。"宋陸游《長安道》："歌樓舞榭高入雲，複幕重簾晝燒燭。"

❷古代指無室的廳堂。也爲藏器或講軍習武的處所。《爾雅·釋宫》："室有東西廂曰廟，無東西廂有室曰寢，無室曰榭。"郭璞注："榭即今堂堭。"邢昺疏："堂堭即今殿也。殿亦無室。"清鄭珍《説文新附考》："榭，在天子諸侯爲講武所居，在六鄉爲州學。講習武事以射爲先……故即名其屋曰射。"《左傳·成公十七年》："三郤將謀於榭。"杜預注："榭，講武堂。"《漢書·五行志上》："榭者，所以藏樂器。"王國維《觀堂集林》卷三："且古之宫室，未有有堂而無室者。有之，則惟習射之榭爲然。"（《大字典》1265A，參《字海》769C）

按：《爾雅·釋宫》："有木者謂之榭。"郭注："臺上起屋。"《尚書·泰誓》："宫室臺榭。"《釋文》："榭，《爾雅》云：有木曰榭，本又作謝。"《禮記·禮運》："臺榭宫室。"《釋文》："臺榭，音謝，本亦作謝。"《荀子·王霸》："臺榭甚高。"楊倞注："謝與榭同。"又《釋宫》："有室曰寢，無室曰榭。"郭注："榭即今堂堭。"《左傳·宣公十六年》經："成周宣榭火。"毛傳："成周洛陽宣榭講武屋別在洛陽者。《爾雅》曰：無室曰榭。謂屋歇前。"《釋文》："宣謝，本又作榭，音同。"《公羊傳·宣公十六年》："宣宫之謝也。"何休注："無室曰謝。"《儀禮·鄉射禮》："豫則鈎楹内。"鄭玄注："凡屋無室曰謝。"《説文》《名義》無榭字，其字蓋本作謝，後改從木旁。《集韻》去聲《禡韻》："榭，《説文》：臺有屋也①。一曰：凡屋無室曰榭②。通作謝。"《大字典》《字海》引《爾雅》，然没有溝通與"謝"字關係，欠妥。

【栵】

jí《廣韻》秦悉切，入質從。質部。

栵，立柱和横梁之間成弓形的承重結構。《爾雅·釋宫》："開謂之栵。"《廣韻·質韻》："栵，屋枅。"宋李誡《營造法式·木木作制度一·栱》："栱，其名有六……二曰栵。"參見"栱"。(《大字典》1268A，參《字海》770B)

按：《爾雅·釋宫》："開謂之栵。"郭注："柱上欂也。亦名枅，又曰楶。"《説文》《名義》無栵字，《太平御覽》卷一八八"枅"字條引《爾雅》："筍謂之疾③。"字作疾。其字蓋本作疾，後加木旁。《玉篇·木部》："栵，慈栗切，栭也。"《大字典》《字海》栵字下没有溝通與"疾"字的關係，欠妥。

【㭴】

cuó《集韻》徂禾切，平戈從。

同"樝"。果木名。李的一種。《集韻·戈韻》："㭴，木名。或作樝。"(《大字典》1268A，參《字海》770B)

按：《爾雅·釋木》："痤，椄慮李。"郭注："今之麥李。"《釋文》："痤，徂禾反。"字或作座，《初學記》卷二八《果木部》："座，接慮李。"《説文》《名義》無座字，其字蓋本作痤，痤、座音近，故通用。字或加木旁作㭴，《名義·木部》："㭴，才戈反，麥李也。"㭴字或省作樝，《集韻》平聲《戈韻》："㭴、樝，木名。[椄]櫨李也。"《大字典》《字海》㭴、樝字下不溝通與"痤"的關係，欠妥。

---

① 《説文》無榭字，釋義本大徐《説文新附》。
② 義本《爾雅·釋宫》"無室曰榭"。
③ "筍"字當誤，依郝氏《義疏》，筍爲枅同音字，枅又爲栵字形訛。文淵閣《四庫全書》本引《爾雅》作"枅謂之欂"，然引《郭注》亦作"柱上欂也，亦名枅"。郭注云與《爾雅》"開謂之栵"郭注語同。

【樆】

（一）lí《廣韻》呂支切，平支來。歌部。

木名，即山梨。《爾雅·釋木》："梨，山樆。"邢昺疏："在山之名則曰樆，人植之曰梨。"《玉篇·木部》："樆，山梨也。"（《大字典》1268A，參《字海》770B）

按：《爾雅·釋木》："梨，山樆。"郭注："即今梨樹。"《釋文》："樆，音離，本又作離，非。"《爾雅義疏》："樆，本作離。《子虛賦》云：檗離朱楊。《文選注》引張揖云：離，山梨也。是樆古本作離。《釋文》反以作離爲非，謬矣。"郝説當是，《説文》《名義》無樆字。其字蓋本作離，後改從木旁。《大字典》《字海》樆字下沒有溝通與"離"字的關係，欠妥。

【楜】

hú《廣韻》户吴切，平模匣。

棗的一種。上鋭下脹，大如瓠形。《玉篇·木部》："楜，今江東呼棗大而鋭上者曰楜。"（《大字典》1287A，參《字海》776C）

按：《爾雅·釋木》："棗，壺棗。"郭注："今江東呼棗大而鋭上者爲壺。"壺字或加旁作楜，《釋文》："壺，字或作楜，孫云：棗形上小下大似瓠，故曰壺。音胡。"《説文》無字楜，《名義·木部》："楜，户孤反，瓠也，大棗鋭也。"《大字典》《字海》楜字下沒有溝通與"壺"字的關係，欠妥。

【樴】

《説文》："樴，弋也。從木，戠聲。"

（一）zhí《廣韻》之翼切，入職章。又徒得切。職部。

❶小木樁。也泛指樁子。《爾雅·釋宫》："樴謂之杙。"郭璞注："橜也。"邵晋涵正義："古謂之橜。又謂之樴；又謂之杙。其狀不一，或褒而鋭，或大而長，其用至廣。"《説文·木部》："樴，弋也。"段玉裁注："弋、杙，古今字……樴謂之杙，可以繫牛。"章炳麟《新方言·釋

宮》："橛者，識也。今揚州謂立木爲表曰木橛子，立石爲表曰石橛子。"《墨子·備梯》："縣火，四尺一鉤橛。"孫詒讓問詁："《説文·木部》云：'橛，弋也。'鉤橛，蓋以弋著鉤而縣火。"唐段成式《酉陽雜俎·禮異》："婦入門，先拜豬橛及竈。"徐珂《清稗類鈔·盜賊類》："南匯有瀕湖而居者，畜牛犬各一，同橛而卧。"（《大字典》1295A，參《字海》779B）

按：《爾雅·釋宮》："橛謂之杙。"郭注："櫼也。"《説文·木部》："橛，弋也。從木、厥聲。"段注："《周禮》作職，《牛人》曰：祭祀共其享牛，求牛，以授職人而芻之。注云：職讀爲橛，橛謂之杙，可以系牛。"《段注》引文出《周禮·地官·牛人》，《周禮·春官·肆師》："頒於職人。"鄭注："職讀爲橛，橛，可以系牛者。"其字蓋本作職，後易旁作橛。《名義·木部》："橛，之力反，作杙系牛。"《集韻》入聲《職韻》："橛，《説文》：弋也。通作職。"《大字典》《字海》没有溝通與"職"字關係，欠妥。

【樢】

xī《廣韻》呼雞切，平齊曉。又呼改切。

〔樸樢〕見"樸"。（《大字典》1295B，參《字海》779B）

按：《大字典》"樸"字下云："〔樸樢〕木名。《爾雅·釋木》：'魄，樸樢。'郭璞注：'魄，大木細葉似檀，今江東多有之。齊人諺曰：上山斫檀，樸梳先殫。'"《爾雅·釋木》："魄，樸樢。"《説文》無樢字，《釋文》："樢，許兮反，本亦作醯。"其字蓋本作醯，後改從木旁。《名義·木部》："樢，呼奚反，醯（魄）木也。"《大字典》《字海》樢字下不溝通與"醯"字的關係，欠妥。

【檝】

zhé《廣韻》直列切，入薛澄。

棗。《玉篇·木部》："檝，棗也。"《類篇·木部》："檝，楊檝，棗木名。"（《大字典》1295B，參《字海》779B）

按：《爾雅·釋木》："楊徹，齊棗。"徹字或加旁作欘，《釋文》："徹，本或作欘，直列反。"《説文》《名義》無欘字，其字蓋本作徹，後改從木旁。《玉篇·木部》："欘，直舌切，棗也。"《大字典》《字海》欘字下没有溝通與"徹"字的關係，欠妥。

【檴】

huò《廣韻》胡郭切，入鐸匣。魚部。

木名。椰榆。《爾雅·釋木》："檴，落。"郭璞注："可以爲杯器素。"郝懿行義疏："《詩》：'無浸檴薪。'鄭箋：'檴、落，木名也。'正義引某氏曰：'可作杯圈，皮韌繞物不解。'陸璣疏云：'今椰榆也。其葉如榆，其皮堅韌，剥之長數尺，可爲絙索，又可爲甌帶，其材可爲杯器。'《漢書·司馬相如傳》云'留落胥邪'郭注：'落，檴也，中作器素'，與此注同。"《廣韻·鐸韻》："檴，檴落，木名。"（《大字典》1306B，參《字海》781A）

按：《爾雅·釋木》："檴，落。"《釋文》："檴，户郭反，《詩》云：無浸檴薪。"《詩·小雅·大東》："無浸穫薪。"毛傳："穫，艾也。"鄭箋："穫，落，木名也。"《釋文》："穫薪，户郭反，毛：刈也。鄭：落，木名也。字則宜作木旁。"其字蓋本作穫，後改易從木旁，《説文·木部》："檴，木也。以其皮裹松脂。讀若華。檴，或從蒦。"與此同形。《名義·木部》："檴，胡霸反，落也。"《名義》注音同《説文》，釋義同《爾雅》《鄭箋》。《大字典》《字海》檴字下没有溝通與"穫"字的關係，欠妥。

【樧】

同"杉"。《説文·木部》："樧，木也。"徐鍇繫傳："即今書杉字。"《集韻·銜韻》："樧，亦作杉。"明宋濂《鑽燧説》："取赤樧二尺中析之，一剡成小空，空側開以小隙。"（《大字典》1305B，參《字海》783B）

按：大徐本《説文·木部》："樧，木也。"注云："臣鉉等曰：

第五章 《爾雅》名物詞用字歷時考察與研究的意義

今俗作杉，非是。"樠字爲徐鉉所增十九文之一。《説文·木部》："柀，樠也。"《爾雅·釋木》："柀，煔。"郭注："煔似松，生江南。可以爲船及棺材，作柱埋之不腐。"《釋文》："煔，字或作杉，所咸反。"則其字本作煔，後加木旁作樠，或改換聲旁作杉。《名義·木部》："樠，所咸反，杉字①。"《大字典》《字海》樠字下没有溝通與"煔"字的關係，欠妥。

【檽】

ōu，《廣韻》烏侯切，平侯影。侯部。

❶木名，即刺榆。《爾雅·釋木》："檽，莖。"郭璞注："今之刺榆。"

❷樹木枯死。《廣雅·釋木》："檽，梇也。"王念孫疏證："《集韻》云：'梇，木立死也。梇之言歹也。'前《釋詁》云：歹，死也，亦言尼也。《爾雅》云：尼，止也，言其止息不復生也。"（《大字典》1312A，參《字海》784A）

按：《爾雅·釋木》："藲，莖。"郭注："今之刺榆。"則今本《爾雅》字作藲。《説文》無藲字，《釋文》："藲，烏侯反，《詩》云：山有樞，是也。本或作檽，同。"《詩·唐風·山有樞》："山有樞，刺晉昭公也。"阮元《爾雅注疏校勘記》："唐石經、小字本、相臺本同。案：《釋文》云：樞，本或作檽，烏侯反，莖也。《爾雅·釋木》：藲，莖。《釋文》：藲，烏侯反，《詩》云：山有樞，是也。本或作檽，同。考漢石經《魯詩》殘碑作檽。《説文·艸部》檽下云：草也。不以爲藲莖字。是毛氏《詩》作樞也，《爾雅》加艸於首所以別户樞字耳。《漢書·地理志》山樞亦然。其實《毛詩》不作檽，《釋文》或作本非也。亦不作藲，故《説文》艸部、木部皆無藲字。"阮氏所云當是。其字蓋本作"樞"，受莖字影響類化作"檽"，或徑加艸旁作"藲"；"檽"蓋"藲"之易位字。《大字典》《字海》不收"藲"字，不妥。

《廣雅·釋木》："樗、栜、檽，梇也。"王念孫引《集韻》謂其

---

① "字"原作點號，今依《説文》及大徐注改。

義爲"木立死"，當是。《齊民要術》卷四"柰、林檎第三十九"引《廣雅》云："檳、棇、薆，柰也。"①《說文》無"檳""棇"字，《玉篇·木部》："棇，猗儉切，棇，柰也。"字亦作"柰"，其字蓋本作"薆，柰也。"後涉"檳""棇"字類化加木旁。

《名義·木部》："檳，於侯反，莖也，棇也。"則野王所見《爾雅》《廣雅》已俱作"檳"。是檳有二義，然其字來源則有二：一爲"樞"字加旁，一爲"薆"字加旁。《大字典》《字海》不指明其中的字際關係，欠妥。又《字海》釋義略同《大字典》，其後云："二義均見《爾雅·釋木》。"第二個義項源於《廣雅·釋木》，《字海》將兩書誤混。

【櫂】

（二）dí《集韻》亭歷切，入錫定。

❶木枝直上貌。《集韻·錫韻》："櫂，木枝直上兒。"（《大字典》1311A，參《字海》785C）

按：《爾雅·釋木》："無枝爲檄。"郭注："檄櫂直上。"此《集韻》所本。《釋文》："櫂，直角反，字從手。"字從手，不從木。又《爾雅·釋木》："梢，梢櫂。"郭注："謂木無枝柯，梢櫂長而殺者。"《釋文》："櫂，直角反，《方言》云：拔也。《蒼頡篇》云：抽也。《廣雅》云：出也。《小爾雅》云：拔根曰櫂。""無枝爲檄"與"謂木無枝柯"義同，則陸氏所見《爾雅》兩處并作櫂。《說文》《名義》無櫂字，其字蓋本作櫂，後改從木旁。《大字典》櫂字下沒有溝通與"櫂"之關係，欠妥。《字海》櫂字下不收此義，亦不妥。

【欂】

jué《集韻》厥縛切，入藥見。藥部。

❶木名。《爾雅·釋草》："欂，烏階。"郭璞注："即烏杷也。子連相著，狀如杷齒，可以染皁。"郝懿行義疏："欂，邢疏'今俗謂

---

① 今《齊民要術》作《廣志》，誤。參見（後魏）賈思勰，繆啟愉校釋《齊民要術校釋》，中國農業出版社1998年版，第297—298頁。

之狼杷'……按：《釋名》云：'齊魯間謂四齒杷爲欋。'以證郭注所說子連著如杷齒，則《爾雅》欋當作欋。"（《大字典》1325B，參《字海》791A）

按：《爾雅·釋草》："攫，烏階。"郭注："即烏杷也。子連相著，狀如杷齒，可以染皁。"《爾雅》字從扌作。郝懿行《爾雅義疏》："《釋名》云：齊魯間謂四齒杷爲欋，以證郭注所說子連著如杷齒，則《爾雅》欋當作欋。今作欋，居縛反，恐字形之誤耳。"則郝氏所見《爾雅》從木作欋。今檢《天祿琳琅叢書》影宋監本、《古逸叢書》影刻宋覆蜀大字本、《四部叢刊》影鐵琴銅劍樓瞿氏藏宋刻十行本《爾雅·釋草》并作"攫，烏階"。藝學軒影宋本《爾雅音圖》、宋元遞修本《爾雅音義》亦作"攫"。阮元《爾雅注疏校勘記》："攫，烏階。唐石經、元本同。雪窗本攫音钁。閩本、監本、毛本作欋，訛。"其字蓋本借作"攫"，後改從木旁。郝氏所云當誤。《大字典》《字海》欋字下沒有溝通與"攫"字的關係，欠妥。

【𬌗】

（一）yòu《廣韻》余救切，去宥以。又似祐切。宵部。

黑眼眶的牛。《爾雅·釋畜》："黑眥，𬌗。"郭璞注："眼眥黑。"邢昺疏："眥，目匡也。牛之目匡黑者名𬌗。"（《大字典》1807A，參《字海》850B）

按：《爾雅·釋畜》："黑眥，𬌗。"《說文》無𬌗字，《釋文》："𬌗，音袖，《字林》音就。本或作褎（褎），音同。"《說文·衣部》："褎，袂也。袖，俗褎從由。"其字蓋本借袖（褎）字爲之，因其表牛，後改換作牛旁。《名義·牛部》："𬌗，餘授反，牛黑眥。"《大字典》《字海》𬌗字下沒有溝通與"袖（褎）"的關係，欠妥。

【牸】

母牛。劉師培《左盦外集·名物溯源續補》："牝牛亦爲牸牛，牝馬亦名牸馬，而牝豕名豝，巴、字亦一聲之轉。"漢曹操《與楊太尉書》："謹贈足下錦裘二領、八節角桃杖一枝……四望通幰七香車一乘、青犕牛二頭。"宋陸游《晚晴出行近村閑詠景物》："老犕行將新長犢，空桑卧出寄生枝。"明康海《中山狼》第三折："有一個老犕在那裏曝日。你去問他！"（《大字典》1810，參《字海》851C）

bó音波陽平。康海《中山狼》第三折："有一個老犕在那裏曝日。"（《字海》851C）

按：文獻用字和字書收字密切相關，一般來説，文獻中出現的字，後出字書都會吸收進去。此字不見於前世字書，可疑。以形義考之，此字當爲㹀字訛變。《廣雅·釋獸》："㹀，雌也。"《名義·牛部》："㹀，辭利反，母牛。"《爾雅·釋畜》："牝曰騇。"郭注："草馬名。"通志堂本《釋文》："草馬，本亦作騇，《魏志》云：教民畜㹀牛騇馬。是也。"宋元遞修本字作㹀，《三國志·魏志》卷一六："漸課民畜㹀牛草馬。"蓋其所本，字亦作㹀。此犕爲㹀之明證也。王念孫《廣雅疏證》云："或通作字，《史記·平準書》：衆庶街巷有馬，阡陌之間成群，而乘字牝者，儐而不得聚會。是母馬亦謂之㹀也。㹀之言字，生子之名。《釋詁》云：字，生也。牛母謂之㹀，猶麻母謂之萆矣。"王氏之説是也。《大字典》釋犕爲"母牛"，而引劉氏例"牝馬亦名犕馬"，則字非特專指牛言。劉師培謂"巴、孛亦一聲之轉"，强爲曲解。其字文獻無注音，《字海》爲其添加漢語拼音和直音用字，亦爲望形生音。

【犎】

同"犨"。《玉篇·牛部》："犎，牛也。"《集韻·鍾韻》："犨，牛名，領上肉㿜（㿜）胅起如橐駝。或從夆。"（《大字典》1811A，參《字海》852A）

按：《後漢書·順帝紀》："疏勒國獻師子、封牛。"李賢注："封牛，其領上肉隆起若封然，因以名之，即今之峰牛。"犨牛字蓋本作"封"，後加牛旁。據李賢注，封牛又作"峰牛"。犎當是峰之換旁字。

【牷】

quán《廣韻》巨員切，平仙群。又居倦切。元部。

❶黑脚牛。《爾雅·釋畜》："（牛）黑脚，牷。"邢昺疏："黑脚者名牷。"

❷黑耳牛。《玉篇·牛部》："牷，牛黑耳。"《廣韻·仙韻》："牷，牛黑耳。"（《大字典》1814A，參《字海》853A）

按：《爾雅·釋畜》："黑脣，犉；黑眥，牰；黑耳，犩；黑腹，牧；黑脚，牷。"《説文》無牷字，宋元遞修本《釋文》："捲，音權，又音眷。"疑其字本作"捲"，因其表牛名，又俗書扌、牛形近，故改從牛旁。通志堂本字作"牷"，蓋後人所竄改。

《名義·牛部》："犩，於貴反，牛黑耳；牷，奇圓反，牛黑脚。"釋義與《爾雅》同。《玉篇·牛部》："犩，於貴切，牛名；牷，奇員、居辨二切，牛耳黑。"《名義》《玉篇》同出一源，釋義不當有別，疑《玉篇》釋義有誤。犩爲黑耳牛，牷爲黑脚牛，牷既指黑耳牛又指黑脚牛似乎不太可能。箋注本《切韻》（斯 2071）平聲《仙韻》："牷，牛黑耳。"此《廣韻》所本，則韻書釋義之誤由來已久。《集韻·仙韻》："牷，《爾雅》：牛黑脚，牷。"《集韻》不誤。《大字典》《字海》牷字"黑耳牛"之訓爲虛假字義。

【犎】

fēng《廣韻》府容切，平鍾非。

野牛。一説單峰駝。《爾雅·釋畜》"犦牛"晉郭璞注："即犎牛也。領上肉犦胅起，高二尺許，狀如橐駝，肉鞍一邊，健行者日三百餘里，今交州合浦徐聞縣出此牛。"郝懿行義疏："又名一封橐駝，大月氏國出之。"《玉篇·牛部》："犎，野牛也。"《晉書·張軌傳》："西域諸國獻汗血馬、火浣布、犎牛、孔雀、巨象及諸珍異二百餘品。"清龔自珍《論京北可居狀》："縱可四百丈，橫四之一，可以牧牛、羊、犎牛。"（《大字典》1815B，參《字海》853B）

按：《爾雅·釋畜》："犦牛。"晉郭璞注："即犎牛也。"《說文》無犎字，《漢書·大月氏國傳》："出一封橐駝。"顏師古注："封，言其隆高若封土也。今俗呼爲封牛。"《後漢書·順帝紀》："疏勒國獻師子、封牛。"李賢注："封牛，其領上肉隆起若封然，因以名之，即今之峰牛。"則其字蓋本作"封"，後加牛旁。《名義·牛部》："犎，甫恭反，野牛也。"據李賢注，封牛又作"峰牛"。"峰牛"字又作"犎"，《集韻》平聲《鍾韻》："犎、犎，牛名，領上肉撮（犦）胅起如橐駝。或從夆。"《大字典》《字海》犎字下沒有溝通與"封"字的關係，欠妥。

【犌】

jì《廣韻》子力切，入職精。

牛名。即"犤牛"。《爾雅·釋畜》"犤牛"晉郭璞注："犤牛庳小，今之犌牛也，又呼果下牛，出廣州高涼郡。"《集韻·職韻》："犌，牛名，犤也。"《本草綱目·獸部·牛》："廣南有犌牛，即果下牛，形最卑小，《爾雅》謂之犤牛。"（《大字典》1817A，參《字海》854B）

按：《爾雅·釋畜》："犤牛。"《釋文》："犌，子息反，本或作稷。"《說文》《名義》《玉篇》無犌字，蓋其字本作稷，後改換作牛旁。箋注本《切韻》（伯4746）入聲《職韻》："犌，牛名。"《大字典》《字海》犌字下沒有溝通與"稷"字的關係，欠妥。

【犣】

liè《廣韻》良涉切，入葉來。盍部。

❶旄牛。《爾雅·釋畜》："犣牛。"郭璞注："旄牛也，髀膝尾皆有長毛。"《廣韻·葉韻》："犣，旄牛名。"（《大字典》1821B，參《字海》856C）

按：《爾雅·釋畜》："犣牛。"《說文》無犣字，《釋文》："犣，力涉反，《字林》云：牛名也。郭云：旄牛也。本或作鬣字，此牛多毛鬣。"其字蓋本作鬣，後加牛旁。《名義·牛部》："犣，力涉反，旄牛也。"

《大字典》《字海》犣字下没有溝通與"氂"字的關係,欠妥。

【犩】

wéi《廣韻》語韋切,平微疑。又魚貴切。微部。

中國古代西南山區一種很大的野牛。又稱"犩牛"或"夔牛"。《爾雅·釋畜》:"犩牛。"郭璞注:"即犩牛也。如牛而大,肉數千斤,出蜀中。《山海經》曰:岷山多犩牛。"按:今《山海經·中山經》作"夔牛",郭璞注云:"今蜀山中有大牛,重數千斤,名爲夔牛。晉太興元年,此牛出上庸郡,人弩射殺(之),得三十八擔肉。即《爾雅》所謂魏〔犩〕。"(《大字典》1822B,參《字海》857A)

按:《爾雅·釋畜》:"犩牛。"《説文》無犩字,《四部叢刊》影宋刻十行本字作"魏"。《山海經·中山經·中次九經》:"其獸多犀、多夔牛。"郭璞云:"今蜀山中有大牛,重數千斤,名爲夔牛,即《爾雅》所謂魏。"則郭璞所見《爾雅》亦作"魏"。疑其字本借魏字爲之,後加牛旁。《名義·牛部》:"犩,牛畏反,犩牛也。"《大字典》《字海》犩字下没有溝通與"魏"字的關係,欠妥。又《大字典》云"又稱'犩牛'或'夔牛'。""犩牛"字本作夔,後加牛旁。"犩牛""夔牛"同指一物,用字有別耳。

【臛】

huò《廣韻》火酷切,入沃曉。藥部。

肉羹;也稱作成肉羹。《廣韻·沃韻》:"臛,羹臛。"《楚辭·招魂》:"露雞臛蠵,厲而不爽些。"王逸注:"有菜曰羹,無菜曰臛。"北魏楊衒之《洛陽伽藍記》卷二:"咀嚼菱藕,拑拾雞頭,蛙羹蚌臛以爲膳羞。"《聊齋誌異·天宮》:"久之,腹餒,遂有女僮來,餉以麵餅、鴨臛,使捫啖之。"(《大字典》2124A,參《字海》924B)

按:《爾雅·釋器》:"肉謂之羹。"郭注:"肉臛也。"《説文》《名義》《玉篇》無臛字,此即《説文》膗字,《説文·肉部》:"膗,肉羹也。從肉、隺聲。"《大字典》《字海》臛字下不與膗字溝通,欠妥。

【瓾】

gōu《廣韻》古侯切,平侯見。又《集韻》胡溝切。

〔瓾瓝〕王瓜。《廣雅·釋草》:"瓾瓝,王瓜。"《集韻·侯韻》:"瓾,王瓜也。"(《大字典》2655A,參《字海》1101B)

按:《爾雅·釋草》:"鉤,藈姑。"郭注:"鉤瓝也,一名王瓜。實如胡瓜,正赤,味苦。"《釋文》:"瓾,音鉤,又五侯反。"則陸德明所見《爾雅》作瓾。《說文》無瓾字,《名義·瓜部》:"瓾,公侯反,王瓜也。"其字蓋本作鉤,後改換作瓜旁。《大字典》《字海》瓾字下沒有溝通與"鉤"字的關係,欠妥。

【瓡】

(一) gū《廣韻》古胡切,平模見。

瓜名。《玉篇·瓜部》:"瓡,瓜也。"《集韻·模韻》:"瓡,王瓜也。"(《大字典》2654B,參《字海》1101B)

按:《爾雅·釋草》:"鉤,藈姑。"郭注:"鉤瓝也,一名王瓜。實如胡瓜,正赤,味苦。"姑字或加艸旁作菇,《釋文》:"菇,音姑,本今作姑。"《名義·艸部》:"菇,故吳反,瓾瓝也。"字又或換旁作瓡,《名義·瓜部》:"瓡,古胡反,菇字①。"《集韻》平聲《模韻》:"瓡、菇,王瓜也。或作菇。"《大字典》《字海》瓡字下沒有溝通與"姑"字關係,欠妥。

【襂】

shān《集韻》師銜切,平銜生。

❶同"縿"。古時旌旗垂飾物的正幅。《集韻·銜韻》:"縿,《說文》:'旌旗之斿也。'一曰正幅。或作襂。"

❷縫帛。《改并四聲篇海·衣部》引《餘文》:"襂,縫帛。"《字彙·衣部》:"襂,縫帛。"(《大字典》3102,參《字海》1148A)

---

① "字"原作點號,今依《集韻》改。

第五章 《爾雅》名物詞用字歷時考察與研究的意義

按："縫"字崇禎本《篇海》卷三《衣部》引《餘文》作"絳"，[①]此《大字典》所本。《新修玉篇》卷二十八《衣部》引《餘文》作"絳"。絳不是縫字，而是絳字。《篇海》引《餘文》字實出《廣韻》《集韻》，《廣韻》平聲《銜韻》："縿，絳帛。《説文》曰：旌旗游也。"《集韻》同韻載異體作襸。是訓"絳帛"者亦"縿"字之變。《爾雅·釋天》："纁帛縿。"郭注："纁，帛絳也。縿，旒所著。""絳帛"之訓蓋即郭注纁字之義，縿字無"絳帛"義。

【蚞】

mù《廣韻》莫卜切，入屋明。屋部。

〔蜓蚞〕又名"螇螰"。蟬名。《爾雅·釋蟲》："蜓蚞，螇螰。"郭璞注："即蟪蛄也。一名蟪蛄，齊人呼螇螰。"（《大字典》2837A，參《字海》1194B）

按：《爾雅·釋蟲》："蜓蚞，螇螰。"《説文》無蚞字，《釋文》："蚞，音木，本或作沐，非。"其字蓋本作沐，後改換爲虫旁。《名義·虫部》："蚞，莫穀反，螇螰。"《大字典》《字海》蚞字下没有指明與"沐"字的關係，欠妥。

【蚅】

è《廣韻》於革切，入麥影。錫部。

烏蠋，蛾蝶類的幼蟲。似蠶，大如指。《爾雅·釋蟲》："蚅，烏蠋。"《廣韻·麥韻》："蚅，烏蠋。大如指，似蠶。"《本草綱目·蟲部·蠶》："凡諸草木，皆有蚅蠋之類，食葉吐絲，不如蠶絲可以衣被天下，故莫得并稱。"（《大字典》2837B，參《字海》1194B）

按：《爾雅·釋蟲》："蚅，烏蠋。"郭注："大蟲，如指，似蠶，見《韓子》。"《説文》無蚅字，《詩·大雅·韓奕》："鞗革金厄。"毛傳："厄，烏蠋。"其字蓋本作厄，後加虫旁。《名義·虫部》："蚅，於革反，烏蠋也，似蠶。"《大字典》《字海》蚅字下没有溝通與"厄"字的

[①] （金）韓道昭撰：《改并五音類聚四聲篇》，國家圖書館藏明崇禎二年刻本，卷13，第48頁。

關係，欠妥。

【蚻】

zhá《廣韻》側八切，入黠莊。術部。

一種小蟬。《爾雅·釋蟲》："蚻，蜻蜻。"郭璞注："如蟬而小。"郝懿行義疏："今驗此蟬，棲霞人呼桑蠽蟟，順天人呼咨咨。其形短小，方頭廣領，體兼彩文。鳴聲清婉，若咨咨然。"唐韓愈等《征蜀聯句》："始去杏飛聲，及歸柳嘶蚻。"(《大字典》2842A，參《字海》1195C)

按：《爾雅·釋蟲》："蚻，蜻蜻。"郭注："如蟬而小。《方言》云：'有文者謂之臻。'《夏小正》曰：'鳴蚻，虎懸。'"《說文》無蚻字，文淵閣《四庫全書》本《大戴禮記·夏小正》《夏小正戴氏傳》并作"鳴札"。其字蓋本作札，後加虫旁。《名義·虫部》："蚻，側黠反，蟬小青。"《大字典》《字海》蚻字下沒有溝通與"札"字的關係，欠妥。

【蛄】

(一) qǔ《廣韻》羌舉切，上語溪。

〔蛄蚁〕也作"鼀𪕐"。蟾蜍。《廣韻·語韻》："蛄，蛄蚁。"《集韻·語韻》："鼀，蟲名。《爾雅》：'鼀𪕐，蟾諸。'或作蛄。"(《大字典》2841B，參《字海》1195C)

按：《爾雅·釋魚》："鼀𪕐，蟾諸。"郭璞注："似蝦蟆，居陸地。淮南謂之去蚁。"此《大字典》所本。《爾雅》之"鼀𪕐"，郭注之"去蚁"本爲一物，然其字形、字音俱有不同，《大字典》謂"〔蛄蚁〕也作'鼀𪕐'"，誤也。《說文》無蛄蚁字，《集韻》上聲《語韻》："鼀，蟲名。《爾雅》：鼀𪕐，蟾諸。一曰去父。"《集韻》引《爾雅》作"去父"。玄應《一切經音義》卷一〇"蟾蠩"："《爾雅》：蟾蠩。郭璞曰：似蛤蟆，居陸地。淮南謂之去父，山東謂之去蚁。蚁音方可反。"字亦作"去父"。其字蓋本作"去父"，後加虫旁。"鼀𪕐"之鼀或換從虫旁作蛄，與"蛄蚁"字同形。

第五章 《爾雅》名物詞用字歷時考察與研究的意義

【蛩】

《説文》："蛩蛩，獸也。一曰，秦謂蟬蜕曰蛩。從虫，巩聲。"

（一）qióng《廣韻》渠容切，平鍾群。東部。

❶〔蛩蛩〕1.古代傳説中的异獸，青色，狀如馬。《説文·虫部》："蛩蛩，獸也。"《吕氏春秋·不廣》："北方有獸，名曰蹶。鼠前而兔後，趨則蛩，走則顛，常爲蛩蛩距虚取甘草以與之。蹶有患害也，蛩蛩距虚必負而走。"《漢書·司馬相如傳》："蛩蛩，轔距虚。"顏師古注引張揖曰："蛩蛩，青獸，狀如馬。"唐韓愈《醉留東野》："低頭拜東野，願得終始如駏蛩。"（《大字典》2847A，參《字海》1197C）

按：《爾雅·釋地》："西方有比肩獸焉，與邛邛岠虚比，爲邛邛岠虚齧甘草，即有難，邛邛岠虚負而走，其名謂之蟨。"邛邛或作蛩蛩，《説文·虫部》："蛩，蛩蛩，獸也；蟨，鼠也。一曰：西方有獸，前足短，與蛩蛩巨虚比，其名謂之蟨。"《説文》從虫者疑亦晚出，其字蓋本作邛邛。《大字典》《字海》蛩字下没有溝通與《爾雅》"邛"字的關係，欠妥。

【蜒】

同"蜿"。《爾雅·釋蟲》："蟫蚭，蟹蚕。"晋郭璞注："即蜒蟺也，江東呼寒蚭。"《廣韻·阮韻》："蜿，亦作蜒。"《文選·嵇康〈琴賦〉》："瀄汩澎湃，蜒蟺相糾。"張銑注："蜒蟺，盤旋貌。"（《大字典》2844B，參《字海》1197A）

按：《爾雅·釋蟲》："蟫蚭，蟹蚕。"郭注："即蜒蟺也，江東呼寒蚭。"《説文》無蜒、蜿字，《説文·虫部》："蟺，夗蟺也。從虫、亶聲。"字作夗。其字蓋本作夗，後加虫旁。又或改換聲旁作蜿。《大字典》《字海》蜒字下没有溝通與"夗"字的關係，欠妥。

【蛤】

tāi《廣韻》土來切，平咍透。

黑貝。也作"貽"。《爾雅·釋魚》"玄貝、貽貝"唐陸德明釋文：

"貽，《字林》作'蛤'。云：黑貝也。"（《大字典》2846B，參《字海》1197B）

按：蛤字蓋本作"貽"，後改從虫旁。參"貽"字條。

【蚈】

xíng《改并四聲篇海·虫部》引《搜真玉鏡》："蚈，音行。"（《大字典》2850B，參《字海》1198C）

按：《篇海》卷一三《虫部》引《川篇》："蚈，音行。"《大字典》謂引《搜真玉鏡》，誤也。《篇海》同畫又引《川篇》："蚈，音演。"《新修玉篇》卷二十五《虫部》同位置作："蚈，音演。"《新修玉篇》無"音行"之蚈。疑"蚈"即"衒"字易位字，《爾雅·釋虫》："蠉衒，入耳。"《釋文》："衒，以善反，本又作蜒。""音行"爲望形生音。"衒"字本作"衍"，參"衒"字條。

【蛘】

yáng（又讀mǐ）《廣韻》綿婢切，上紙明。陽部。

米象。後作"蛘"。象鼻蟲科。成蟲經褐色，頭部前伸似象鼻，鞘翅上有四個赤褐色斑紋。幼蟲乳白色，體肥厚。吃米、稻、麥和高粱等糧食，是倉庫中的害蟲。《爾雅·釋蟲》："蛄蛄蛗，强蛘。"郭璞注："今米穀中蠹小黑蟲是也。建平人呼爲蛘子。"陸德明釋文："蛘，《字林》作'蛘'。"郝懿行義疏："今按此蟲大如黍米，赤黑色，呼爲牛子……廣東人呼米牛，紹興人呼米象，并因形以爲名。"現代生物學泛指象鼻蟲科昆蟲。如：松蛘；栗蛘；果蛘。（《大字典》2853A，參《字海》1200B）

按：《爾雅·釋蟲》："蛄蛗，强蛘。"郭注："今米穀中蠹小黑蟲是也。建平人呼爲蛘子，音羋姓。"《釋文》："蛘，郭音羋，亡婢反，本或作羋，《說文》作羊，《字林》作蛘，弋丈反，云：搔蛘也。"《方言》卷一一："蛄蛗謂之强蛘。"郭璞注："米中小黑甲蟲也。江東名之蚿，音加。建平人呼羋子，音羋，羋即姓也。"《方言》蛄

188

第五章 《爾雅》名物詞用字歷時考察與研究的意義

作"姑",蟓子作"芉子"。《説文•虫部》:"蠠,蛄蠠,强芉也。從蟲、施聲。"段注:"羊,《釋文》所引及宋本如此。當音陽,蓋今江東人謂麥中小黑蟲爲羊子者是也。鉉本作蟓,李仁甫本作芉,皆非是。《釋蟲》曰:蛄蠠,强蟓。郭云:今米穀中蠹小黑蟲是也。建平人呼爲蟓子。蟓,亡婢反。郭音恐未諦。《方言》:姑蠠謂之强羊。字亦正作羊。郭注廣之,以江東名蝁,音加。建平人呼蟓子,音芉姓。不得改《方言》正文作蟓也。《爾雅》正文恐亦本作羊。"徐灝《説文解字注箋》:"箋曰:'鈕云:《繫傳》作芉,宋本及《五音韻譜》并同。毛氏初印本亦同。後改蟓。《爾雅》《方言》注出一手,并當是芉加蟲者。俗體作蟓者,訛文也。'灝按:《釋文》引《説文》作羊者,乃字誤。又云《字林》作蟓,弋丈反。此吕忱之謬耳。至《方言》云'姑蠠謂之强蟓',未見有作羊者。段氏徑改其字以就己説,反以今本作蟓者爲人所改,此武斷之積習也。"[1]王筠《説文釋例》:"案:《説文》蟓下云:搔蟓也。而陸氏以爲出《字林》。豈今本《説文》爲後人以《字林》竄入乎?《玉篇》不收蟓,其蟓下云:弋掌切,蟓搔也。又音羊(此音或即謂强蟓)。段氏以爲强羊當音陽,説固有徵,然漢晋相去時代爲近,郭音亡婢反,而《爾雅》本亦有作芉者,蓋許、郭所見同爲不訛之本也。鮑刻《説文》作蟓,則後人加之偏旁。此《玉篇》所以不收,亦即《爾雅》所由訛爲蟓也。蟓别自成字,本與强芉無涉,而芉、芉[2]以相似而訛,即加偏旁作蟓、蟓,仍以相似而訛。遂以疴蟓之詞爲强芉之名也。陸氏謂《説文》作羊,蓋見譌本。段氏從之者,蓋以强、羊疊韻,意揣其當然也。"[3]徐、王所説當是。《名義》亦無蟓字,其字蓋本作芉,郭注《方言》"建平人呼芉子",後加虫旁作蟓。芉、芉(羊),蟓、蟓(蟓)形似,此《釋文》、或本《説文》所致誤

---

[1] (清)徐灝:《説文解字注箋》,《續修四庫全書》經部第226册,影印清光緒二十年刻民國四年補刻本,上海古籍出版社1995—2002年版,第620頁。

[2] "芉"即"羊"字,篆文隸定字。

[3] (清)王筠:《説文釋例》,《説文解字詁林》,中華書局1988年版,第12924—12925頁。

也。《廣韻》上聲《紙韻》洍小韻："蛘，《爾雅》注云：今米谷中蠹小黑蟲。是也。"《集韻·紙韻》弭小韻："蛘，蟲名。《爾雅》：蛄蟴，强蛘。今米穀中小黑蟲。一曰：蛘蛘^①，蟷蜋也。"《廣韻》《集韻》之蛘即蛘字，形近相亂也。《廣韻》《集韻》蛘（蛘）字與郭注音同，且兩書没有又音。亦可證其字本作蛘，不作蛘。《大字典》《字海》不收蛘字，當補入。

【蜌】

bì《集韻》部禮切，上薺并。脂部。

一種長而狹的蚌，俗稱"馬刀"。《爾雅·釋魚》："蜌，蠯。"郭璞注："今江東呼蚌長而狹者爲蠯。"《本草綱目·介部·馬刀》："蜌……時珍曰：馬刀，似蚌而小，形狹而長，其類甚多。長短大小，厚薄斜正，雖有不同，而性味功用，大抵則一。"（《大字典》2854B，參《字海》1200A）

按：《爾雅·釋魚》："蜌，蠯。"《説文》無蜌字，《説文·虫部》："蠯，階也。脩爲蠯，圜爲蠇。"段注："陛各本作蜌，今《爾雅》同。《韻會》作陛，即蚌語之轉也。當依《玉部》作玼，蚌之有聲者也。"北圖藏宋刻《集韻》上聲《梗韻》："蠯，《説文》：蜌也。脩爲蠯，圜爲蠇。"小徐本"階"作"陛"。述古堂本《集韻·梗韻》："蠯，《説文》：陛也。脩爲蠯，圜爲蠇。"字亦作陛。其字蓋本借作陛，小徐本、述古堂《集韻》不誤。今本《説文》作階者，乃陛字之訛。或本及宋刻《集韻》作蜌者，乃妄改也，《爾雅》也犯了同樣的錯誤。《段注》云："當依《玉部》作玼。"《黄侃評本正名》亦以爲當作玼，犯了必從《説文》找本字的毛病。^②《名義·虫部》："蜌，蒲礼反，蚌長細。"字從虫作，由來已久。《大字典》《字海》蜌字下没有溝通與"陛"字的關係，欠妥。

---

① 其字本亦作"芊"，《廣雅·釋蟲》："芊芊，蟷蜋也。"
② 黄侃：《黄侃評本正名》，《爾雅詁林》，湖北教育出版社1996年版，第4008頁。

【蝍】

（一）jié《廣韻》子結切，入屑精。又子力切。質部。

〔蝍蛆〕蜈蚣。《廣雅・釋蟲》："蝍蛆，吴公也。"王念孫疏證："吴公一作蜈蚣。"《莊子・齊物論》："蝍且甘帶。"陸德明《釋文》："且，字或作蛆……《廣雅》云：'蜈公也。'帶，司馬（彪）云：'小蛇也。蝍蛆好食其眼。'"《本草綱目・蟲部・蜈蚣》："弘景曰：蝍蛆，蜈蚣也，性能制蛇，見大蛇便緣而噉其腦。"明祁彪佳《越中園亭記・笑丸莊》："向有异僧住此説法，兩蝍蛆聽法而化，因瘞焉，稱蜈蚣塚。"一説蟋蟀。《爾雅・釋蟲》："蒺蔾，蝍蛆。"郭璞注："似蝗而大腹長角，能食蛇腦。"《淮南子・説林》："騰蛇游霧而殆於蝍蛆。"高誘注："蝍蛆，蟋蟀。《爾雅》謂之蜻蛚之大腹也，上蛇，蛇不敢動，故曰殆於蝍蛆也。"漢王逸《九思・哀歲》："蚜蚗兮噍噍，蝍蛆兮穰穰。"

（二）jí《廣韻》資悉切，入質精。

飛蟲。《廣韻・質韻》："蝍，飛蟲。"（《大字典》2858B）

jí音机陽平，〔蝍蛆（jū））❶蜈蚣▷《本草綱目・蟲部》："～蛆，蜈蚣也，性能制蛇。" ❷蟋蟀▷王逸《九思・哀歲》："～蛆兮穰穰。"（《字海》1201B）

按：《爾雅・釋蟲》："蒺蔾，蝍蛆。"郭注："似蝗而大腹，長角，能食蛇腦。"《説文》無蝍、蛆二字，《史記・龜策列傳》："騰蛇之神而殆于即且。"《集解》："郭璞曰：蝍蛆，似蝗，大腹，食蛇腦也。"《正義》："即，津日反。且，則餘反。即吴公也，狀如蚰蜒而大，黑色。"《史記》正文及《正義》并作"即且"。《莊子・齊物論》："蝍且甘帶。"《釋文》："蝍，音即；且，字或作蛆，子徐反，李云：蝍且，蟲名也。《廣雅》云：蜈公也。《爾雅》云：蒺藜，蝍蛆。郭璞注云：似蝗，大腹，長角，能食蛇腦。"《莊子》蛆字亦作且。其字蓋本作即且，後加虫旁。《名義・虫部》："蝍，子力反，蜈蚣也。蛆，子餘反，蝍[蛆]。"《大字典》引《淮南子》高注謂蝍蛆即蟋蟀，《爾雅翼》："古

191

稱'騰蛇游霧而殆於即且',即且乃蜈蚣耳,許叔重謂蟋蟀爲即且,上蛇,蛇不敢動,亦非也。"《大字典》《字海》蝍字下應溝通"蝍蛆"與"即且"的關係。

【蜝】

(二) qī《廣韻》去奇切,平支溪。

長腳蜘蛛。《廣韻·支韻》:"蜝,長脚䵷黿。"《太平御覽》卷九四八引(北魏)劉芳《毛詩義笺》:"蠨蛸,長蜝。小蜘蛛長脚者,俗呼爲喜子。"(《大字典》2860B,參《字海》1202B)

按:《爾雅·釋蟲》:"蠨蛸,長踦。"郭注:"小䵷黿長脚者,俗呼爲喜子。"此《廣韻》《太平御覽》所本。《釋文》:"踦,《廣雅》云:踦,脛也。字從足。虫旁作者,非。"《大字典》《字海》蜝字下沒有溝通與"踦"字的關係,欠妥。

【蜪】

táo《廣韻》土刀切,平豪透。又徒刀切。幽部。

❶〔蝮蜪〕蝗的幼蟲。《爾雅·釋蟲》:"蝝,蝮蜪。"邢昺疏:"蝝,一名蝮蜪,蝗子未有翅者。"(《大字典》2865A,參《字海》1203B)

按:《爾雅·釋蟲》:"蝝,蝮蜪。"郭注:"蝗子未有翅者。"《説文》作"復陶",《説文·虫部》:"蝝,復陶也。劉歆説:蝝,蚍蜉子。董仲舒説:蝗子也。"《説文》無蜪字,其字蓋本作復陶,後改從虫旁。"復"改虫旁與《説文》蝮字同形。《名義·虫部》:"蜪,敕高反,蝝,蝮蜪。"

【蝘】

《説文》:"蝘,在壁曰蝘蜓,在艸曰蜥易,從虫,匽聲。蠠,蝘或從蚰。"

yǎn《廣韻》於殄切,上銑影。又於幰切。元部。

❷蟬的一種。《爾雅·釋蟲》:"螗蜩。"晉郭璞注:"《夏小正傳》曰'螗蜩者蝘。'俗呼爲胡蟬,江南謂之螗蛦。"《詩·大雅·蕩》:"如

蜩如螗，如沸如羹。"毛傳："螗，蝘也。"陸德明《釋文》："蝘音偃，蟬屬也。"《本草綱目·蟲部·蚱蟬》："時珍曰：'頭上有花冠曰螗蜩、曰蝘、曰胡蟬。'《蕩》詩'如蜩如螗'者是也。"（《大字典》2868B，參《字海》1204C）

按：《爾雅·釋蟲》："螗蜩。"郭注："《夏小正傳》曰：螗蜩者蝘。"《說文·虫部》："蝘，在壁曰蝘蜓，在艸曰蜥易。"不訓"螗蜩"。文淵閣《四庫全書》本《大戴禮記·夏小正》："唐蜩鳴。"戴云："唐蜩者，匽也。"文淵閣《四庫全書》本《夏小正戴氏傳》及《玉燭寶典》卷五引《夏小正》："唐蜩鳴者，匽也。"字亦作匽。其字蓋本作匽，後加虫旁，與"蝘蜓"字同形。《名義·虫部》："蝘，於甄反，螗蜩也。"《大字典》《字海》蝘字下沒有溝通與"匽"字的關係，欠妥。

【蜿】

（二）wǎn《廣韻》於阮切，上阮影。

〔蜿蟺〕1. 屈典盤旋。……2. 蚯蚓的別名。《廣雅·釋蟲》："蚯蚓，蜿蟺，引無也。"晉崔豹《古今注》："蚯蚓，一名蜿蟺，一名曲蟺，善長吟於地中，江東謂之歌女，或謂之鳴砌。"（《大字典》2866A，參《字海》1204A）

按：《爾雅·釋蟲》："螼蚓，蜸蚕。"郭注："即蛩蟺也，江東呼寒蚓。"字或作蜿，《廣韻·阮韻》："蜿，亦作夗。"《說文》無蛩、蜿字，《說文·虫部》："蟺，夗蟺也。從虫、亶聲。"字作夗。其字蓋本作夗，後加虫旁。又或改換聲旁作蜿。《大字典》《字海》蜿字下沒有溝通與"夗"字的關係，欠妥。

【蝣】

yóu《廣韻》以周切，平尤以。幽部。

昆蟲名。"蜉蝣"的省稱。《廣韻·尤韻》："蝣，蜉蝣，朝生夕死。"《詩·曹風·蜉蝣》："蜉蝣之羽，衣裳楚楚。"毛傳："蜉蝣，渠略也。朝生夕死。"南朝梁陶弘景《水仙賦》："僉自安於蝣晷，編無羨於鵠年。"

193

明林誌《漫士高先生墓銘》："鴻儀寞寞，蟒羽楚楚。"(《大字典》2873A，參《字海》1206B)

按：《爾雅·釋蟲》："蜉蟒，渠略。"郭注："似蛣蜣，身狹而長，有角，黃黑色。叢生糞土中，朝生暮死。豬好啖之。"《說文》無蟒字，文淵閣《四庫全書》本《大戴禮記·夏小正》："浮游有殷。"戴云："殷，眾也。浮游殷之時也。浮游者，渠略也。"文淵閣《四庫全書》本《夏小正》同。《玉燭寶典》卷五引《夏小正》作"浮蟒有殷。"蓋其字本作"浮游"，後改換作虫旁。《說文·虫部》："蠹，蚍蠹也。蜉，蠹或從虫、從孚。""蜉蟒"之蜉與同"蠹"之蜉為同形字。《大字典》《字海》蟒字下引"蜉蟒"，然沒有溝通與"浮游"的關係，欠妥。

【蚭】

(一) yí《廣韻》弋支切，平支以。支部。

〔蚭蝓〕蝸牛。《爾雅·釋魚》："蚹蠃，蚭蝓。"郭璞注："即蝸牛也。"《儀禮·士冠禮》"蠃醢"漢鄭玄注："蠃醢，蚭蝓醢。"《周禮·天官·鼈人》"祭祀共蠯蠃蚔以授醢人"漢鄭玄注："蠃，蚭蝓。"孫詒讓正義："案，今語以水生者為蠃，陸生者為蝸牛，古人蓋無此分別。"(《大字典》2879B，《字海》1208C)

按：《爾雅·釋魚》："蚹蠃，蚭蝓。"《說文》無蚭字，《說文·虫部》："蠃，蜾蠃也。一曰：虒蝓；蝓，虒蝓也。"字并作"虒蝓"，其字蓋本作虒，後加虫旁。《名義·虫部》："蚭，餘支反，蚹螺。"《大字典》《字海》蚭字下沒有溝通與"虒"字的關係，欠妥。

【螗】

táng《廣韻》徒郎切，平唐定。陽部。

❶蟬名。又名蝘、螗蜩、螗蛦、胡蟬。形體較小，背青綠色，頭有花冠，喜鳴，聲清亮。《爾雅·釋蟲》："螗蜩。"郭璞注："《夏小正》傳曰'螗蜩者蝘。'俗呼為胡蟬，江南謂之螗蠰。"(《大字典》2881A，參《字海》1209A)

按：《爾雅·釋蟲》："螗蜩。"《說文》無螗字，文淵閣《四庫全書》本《大戴禮記·夏小正》、文淵閣《四庫全書》本《夏小正戴氏傳》及《玉燭寶典》卷五引《夏小正》并作"唐蜩"。疑其字本作唐，後加虫旁。《名義·虫部》："螗，徒當反，蝘也，胡蟬。"《大字典》《字海》螗字下沒有溝通與"唐"字的關係，欠妥。

【蟲】

chōng《廣韻》書容切，平鍾書。

〔蟲蟲〕即蚣蝑，螽斯別名。《爾雅·釋蟲》"蜤螽，蚣蝑。"晉郭璞注："蜙蝑也。俗呼蟲蟲。"（《大字典》2882B，參《字海》1209C）

按：《爾雅·釋蟲》"蜤螽，蚣蝑。"郭注："蜙蝑也。俗呼蟲蟲。"《說文》無蟲蟲二字，《釋文》："舂黍，傷容反，本或作蟲蟲。"《方言》卷一一："舂黍謂之蟹蝑。"其字蓋本作"舂黍"，後加虫旁。《名義·虫部》："蟲，尸庸反，蚣蝑。"《名義·虫部》："蟲，尸与反，同上。"上字爲蟲字，《爾雅·釋虫》："蛶威，委黍。"委黍加虫作蟲蟲，與此處爲同形字。《大字典》《字海》蟲字下應溝通"蟲蟲"與"舂黍"的關係。

【蟦】

jī ㊀《廣韻》資昔切，入昔精。又側革切。錫部。

狹而長的小貝。《爾雅·釋魚》："蟦，小而橢。"郭璞注："即上小貝，橢謂狹而長，此皆說貝之形容。"《玉篇·虫部》："蟦，貝狹小。"

㊁《集韻》則歷切，入錫精。

虫名。《集韻·錫韻》："蟦，蟲名。"（《大字典》2882B，參《字海》1209C）

按：蟦字又或作鰿、鱭、責，《說文》無鰿、鱭、蟦三字，其字蓋本作責，後加魚旁或虫旁。參"鰿"字條。敦煌本《王韻》入聲《音韻》積小韻："蟦，貝小者。"故宫本《王韻》同小韻作"蟦，貝小虫

195

者。"法藏《大唐刊謬補缺切韻》（伯5531）入聲《錫韻》："蟿，虫名。"此《集韻》訓釋所本，疑爲望形生訓。《大字典》《字海》"蟲名"當爲虛假字義。

【螳】

《說文新附》："螳，螳蜋也。從虫，堂聲。"

táng《廣韻》徒郎切，平唐定。陽部。

〔螳螂〕也作"螳蜋"。昆蟲名。（《大字典》2884B，參《字海》1210B）

按：螳爲《說文》新附字，許氏《說文》原無也。《說文·虫部》："蜋，堂蜋也；蛸，蠽蛸，堂蜋子。"字并作堂。其字蓋本作堂，後加虫旁。其字又作蟗，《爾雅·釋蟲》："不過，蟷蠰。"郭注："蟷蠰，蟗蜋別名。"《釋文》："螳，音唐，本今作蟗。"《大字典》《字海》螳字下沒有溝通與"堂"字的關係，欠妥。

【蠦】

lù《廣韻》盧谷切，入屋來。屋部。

〔蜈蠦〕蟬名。《爾雅·釋蟲》："蜓蚞，蜈蠦。"郭璞注："即蛥蟟也。一名蟪蛄，齊人呼蜈蠦。"宋梅堯臣《依韻吳冲卿秋蟲》："繁鳴雜蜈蠦，感愴情不皇。"明劉基《郁離子·蜈蠦》："郭圮有蜈蠦，墮于河洙，擁之以旋，其翅拍拍。"（《大字典》2887B，參《字海》1211C）

按：《爾雅·釋蟲》："蜓蚞，蜈蠦。"《說文》無蠦字，《說文·虫部》："蜈，蜈鹿，蛁蟟也。從虫、奚聲。"字作鹿。其字蓋本作鹿，後加虫旁。《名義·虫部》："蠦，力木反，蟪蛄也。"《大字典》《字海》蠦字下沒有指明與"鹿"字的關係，欠妥。

【螪】

shāng《廣韻》式羊切，平陽書。陽部。

❶〔螪何〕也作"螪蚵"。蟲名。又名"蚵"。《爾雅·釋蟲》："蚵，

第五章 《爾雅》名物詞用字歷時考察與研究的意義

蟵何。"陸德明《釋文》："何，本或作蚵。"(《大字典》2887B，參《字海》1211C)

按：《爾雅·釋蟲》："蚚，蟵何。"《説文》無蟵字，《説文·虫部》："蚚，商何也。"字作商何。其字蓋本作商何，後加虫旁。《名義·虫部》："蟵，尸楊反，蚵。"《大字典》《字海》蟵字下沒有溝通與"商何"的關係，欠妥。

【蠢】

shǔ《廣韻》舒吕切，上語書。

〔蟲蠢〕即"蚣蝑"。螽斯别名。《爾雅·釋蟲》："蜙螽，蚣蝑。"晉郭璞注："蚣蝑也。俗呼蟲蠢。"(《大字典》2892A，參《字海》1213B)

按："蟲蠢"字蓋本作"舂黍"，後加虫旁。詳參"蟲"字條。

【蟆】

hán《集韻》河干切，平寒匣。

〔蟆蠵〕也作"塞蠵"。蚯蚓别名。《集韻·寒韻》："塞，蟲名。塞蠵，蚯蚓也。或作蟆。"(《大字典》2894A，參《字海》1213C)

按：《集韻·寒韻》："塞，蟲名。塞蠵，蚯蚓也。或作蟆。"蠵即蚓字，《集韻》上聲《隱韻》："蠵、蚓，蟲名。蚯蚓也。吴楚呼爲寒蠵。或作蚓。"《爾雅·釋蟲》："螼蚓，蜸蚕。"郭注："即蛩蟺也，江東呼寒蚓。"此《集韻》所本。《説文》無塞、蟆字，其字蓋本作寒，後加旁作蟆，省作塞。《大字典》《字海》蟆字下沒有溝通與"寒"字的關係，欠妥。

【螺】

mò《集韻》密北切，入德明。職部。

毛蟲。即蛄蟖。《爾雅·釋蟲》："螺，蛄蟖。"郭璞注："螫屬也。今青州人呼螫爲蛄蟖。"(《大字典》2892A，參《字海》1213A)

按：《爾雅·釋蟲》："螺，蛄蟖。"《釋文》："螺，字又作蠟，亡北反。"《說文》無螺、蠡字，《說文·虫部》："蠡，蠡斯，墨也。"其字蓋本作墨，後加虫旁，又省作螺。又參"蠡"字條。

【蠋】

zhú㊀《廣韻》市玉切，入燭禪。又之欲切。屋部。

蛾蝶類的幼蟲。《爾雅·釋蟲》："蚅，烏蠋。"郭璞注："大蟲如指，似蠶。"《詩·豳風·東山》："蜎蜎者蠋，烝在桑野。"毛傳："（蠋），桑蟲也。"《莊子·庚桑楚》："奔蜂不能化藿蠋，越雞不能伏鵠卵。"成玄英疏："蠋者豆中大青蟲。"陸德明《釋文》："司馬云：豆藿中大青蟲也。"唐韓愈等《城南聯句》："甚黑老蠶蠋，麥黃韻鸜鵒。"（《大字典》2897A，參《字海》1214C）

按：《爾雅·釋蟲》："蚅，烏蠋。"《說文》無蠋字，《釋文》："蠋，音蜀，《說文》云：奏（葵）中蟲也。郭云：大蟲，如指，似蠶也。"《說文·虫部》："蜀，葵中蠶也。從虫，上目象蜀頭形，中象其身蜎蜎。《詩》曰：蜎蜎者蜀。"蜀已從虫，作蠋者，疊加表意部件也。《名義·虫部》："蠋，之欲反，蠲蠋。"《大字典》《字海》蠋字下没有溝通與"蜀"字的關係，欠妥。

【蠵】

zuī《集韻》遵為切，平支莊。

〔蠵蠵〕一種大龜。《集韻·支韻》："蠵，蠵蠵，龜屬。"晋孫綽《望海賦》："瑇瑁熠爍以泳游，蠵蠵焕爛以映漲。"《南齊書·張融傳》："蠵蠵瑇蚌，綺貝繡螺。"唐劉恂《嶺表錄異》卷下："蠵蠵者，俗謂之兹夷，乃山龜之巨者。人立其背，可負而行。產潮、循山中。"（《大字典》2896B，參《字海》1214B）

按：《爾雅·釋魚》："一曰神龜，二曰靈龜。"郭注："涪陵郡出大龜，甲可以卜，緣中文似瑇瑁，俗呼爲靈龜，即今觜蠵龜。"《釋文》："觜，字又作蠵，子移反，或子隨反。"《說文》《名義》《玉篇》無蠵字，其字蓋本借作觜，後加虫旁。字或從黽作，《集韻》平聲《支韻》：

"蟦、鱅、䖜、蟧蠕，䵶屬。或作鱅、䖜。"《大字典》《字海》蟦字下沒有溝通與"䖜"的關係，欠妥。

【蟾】

chán《廣韻》視占切，平鹽禪。又職廉切。談部。

❶〔蟾蜍〕俗稱"癩蛤蟆"。兩棲動物，身體表面有許多疙瘩，內有毒腺，能分泌粘液，吃昆蟲、蝸牛等小動物，對農業有益。《爾雅·釋魚》："鼀䵶，蟾諸。"郭璞注："似蝦蟆，居陸地。淮南謂之去蚑。"《淮南子·精神》："日中有踆烏，而月中有蟾蜍。"（《大字典》2897B，參《字海》1215A）

按："蟾蜍"即"蟾蠩"，《集韻》平聲《魚韻》："蜍、蠩，蟾蜍蟲名。"《爾雅·釋魚》："鼀䵶，蟾諸。"《説文·黽部》："鼀，䵶鼀，詹諸也。"字作"詹諸"。《釋文》："蠩，音諸，本今作諸。"其字蓋本作"詹諸"，後加虫旁。《名義·虫部》："蟾，之廉反，似蟆陸居。"《名義》《玉篇》無蠩字，其字蓋較晚才加虫旁。《大字典》《字海》蟾蠩字下沒有溝通與"詹諸"的關係，欠妥。

【蠖】

mò《廣韻》莫北切，入德明。

❶〔蠛蠖〕見"蠛"。

❷同"蟔"。蟲名。《集韻·德韻》："蠖，蟲名。《爾雅》：'蠖，蛂蟴。蛓屬。'通作蟔。"（《大字典》2902B，參《字海》1216C）

按：《爾雅·釋蟲》："蟔，蛂蟴。"《釋文》："蟔，字又作蠖，亡北反。"《説文》無蟔、蠖字，《説文·虫部》："蛂，蛂蟴，墨也。"其字蓋本作墨，後加虫旁，又省作蟔。蠖與"蠛蠖"字同形。《大字典》《字海》蟔、蠖字下沒有溝通與"墨"字的關係，欠妥。《字海》蠖字下不收"蛂蟴"義，亦不妥。

【蠩】

（二）chú《集韻》常如切，平魚禪。

〔蟾蠩〕也作"蟾蜍"。癩蛤蟆的別名。《集韻·魚韻》："蠩，蟾蠩。蟲名。或從諸。"《淮南子·原道》："夫釋大道而任小數，何以异於使蟹捕鼠，蟾蠩捕蚤。"（《大字典》2905B，參《字海》1216C）

按："蟾蠩"字蓋本作"詹諸"，後加旁作蟾蠩。參"蟾"字條。

【蠑】

róng《廣韻》永兵切，平庚云。耕部。

〔蠑螈〕兩棲動物，蠑螈科。形狀像蜥蜴，頭扁，表皮粗糙，背面黑色，腹面紅黃色，四肢短，尾側扁。生活在水中，卵生。幼體形狀像蝌蚪。吃小動物。古代也用來指蜥蜴。《爾雅·釋魚》："蠑螈，蜥蜴。蜥蜴，蝘蜓。蝘蜓，守宮也。"郝懿行義疏："然則皆同類，故《爾雅》通名矣。"晋崔豹《古今注·魚蟲》："蝘蜓，一名龍子，一曰守宮，善上樹捕蟬食之，其長細五色者名爲蜥蜴，短大者名蠑螈，一曰蛇醫。"唐韓愈等《城南聯句》："瘦頸鬧鳩鴿，蜿垣亂蚯蠑。"注："蠑，音榮。蜥蜴。"（《大字典》2901A，參《字海》1216A）

按：《爾雅·釋魚》："蠑螈，蜥蜴。蜥蜴，蝘蜓。蝘蜓，守宮也。"《説文》無蠑、螈字，《周禮·冬官·梓人》："以脰鳴者，以注鳴者，以旁鳴者，以翼鳴者，以股鳴者，以胸鳴者，謂之小蟲之屬。"鄭注："胷鳴，榮原屬。"《釋文》："榮原，如字，原亦作螈，音同，又五丸反。"其字蓋本作"榮原"，後加旁作"蠑螈"。又《説文》作"榮蚖"，《説文·虫部》："蚖，榮蚖，蛇醫以注鳴者。從虫、元聲。"

【蟔】

mò《集韻》末各切，入鐸明。

〔蟔貈〕螳螂。《集韻·鐸韻》："蟔，蟔貈，蟲名，螗蜋也。"（《大字典》2909A，參《字海》1217C）

按：《爾雅·釋蟲》："莫貈，螳蜋，蛑。"《釋文》："莫，本或作蟔，同。武博反。"此《集韻》所本。《説文》《名義》無蟔字，其字蓋本作莫，受貈字類化加豸旁，又以其爲蟲，復加虫旁。《集韻》入聲《鐸韻》："蟇，蟇貊，蟲名。蟷蜋也。通作莫。"是《集韻》明謂"通作莫"，《大字典》不引，未為周也。

【蠽】

《說文》："蠽，小蟬，蜩也。從䖵、戩聲。"

jié《廣韻》姊列切，入薛精。月部。

〔蓋蠽〕一種青色的小蟬。《爾雅·釋蟲》："蠽，茅蜩。"郭璞注："江東呼為茅截，似蟬而小，青色。"郝懿行義疏："今此蟬形尤小而好鳴於草梢也。"《方言》卷一一"蜩蟟謂之蓋蜩。"晉郭璞注："江東呼為蓋蠽也。"漢王逸《九思·怨上》："螻蛄兮鳴東，蓋蠽兮號西。"（《大字典》2910B，參《字海》1218C）

按：《爾雅·釋蟲》："蠽，茅蜩。"郭璞注："江東呼為茅截。"《方言》卷一一"蜩蟟謂之蓋蜩。"郭璞注："江東呼為蓋蠽也。"《爾雅》《方言》所云為一物，郭注一作"茅截"，一作"蓋蠽"，所云亦一物，"蓋"為"茅"之加旁字，"蠽（蠽）"亦當為"截"之加旁字，唯《說文》收錄而已。《大字典》《字海》蠽字下當溝通與"截"字的關係。

【罺】

cháo《廣韻》側交切，平肴莊。又初教切。宵部。

捕魚小網。也指用罺捕魚。《爾雅·釋器》："罺謂之汕。"郭璞注："今之撩罟。"郝懿行義疏："按撩罟，今謂之抄網也。"《廣韻·肴韻》："罺，抄網。"晉左思《吳都賦》："罩兩魪，罺鰝鰕。"唐陸龜蒙《漁具詩·序》："網罟之流曰罛、曰罾、曰罺。"宋高似孫《松江蟹舍賦》："蔭柳邊之罺槮，注隔花之罾羆。"（《大字典》2926A，參《字海》1229A）

按：《爾雅·釋器》："罺謂之汕。"郭注："今之撩罟。"《說文》無罺字，《毛詩·小雅·南有嘉魚》："南有嘉魚，烝然汕汕。"毛傳："汕汕，樔也。"鄭箋："樔者，今之撩罟也。"《釋文》："樔，側交反，字或作罺，同。"蓋其字本作樔，因其表網義，故後易以網旁。《名義·網部》："翼，壯交反。"《大字典》《字海》翼字下沒有溝通與"櫟"字的關係，欠妥。

【䳡】

jiù《廣韻》其九切，上有群。

❶〔烏䳡〕又名鶛鳩、鵧鶛、批頰、雛札、雅䳡。即今雀形目之黑卷尾。俗名鐵連甲。《爾雅‧釋鳥》："鶛鳩，鵧鶛。"晉郭璞注："小黑鳥，鳴自呼。江東名爲烏䳡。"郝懿行義疏："鵧鶛聲轉爲批頰，即批頰鳥也，又名雛札。"《玉篇‧鳥部》："䳡，鳥，似鳩，有冠。"（《大字典》4630A，參《字海》1265A）

按：《爾雅‧釋鳥》："鶛鳩，鵧鶛。"晉郭璞注："小黑鳥，鳴自呼。江東名爲烏䳡。"《說文》《名義》無䳡字，《釋文》："臼，如字，本或作䳡。"《玉篇‧鳥部》："䳡，音舅，烏䳡，似鳩有冠。"《玉篇》居部末，蓋野王時尚無此字，初衹作臼，後加鳥旁。《大字典》《字海》䳡字下沒有溝通與"臼"字的關係，欠妥。

【翪】

zōng《廣韻》子紅切，平東精。又作孔切。東部。

鳥類竦翅上下飛。《爾雅‧釋鳥》："鶛鶋醜，其飛也翪。"郭璞注："竦翅上下。"邢昺疏："鶛鶋之類，不能翱翔遠飛，但竦翅上下而已。"《玉篇‧羽部》："翪，竦翅飛也。"《集韻‧董韻》："翪，鳥飛竦翼上下也。"（《大字典》3352A，參《字海》1307C）

按：《爾雅‧釋鳥》："鶛鶋醜，其飛也翪。"《說文》無翪字，《釋文》引《字林》作夋，《釋文》："翪，子工反，《字林》作夋，音子弄反。"《說文‧夂部》："夋，斂足也。鶛鶋醜，其飛也夋。"從羽者，蓋涉《爾雅》下句"其飛也翔"類化加旁也。《名義‧羽部》："翪，子公反，竦翅上下。"字或易位作翐，又或從鳥作鵕，《集韻》平聲《東韻》："夋、翐、鵕，祖叢切，《說文》：斂足也，鶛鶋醜，其飛也夋。或從羽，從鳥。"《大字典》《字海》翪字下沒有溝通與"夋"字的關係，欠妥。

第五章 《爾雅》名物詞用字歷時考察與研究的意義

【豬】

còu《廣韻》倉奏切，去候清。

豬。《廣韻·候韻》："豬，温豕。"《集韻·候韻》："豬，豕也。"（《大字典》3618A，參《字海》1385C）

按：《爾雅·釋獸》："奏者豱。"郭注："今豱豬，短頭，皮理腠蹙。"《釋文》："奏，七豆反，本或作湊，下同。"此《廣韻》《集韻》所本。豬字《説文》《名義》所無，其字蓋本作奏，後加旁作"豬"。《廣韻》去聲《候韻》："豬，温豕。"蓋《廣韻》所見《爾雅》作"豬者温"。而《釋文》奏或作湊者，或即受温字類化。《大字典》《字海》豬字下没有溝通與"奏"字的關係，欠妥。

【豱】

wēn《廣韻》烏渾切，平魂影。諄部。

一種頭短的豬。《爾雅·釋獸》："豕，奏者豱。"郭璞注："今豱豬短頭，皮理腠蹙。"《龍龕手鑑·豕部》："豱，短項豕名。"清翟灝《通俗編》卷二八："此豬之頭短小而醜，非人意所喜。故俗以市物不稱意曰豱豬頭。"（《大字典》3619A，參《字海》1385C）

按：《爾雅·釋獸》："奏者豱。"《説文》無豱字，《廣韻》去聲《候韻》："豬，温豕。"疑其字本借作"温"，後改從豕旁。《名義·豕部》："豱，於魂反，豬，頭短。"《大字典》《字海》豱字下没有溝通與"温"字的關係，欠妥。

【貾】

chí《廣韻》直尼切，平脂澄。脂部。

貝之有黄質有白點者。《爾雅·釋魚》："餘貾，黄白文。"郭璞注："以黄爲質，白爲文點。"邢昺疏引李巡曰："餘貾，貝甲黄爲質，白爲文彩。"《廣韻·脂韻》："貾，貝之黄質有白點者。"宋趙彦衛《云麓漫鈔》卷七："大貝，餘貾，餘泉七十有五。"（《大字典》3634A，參《字海》1390C）

按：《爾雅·釋魚》："餘貾，黃白文。"《說文》無貾字，《釋文》："貾，直其反，字或作蚳，同。"《說文·虫部》："蚳，螘子也。"《詩·小雅·巷伯》："成是貝錦。"毛傳："貝錦，錦文也。"鄭箋："錦文者，文如餘泉、餘蚳之貝文也。"其字蓋本借作蚳，後改從貝旁。《名義·貝部》："貾，除飢反，黃質白黑。"《大字典》《字海》貾字下没有溝通與"蚳"字的關係，欠妥。

【貽】

《說文新附》："貽，贈遺也。從貝，台聲。經典通用詒。"鄭珍新附考："經傳中多詒、貽互見，作貽皆漢後所改。古亦省作台。"

yí《廣韻》與之切，平之以。之部。

❸黑色貝。《爾雅·釋魚》："玄貝，貽貝。"郭璞注："黑色貝也。"邢昺疏："黑色之貝名貽貝。"《玉篇·貝部》："貽，玄貝也。"（《大字典》3636B，參《字海》1391A）

按：《爾雅·釋魚》："玄貝，貽貝。"《釋文》："貽，顧餘之反，本又作胎[①]，他來反。《字林》作蛤，云：黑貝也。大才反。"王引之《經義述聞》："家大人曰：《字林》作蛤，音大才反。則作胎者是也，胎黑色也。《吕氏春秋·任數篇》：臺煤入甑中（今本臺煤譌作煤室，辨見《讀書雜志》）。高注讀臺爲炱，云：炱煤，煙塵也。《家語·在厄篇》炱煤作炲墨（今本炲譌作挨）。《廣韻》：黮䵮，大黑之貌。炱、䵮并音大才反，義與《字林》蛤貝同。古無蛤字，借胎爲之。《藝文類聚·寶部》下引《爾雅》正作胎。胎與貽字相似，上下文又有貝字，故胎譌作貽。顧音餘之反，而陸從之，非也。"[②]王氏所言當是。《資治通鑑》卷三三："古者以龜貝爲貨，今以錢易之。"注引《爾雅》亦作胎。蓋其字本借作胎，後改從魚旁或虫旁。《黄侃評本正名》以爲貽貝字當借

[①] 宋元遞修本作"本作貽"，與字頭同，今依盧文弨抱經堂叢書本《爾雅音義考證》改。

[②]（清）王引之：《經義述聞·爾雅》，《爾雅詁林》影印四部備要本，湖北教育出版社1996年版，第4043頁。

作"珇"，蓋非。《大字典》《字海》貽字下沒有溝通與"胎"字的關係，欠妥。《字海》貽字下不收"貽貝"義，亦不妥。

【貓】

《説文新附》："貓，貍屬。從豸，苗聲。"

māo《廣韻》莫交切，平宵明。又武瀌切。宵部。

❶小獸。屬哺乳科貓科動物。形似虎，長約二尺。《玉篇·豸部》："貓，亦作猫。"《集韻·爻韻》："貓，食鼠貍也。或從犬。"《詩·大雅·韓奕》："有熊有羆，有貓有虎。"毛傳："貓似虎，淺毛者也。"《禮記·郊物牲》："迎貓，爲其食田鼠也；迎虎，爲其食田豕也。"（《大字典》3914A，參《字海》1440A）

按：《爾雅·釋獸》："虎竊毛謂之虦貓。"郭注："竊，淺也。《詩》曰：有貓有虎。"《説文》無貓字，《説文·虎部》："虦，虎竊毛謂之虦苗。"字作"苗"。《詩·大雅·韓奕》："有貓有虎。"《釋文》："貓，如字，又武交反，似虎淺毛也。本又作苗，音同。《爾雅》云：虎竊毛曰虦貓。"宋元遞修本《釋文》作"本又作猫"。《説文》亦無猫字。宋元遞修本或爲後人所改。其字蓋本作"苗"，後加豸旁或犬旁。《名義·犬部》："猫，莫驕反，如虎淺毛，食鼠。"《名義·豸部》："貓，莫胡反，猫字。"《大字典》《字海》貓、猫字下沒有溝通與"苗"的關係，欠妥。

【觷】

《説文》："觷，治角也。從角，學省聲。"

（一）xué《廣韻》胡覺切，入覺匣。又五角切，烏酷切。沃部。

加工獸角，使成器具。《説文·角部》："觷，治角也。"《爾雅·釋器》："角謂之觷。"郭璞注："治樸之名。"邢昺疏："謂治其樸，俱未成器，有此名也。"

（二）hù《集韻》胡谷切，入屋匣。

角聲。《集韻·屋韻》："觷，角聲。"（《大字典》3934A，參《字海》

1447C）

按：《爾雅·釋器》："象謂之鵠，角謂之觷，犀謂之剒，木謂之剫，玉謂之雕。"郭注："五者皆治樸之名。"《說文·角部》："觷，治角也。從角、學省聲。"此大徐新修十九文之一，蓋《說文》原所未有也。《玉篇》（殘卷）卷二二《石部》："礐，口學反，《爾雅》：角謂之礐。郭璞曰：[治樸]之名也。《說文》：石聲。《埤蒼》爲礜字，在魚部。山多大石爲礐，字在山部。"野王引《埤蒼》謂或作礜字，疑其爲觷字之訛。《名義·角部》："觷，口學反，治角也。"《玉篇·角部》："觷，口角切，治角也。或作礐，又音學。"《廣韻》入聲《覺韻》："觷，《爾雅》云：角謂之觷。治角也。或作礐。"其字蓋本作礐，《埤蒼》時已有從角之字。《大字典》《字海》觷字下沒有溝通與"礐"字的關係，欠妥。《集韻》訓"角聲"，此訓不見於《集韻》以前字書，疑爲望形生訓。

【雓】

yú《廣韻》以諸切，平魚以。魚部。

大種雞的幼雛。《爾雅·釋畜》："雞大者蜀，蜀子雓。"郭璞注："蜀，今蜀雞。雓，鷚子名。"郝懿行義疏："蜀雞雛別名雓耳。"（《大字典》4100B，參《字海》1508B）

按：《爾雅·釋畜》："雞大者蜀，蜀子雓。"《說文》無雓字，《釋文》："雓，音餘，字或作䑉。"其字蓋本作䑉，後改從佳旁。《名義·佳部》："雓，與居反，雞子。"《大字典》《字海》雓字下沒有溝通與"䑉"字的關係，欠妥。

【鉼】

（一）bǐng《廣韻》必郢切，上静幫。耕部。

❶餅狀金銀塊。《爾雅·釋器》："鉼金謂之鈑。"郭璞注："《周禮》曰'祭五帝即供金鈑'是也。"《類篇·金部》："鉼，金餅。"《正字通·金部》："鉼，傾金鈚（銀）形似餅者。"按：古代常將金銀鑄成餅狀的定

式，便於計量，儲存及流通，戰國時已有金餅行世。《周禮·秋官·職金》"則共其金版"漢鄭玄注："鉼金謂之版。"《初學記》卷八引南朝宋王韶之《始興記》曰："林水源出磐石上，羅列十甕，皆蓋以青盆，中悉銀鉼。"（《大字典》4221A，參《字海》1524B）

按：《爾雅·釋器》："鉼金謂之鈑。"郭注："《周禮》曰：祭五帝即供金鈑。是也。"《説文》無鉼字，《爾雅正名》謂《初學記》《藝文類聚》引作餅。《初學記》卷二七、《太平御覽》卷八九〇、《古今事文類聚續集》卷二五、《天中記》卷五〇、《御定淵鑑類函》卷三六一、《本草綱目》卷八并引《爾雅》作餅，《藝文類聚》卷八三引《邴原別傳》作"金三餅"。蓋其字本假餅字爲之，後易以金旁。《名義·金部》："鉼，卑郢反，釜。"《玉篇》："鉼，畢領切，《爾雅》曰：鉼金謂之鈑。"《大字典》《字海》鉼字下没有溝通與"餅"字的關係，欠妥。

【餯】

huì《廣韻》許穢切，去廢曉。微部。

食物腐敗發臭。《爾雅·釋器》："餀謂之餯。"郭璞注："説物臭也。"陸德明《釋文》："李巡云：'餀、餯，皆穢臭也。'"《玉篇零卷·食部》："餯，《埤蒼》餀臭也。"《廣韻·廢韻》："餯，飯臭。"（《大字典》4466B，參《字海》1618C）

按：《爾雅·釋器》："餀謂之餯。"郭璞注："説物臭也。"《説文》無餯字，《説文·食部》："餀，食臭也。《爾雅》曰：餀謂之喙。"《説文》引《爾雅》字作喙。《玉篇》（殘卷）卷九《食部》引《爾雅》亦作喙。其字蓋本假喙字爲之，後易旁作餯。《玉篇》（殘卷）卷九《食部》："餯，呼癈反，《埤蒼》：餀矣（臭？）也。"《大字典》《字海》餯字下没有溝通與"喙"字的關係，欠妥。

【駙】

fù《廣韻》扶雨切，上麌奉。

牡馬，公馬。《玉篇·馬部》："駙，牡馬也。"（《大字典》4544B，

參《字海》1648B）

按：鄧福禄、韓小荆《字典考正》以爲"駁"是"父"的增旁字[①]，是也。今以《爾雅》補證之，《爾雅・釋畜》："牡曰騭，牝曰騇。"郭注："今江東呼駁馬爲騭。"《釋文》："父，符甫反，本或作駁，俗字。"《説文》《名義》《切韻》系韻書無駁字，其字蓋本作父，後加馬旁。《廣韻》上聲《麌韻》："駁，牡馬。"《説文・馬部》："駁，馬色不純。"《爾雅》或本作駁者，又駁字形訛。《大字典》《字海》駁字下没有溝通與"父"字的關係，欠妥。

【䮷】

"䮫"的訛字。《改并四聲篇海・馬部》引《川篇》："䮷，音卬，獸如馬也。"《正字通・馬部》："䮷，舊注音訓與䮫同，訛作䮷。"（《大字典》4545B，參《字海》1649A）

按：䮷即䮫字之訛，䮫當由卬字加旁而來，參"䮫"字條。

【䭴】

qióng《廣韻》渠容切，平鍾群。

似馬的獸。《玉篇・馬部》："䭴，獸似馬。"《廣韻・冬韻》："䭴，獸如馬而青，一走千里也。"（《大字典》4552A，參《字海》1651A）

按：《爾雅・釋地》："西方有比肩獸焉，與邛邛岠虛比，爲邛邛岠虛齧甘草，即有難，邛邛岠虛負而走，其名謂之蟨。"《釋文》："邛邛，本或作䭴䭴，巨凶反。岠，音巨，本或作岠，又作狚，音同。虛，本或作虛，又作𤢖，同，許伯反。"《釋文》又云："蟨，孫云：邛邛岠虛狀如馬，前足鹿後足兔，前高不得食而善走。"因其"狀如馬"，故字作䭴䭴駏驉。因其爲獸，故字又作狚𤢖。《説文》《名義》無䭴䭴駏驉字，《廣韻》平聲《鍾韻》："䭴，獸如馬而青，一走千里也。"《玉篇・馬部》："䭴，音卬，獸似馬；駏，音巨，駏驉，獸似騾（馬）；驉，音虛，駏驉。"《説文》《名義》《玉篇》《廣韻》無狚𤢖字，《集韻》上聲《語韻》："駏、狚，

[①] 鄧福禄等：《字典考正》，湖北人民出版社 2007 年版，第 467 頁。

第五章 《爾雅》名物詞用字歷時考察與研究的意義

駏驉獸名。或作狚。通作岠。"《集韻》平聲《魚韻》："驉、㺟，駏驉獸名。或從犬。通作虛。"《大字典》《字海》鶰字下亦沒有溝通與"邛"的關係，欠妥。又，《字海》引《廣韻》字作"鸄"[1]此亦由"邛"字演變而來。

【䮖】

（一）láng《廣韻》魯當切，平唐來。陽部。

白尾的馬。《爾雅·釋畜》："尾白，䮖。"邢昺疏："但尾毛白者名䮖。"（《大字典》4558B，參《字海》1653C）

按：《爾雅·釋畜》："尾白，䮖。"《説文》無䮖字，《釋文》："䮖，本多作狼，同。音郎。"其字蓋本假狼爲之，後改犬旁爲馬。《名義·馬部》："䮖，口唐反，尾白也。"《大字典》《字海》䮖字下沒有溝通與"狼"字的關係，欠妥。

【騉】

kūn《廣韻》古渾切，平魂見。諄部。

〔騉蹄〕馬名。蹄平正，善登山。《爾雅·釋畜》："騉蹄，趼，善升甗。"郭璞注："騉蹄，蹄如趼而健上山，秦時有騉蹄苑。"《集韻·魂韻》："騉，野馬屬。《爾雅》：'騉蹄，趼，善升甗。'"（《大字典》4561B，參《字海》1654B）

按：《爾雅·釋畜》："騉蹄，趼，善升甗。"《説文》無騉字，《釋文》："騉，古門反，本亦作昆。"其字蓋本作昆，後加馬旁。《名義·馬部》："騉，古魂反。"《玉篇》："騉，古魂切，騉蹄，馬名，秦有騉蹄苑。"《大字典》《字海》騉字下沒有溝通與"昆"字的關係，欠妥。

【騚】

qiān《廣韻》昨先切，平先從。元部。

四蹄全白的馬。又稱踏雪馬。《爾雅·釋畜》："四蹢皆白，騚。"郭璞注："俗呼爲踏雪馬。"《玉篇·馬部》："騚，馬四蹄白。"明

---

[1] 冷玉龍等：《中華字海》，中華書局、中國友誼出版公司 1994 年版，第 1651 頁。

劉球《御馬圖記》："馬凡二匹，其騑而騚者，勢起顧欲奔。"(《大字典》4566B，參《字海》1657A)

按：《爾雅·釋畜》："四蹄皆白，首。"郭注："俗呼爲踏雪馬。"周祖謨《爾雅校箋》："'首'，唐石經同。《玉篇》馬部有'騚'字，云：馬四蹄白。《廣韻》先韻'騚'下云：馬四蹄皆白也。邵晉涵《爾雅正義》謂《爾雅》舊本作'前'，後人增馬作'騚'，'首'因與'前'字形相涉而訛。"邵氏所言蓋是，《名義·馬部》："騚，辭田反，四蹄白也。"則野王所見亦作"騚"。又，故宮本《王韻》平聲《先韻》："騚，四驕（騚）白①。"《說文》無"騚"字，其字蓋本假"前"字之，後加馬旁。"前"與"首"形近，因訛作"首"。

【騥】

róu《廣韻》耳由切，平尤日。幽部。

多鬃的青黑色馬。《爾雅·釋畜》："青驪繁鬣，騥。"郝懿行義疏："繁鬣者，言髦多也。"《玉篇·馬部》："騥，青驪繁鬣馬。"(《大字典》4568B，參《字海》1657B)

按：《說文》無騥字，《爾雅·釋畜》："青驪繁鬣，騥。"《釋文》："騥，而周反，本又作柔。"其字蓋本作柔，後加馬旁。《名義·馬部》："騥，人丘反，青驪馬也。"《大字典》《字海》騥字下沒有溝通與"柔"字的關係，欠妥。

【驨】

xí《廣韻》戶圭切平，齊匣。支部。

❶獸名。像馬，有一角，角如鹿茸。《爾雅·釋獸》："驨，如馬，一角，不角者騏。"郭璞注："元康八年，九真郡獵得一獸，大如馬，一角，角如鹿茸，此即驨也。"(《大字典》4585A，參《字海》1663B)

按：《說文》無此字，《爾雅·釋獸》："驨，如馬，一角；不角者，

---

① "驕（騚）"字從字形看當隸作"驕"，但綜合形音義考慮，其字當爲"蹄"字之訛。"蹄"先受"騚"字影响類化作馬旁。騚、驕（騚）形體略近，因訛。

騏。"《釋文》："驈,本又作觿,同,户主反。"《文選·子虛賦》："乘遺風,射游騏。"張揖注："《爾雅》曰:觿,如馬,一角;不角者,騏。"字正作"觿"。《集韻·齊韻》："驈,獸名,《爾雅》:驈,如馬,一角。通作觿。"其字蓋本作觿,因其"如馬",故加馬旁。《名義·馬部》："驈,胡珪反,馬一角。"

【驤】

xiāng《廣韻》息良切,平陽心。陽部。

❶後右足白的馬。泛指馬。《爾雅·釋畜》："後右足白,驤。"《史記·司馬相如列傳》："沛艾赳嗅仡以佁儗兮,放散畔岸驤以孱顔。"司馬貞索隱："《詩》云:'兩服上驤。'注云:'驤,馬。'是也。"按:《詩·鄭風·大叔於田》作"上襄"。

❺快。《廣韻·陽韻》："驤,速也。"

❻遠。《字彙·馬部》："驤,遠也。"(《大字典》4584,參《字海》1663A)

按:《説文·馬部》："驤,馬之低仰也。從馬、襄聲。"《名義·馬部》："驤,思楊反,駕也,馳也,低仰也。"《廣韻》平聲《陽韻》襄小韻:"驤,馬騰躍,又速也,低昂也,馳駕也。"《集韻》同小韻:"驤,《説文》馬之低卬也。一曰馬後右足白。"此驤訓"馬後右足白"於字書之早見者。驤之訓"速",始見於《廣韻》,其前字書未見有此義者。《詳校篇海·馬部》:"息良切,音襄,馬之低卬騰躍也,超也,遠也,舉也。"此驤字訓"遠"之始,《篇海》無此義。《字彙》《正字通》承《詳校篇海》,俱收"遠"義。疑此義有誤。《詳校篇海》較《篇海》釋義詳盡,所出釋義當吸收前世字書已有者。《廣韻》驤有"速"義,《詳校篇海》不收,反增"遠"訓,疑"遠"即"速"之訛。《大字典》《字海》"遠也"義爲虚假字義。

【鶐】

(二)gōu《集韻》居侯切,平侯見。

〔鵤鴝〕又名"鶌鳩"。見"鶌"。(《大字典》4625B，參《字海》1681B)

按：《爾雅·釋鳥》："鴝，鶌鳩。"郭注："今江東呼鵂鶹爲鶌鳩，亦謂之鵤鴝。"《釋文》："鉤，古侯反，本今作鴝。"玄應《音義》卷一七引作"鉤鴝"。《説文·鳥部》："鴝，鵤鴝也。"《説文·隹部》："雊，雄雌鳴也。雷始動，雉鳴而雊其頸。""鵤鴝"字不同於《説文》鴝、雊字。其字蓋本作鉤，後改易偏旁作鴝。《大字典》《字海》鴝字下引"鵤鴝"，然不溝通與"鉤鴝"的關係，欠妥。

【鴒】

líng《廣韻》郎丁切，平青來。

〔鶺鴒〕鳥名。也單用。《北齊書·李渾傳附李繪》："鴒有六翮，飛則沖天。"唐李商隱《爲裴懿無私祭薛郎中衮文》："原鴒奕奕，沼雁馴馴。"見"鶺"。(《大字典》4624B，參《字海》1681B)

按：鶺鴒字蓋本作"脊令"，後加鳥旁。參"鶺"字條。

【鴶】

jiá《廣韻》古點切，入點見。又《集韻》激質切。質部。

〔鴶鵴〕又名"鳲鳩"。布穀鳥。《爾雅·釋鳥》："鳲鳩，鴶鵴。"郭璞注："今之布穀也。"《易林·乾之坤》："鴶鵴鳲鳩，專一無尤。君子是則，長受嘉福。"清陳維崧《春光好·桐川道中作》："鴶鵴叫，戍樓平，漆燈明，一路春田四月少人耕。"(《大字典》4628A，參《字海》1682B)

按：《爾雅·釋鳥》："鳲鳩，鴶鵴。"《説文》無鴶鵴字，《説文·鳥部》："鵴，秸鵴，尸鳩。從鳥、𣂏聲。"則《説文》作"秸鵴"。《詩·曹風·鳲鳩》："鳲鳩在桑，其子七兮。"傳曰："鳲鳩，秸鞠也。"其字蓋本借秸鞠爲之，後改換表意部件成鴶鵴字，《説文》另造從鳥𣂏聲的形聲字。《名義》："鴶（鴶），鼓反[①]；鵴，居陸反，布穀。鵴，

[①]《名義》作"皷皮"，脱反切下字。《玉篇》作"古點反"。

同上。"《大字典》《字海》鵠字下引"鵠鶅",然不溝通與"秸鞠"的關係,欠妥。

【鵀】

rén《廣韻》如林切,平侵日。又汝鴆切,女心切。

〔戴鵀〕即戴勝鳥。頭上有棕栗色羽冠,鳴時隨聲起伏,鳴聲"呼——哱——哱"。尾脂能分泌臭液。俗名有"雞冠鳥""山和尚""呼哱哱""臭姑鴣"等。中國南北各地都可見。也單用。《爾雅·釋鳥》:"鶌鳩,戴鵀。"郭璞注:"鵀即頭上勝,今亦呼為戴勝。"《初學記》卷三引蔡邕《月令章句》:"季春戴鵀降於桑。"《三國志·魏志·管寧傳》:"正始元年,戴鵀之鳥,巢(張)蔣門陰。"宋蘇轍《東湖》:"秋蟲噪蛈蜴,春鳥鳴鴃鵀。"(《大字典》4630B,《字海》1683A)

按:《爾雅·釋鳥》:"鶌鳩,戴鵀。"《説文》無鵀字。《釋文》:"鵀,本亦作絍,女金反,施没沁反,《方言》云:戴鵀,一名戴南,一名戴勝。"《名義·鳥部》:"䲀,北及反,戴絍也。"字作絍。《禮記·月令》:"戴勝降於桑。"鄭注:"戴勝,織絍之鳥。"《説文·糸部》:"紝,機縷也。從糸、壬聲。絍,紝或從任。"其字蓋本作絍,後改從鳥作。《名義·鳥部》:"鵀,女林反,戴勝。"《大字典》《字海》鵀字下没有溝通與"絍"字的關係,欠妥。

【鶨】

zhì《玉篇》之餌切。鳥名。《玉篇·鳥部》:"鶨,鳥名。"(《大字典》1924C,參《字海》1684A)

按:此字居《玉篇》部末,《名義》《廣韻》《集韻》俱無此字。疑此即"鶀"字。俗書忌、忘相亂,故"鶀"訛作"鶨"。《名義·鳥部》:"鶀,渠記反,鵝,鴿也。"《爾雅·釋鳥》:"鶀,鵝䳊。"《名義》釋義正本《爾雅》。"鵝䳊"為聯綿詞,《名義》當作"鶀鵝,鴿也。"俗書志、忘相亂,故"鶀"又可訛作"鶨"。《玉篇》(殘卷）卷九《言部》："謬……《説文》：狂者之志言也。"《説文》作"狂者之妄言也"《玉篇》(殘卷）"志"字即"忘"字，"忘"又爲"妄"字聲借。此志、忘相混之證。"鵋"一變作"𪀦"，再變作"䳄"，淺人不知其爲"鵋鵙"字，見其從志，遂注音爲"之餌切"，誤也。

【鵏】

（一）bū《廣韻》博孤切，平模幫。又薄故切。

❶〔鵏鷎〕鳩。《玉篇・鳥部》："鵏，鵏鷎。鳩也。"

❷鳥名。《集韻・模韻》："鵏，鳥名。"

（二）pū《集韻》滂模切，平模滂。

鵏。《集韻・模韻》："鵏，鳥名，鵏也。"

（三）pú《集韻》蓬逋切，平模并。

鳥前胸。《集韻・模韻》："鵏，鳥膺前。"

（四）〔地鵏〕大鴇的別名。(《大字典》1925A，參《字海》1684B)

按：《爾雅・釋鳥》："鳺，鵏鴀。鷹，鷎鳩。"鵏又作鵏，《釋文》："鵏，音步，字或作鵏（鵏）[①]。"《廣韻》平聲《模韻》："鵏，鵏叔（鴀），鳥名。"鴀又或換旁作作鳺，《名義・鳥部》："鵏，博胡反，[鵏]鳺（鳺）。"《玉篇・鳥部》："鵏，布乎切，鵏鷎也。"《名義》《玉篇》同出一源，釋義不當有別，《玉篇》作"鵏鷎"，鷎當是鳺字之誤，或是涉《爾雅》"鷹，鷎鳩"而誤。《集韻・模韻》逋小韻："鵏、䳰，鳥名，或從隹。"《廣韻》同小韻訓爲"鵏叔（鴀），鳥名"。《大字典》不知《玉篇》"鵏鷎"爲"鵏鳺"之誤，亦不知《集韻》訓"鳥名"之鵏即"鵏鳺"之拆駢爲單，分爲二義，誤也。《集韻・模韻》鵏字又訓爲"鳥名，鵏也""鳥膺前"者，不見於《名義》《玉篇》《廣韻》及以前韻書，不知《集韻》何據。

① 通志堂本《釋文》字作"鵏"，"鵏"字爲"鵏"之義符加鳥旁，於義無取，乃後人所改，不足爲據。

第五章 《爾雅》名物詞用字歷時考察與研究的意義

【䳷】

móu《廣韻》莫浮切，平尤明。幽部。

〔䳷母〕鷃鶉類的小鳥。體形似鷃鶉而稍小，生活習性亦相近，鳴聲如低沉之汽笛。在中國大部地區爲夏候鳥。肉質細嫩鮮美，爲常見的狩獵對象。《爾雅·釋鳥》："駕，䳷母。"郭璞注："鷚也。青州呼䳷母。"郝懿行義疏："今驗駕鳴，以觜插地，如牛鳴窑中，故曰䳷母。"（《大字典》4633B，參《字海》1684A）

按：《爾雅·釋鳥》："駕，䳷母。"《說文》無䳷字，《釋文》："䳷，字或作牟，音謀。"《說文·隹部》："䴎，牟母也。"字正作牟。其字蓋本作牟，後加鳥旁。《大字典》《字海》䳷字下沒有溝通與"牟"的關係，欠妥。

【駕】

chū《改并四聲篇海·鳥部》引《川篇》："駕，音初。"《字彙補·鳥部》："駕，充疏切，音初。見《金鏡》。"（《大字典》1926C，參《字海》1685C）

按：《新修玉篇》卷二四《鳥部》引《川篇》同。以形考之，此字當爲鶖字俗寫。《爾雅·釋鳥》："鶖黃，楚雀。"《玉篇·鳥部》："鸝，鸝黃，又楚雀也；鶖，同上。"《名義·鳥部》鶖字作"駕"，鶖俗書衤、礻相混，"勹"爲"刀"字异寫，鶖因訛作駕。其字從初，因有"音初"之讀。《碑別字新編》初字又作秨、袩、䄏等形，可資比勘。

【鵩】

fú《廣韻》縛謀切，平尤奉。

〔鵩鳩〕鳥名。鵴鵃。一種小鳩，即火斑鳩。《爾雅·釋鳥》"隹其，鵴鵃"晉郭璞注："今鵩鳩。"三國吳陸璣《毛詩草木鳥獸蟲魚疏·翩翩者鵻》："鵻其，今小鳩也，一名鵩鳩。"（《大字典》4636B，參《字海》1685B）

按：《爾雅·釋鳥》："隹其，鵴鵃。"郭注："今鵩鳩。"《說文》無

215

鵃字，《詩·小雅·四牡》："翩翩者鵻。"傳云："鵻，夫不也。"《釋文》："不，《草木疏》云：夫不，一名浮鳩。"字作"浮"。其字蓋本借作"浮"，後加鳥旁。《名義·鳥部》："鵃，扶優反，役鳩[①]。"《大字典》《字海》鵃字下沒有溝通與"浮"字的關係，欠妥。

【鵗】

xī《廣韻》香衣切，平微曉。微部。

雉。《爾雅·釋鳥》："（雉）北方曰鵗。"《廣韻·微韻》："鵗，北方名雉。"宋崔伯易《感山賦》："木栖則鵗鷺鸘，水止則鴰翠鵲。殊種詭類，莫可殫名。"明劉基《雪鶴篇贈詹同文》："鷺鴇鳥鴻鶉鵠鼉，鷺鸚鸘鵲鷹與鵗。"（《大字典》4636B，參《字海》1685B）

按：《爾雅·釋鳥》："（雉）北方曰鵗。"《說文》無鵗字，雉下作"北方曰稀"。《周禮·染人》鄭注："其類有六：曰翬、曰搖、曰鳪、曰甾、曰希、曰蹲。"字作希。其字蓋本借稀或希為之，後從鳥旁。《名義·鳥部》："鵗，虛衣反，同上[②]。"《大字典》《字海》鵗字下沒有溝通與"稀"或"希"的關係，欠妥。

【鶅】

jì《廣韻》渠記切，去至群。之部。

〔鶅鵙〕貓頭鷹。又名鵂鶹。《爾雅·釋鳥》："鶅，鶅鵙。"郭璞注："今江東呼鵂鶹為鶅鵙，亦謂之鶹鶅。"《廣韻·志韻》："鶅，鶅鵙，鵂鶹鳥，今之角鴞。"明劉基《郁離子·蛇蠍》："吳王夫差與群臣夜飲，有鶅鵙鳴於庭，王惡，使彈之。"（《大字典》4638A，參《字海》1686A）

按：《爾雅·釋鳥》："鶅，鶅鵙。"《說文·隹部》："雉，鶅鵙也。"然正文無字鶅、鵙二字。《釋文》："鶅，巨記反，本亦作忌；

[①]《方言》卷八："鳩，自關而西秦漢之閒謂之鵴鳩，其大者謂之鶻鳩，其小者謂之鶺鳩，或謂之鵃鳩，或謂之鶵。"《說文》無"鶵"字，其字蓋本作"役（役）"，後加鳥旁。

[②] 上為"鶺，逯躬反，四方雉名也"。《名義》非謂鵗即鶺字，謂鵗亦雉名也。

鶂，去其反，本亦作欺，下'欺老'同，本今作鶃。"玄應《音義》卷一〇"鵋鶀"條、卷一七"鉤鵅"、卷二四"鵋鶀"條引《爾雅》字并作"忌欺"。《說文》亦無鶃字，《說文・鳥部》："鷊，欺老也。"字作欺。其字蓋本作忌欺，鷊、鶃、鶂爲後起加旁字。《名義・鳥部》："鶃，渠記反，鶃鶀也；鶂，墟之反，同上。"《大字典》《字海》鶃下沒有溝通與"忌欺"的關係，欠妥。

【鵫】

zhuó《廣韻》直角切，入覺澄。又都教切。藥部。

❶鵫雉。又名白鵫、白鷢、白雉，即白鵰。《爾雅・釋鳥》："鷢雉，鵫雉。"郭璞注："今白鵫也。江東呼白鷢，亦名白雉。"《本草綱目・禽部・鵰》："按《爾雅》白雉名鷢，南人呼閑字如寒，則鵰即鷢音之轉也。"明劉基《郁離子・九難篇》："鳥則白鵫黃鶯，翠鷸錦雞，敷羽翰，摛文章，韡韡煌煌，若彤霞之間喬雲。"(《大字典》4640A，參《字海》1687A)

按：《爾雅・釋鳥》："鷢雉，鵫雉。"郭注："今白鵫也。江東呼白鷢，亦名白雉。"《說文》無鵫字，《說文・隹部》："雉，有十四種：盧諸雉……鵫雉……"大徐本雉字釋義下作"鵫"，小徐本作"卓"，作"卓"當是。其字蓋本作卓，後加鳥旁。《名義・鳥部》："鵫，竹教反，白雉。"《大字典》《字海》鵫字下沒有溝通與"卓"字的關係，欠妥。

【鶅】

zī《廣韻》側持切，平之莊。又側吏切。之部。

❶古代東方野雞的別名。《爾雅・釋鳥》："(雉)東方曰鶅。"《廣韻・之韻》："鶅，東方雉也。"

❷鵃軌鳥。一說爲鵂鶹，即貓頭鷹。《爾雅・釋鳥》："鶅，鵃軌。"郭璞注："未詳。"(《大字典》4644A，參《字海》1688B)

按：《爾雅・釋鳥》："南方曰翟，東方曰鶅，北方曰鵗，西方曰鷷。"郭注："說四方雉之名。"《說文》無鶅字，《說文》雉下作"東方曰䍃"。《周禮·染人》鄭注："其類有六：曰纁、曰搖、曰䨲、曰䍃、曰希、曰蹲。"字并作䍃。其字蓋本作䍃，後加鳥旁。又《爾雅·釋鳥》："鶅，鵵軌。"郭注："未詳。"《說文》無鶅字，訓"東方雉名"之字本作䍃，疑訓"鵵軌"字亦作本作䍃。《大字典》《字海》鶅字下引《爾雅》，然不溝通與"䍃"字的關係，欠妥。

【鶝】

fú《廣韻》方六切，入屋非。又符逼切。職部。

〔鶝䲹〕鳥名。《爾雅·釋鳥》："鸛鶝，鶝䲹，如鵲，短尾。射之銜矢射人。"郝懿行義疏："善避矰繳，人以物擲之，從空中銜取，還以擲人。……順天人呼寒鴉。"明劉基《郁離子·千里馬》："誰委羽于海濱，鶝䲹遇而射之，中胠幾死。"（《大字典》4644B，參《字海》1688C）

按：《爾雅·釋鳥》："鸛鶝，鶝䲹，如鵲，短尾。射之銜矢射人。"《說文》《玉篇》《名義》無鶝、䲹二字，《說文·鳥部》："鸛，鸛尃，畐蹂，如䳅，短尾，射之銜矢射人。"字作"畐蹂"。字或借作柔，《釋文》："䲹，而由反，本亦作柔，或作蹂，音同。"《大字典》《字海》鶝字下收"鶝䲹"義，然不溝通與"畐蹂"的關係，欠妥。

【鶝】

fù《廣韻》房久切，上有奉。

鶝的別名。《廣韻·有韻》："鶝，鶝別名也。"（《大字典》4647B，參《字海》1689C）

按：《爾雅·釋鳥》："鵋，負雀。"郭注："鵋，鶝也。江南呼之為鵋，善捉雀，因名云。"《釋文》："負，字或作鶝，同，房九反。"此《廣韻》所本。《說文》無鶝字，《名義·鳥部》："鵋，以箴反，負雀。"字亦作負。其字蓋本作負，後加鳥旁。《大字典》《字海》鶝字下沒有溝通與"負"字的關係，欠妥。

【䲹】

róu《廣韻》耳由切，平尤日。

第五章 《爾雅》名物詞用字歷時考察與研究的意義

〔鷂鷄〕見"鷂"。(《大字典》4648B，參《字海》1690B)

按：鷂鷄字蓋本作"畐蹂"，參"鷂"字條。

【鷂】

(二) yáo《廣韻》餘昭切，平宵以。宵部。

鳥名。野雞的一種。《爾雅·釋鳥》："(雉) 江淮而南、青質五采皆備成章曰鷂。"郭璞注："即鷂雉也。"(《大字典》4651B，參《字海》1691C)

按：《爾雅·釋鳥》："江淮而南，青質五采皆備成章曰鷂。"郭注："即鷂雉也。"《說文》雉下十四種無鷂雉，雉下釋作"江淮而南曰搖"，字作搖。《周禮·染人》鄭注："其類有六：曰䌞、曰搖、曰鳫、曰甾、曰希、曰蹲。"疑其字本作搖。《說文·鳥部》："鷂，鷙鳥也。"此別一物也。《大字典》鷂字下收"鷂雉"義，然沒有溝通與"搖"字的關係，欠妥。《字海》不收"鷂雉"義。

【鶺】

jí《集韻》資昔切，入昔精。

〔鶺鴒〕又名"鶺鷄"。鳥類鶺鴒屬各種的通稱。如：白鶺鴒、黄鶺鴒、山鶺鴒等。體小，嘴尖細，尾長。飛時呈波狀，邊飛邊鳴。棲止時尾不斷搖動。常在水邊覓食昆蟲。《集韻·錫韻》："鶺，鶺鴒，鳥名，雝鷄也。"(《大字典》4652B，參《字海》1692A)

按：《爾雅·釋鳥》："鵙鴒，雝渠。"郭注："雀屬也。飛則鳴，行則搖。"《釋文》："鵙，《詩》作脊，同。精益反，本今作鶺；鴒，《詩》作令，同，力丁反。"《說文》無鵙、鶺、鴒字。《詩·小雅·常棣》："脊令在原，兄弟急難。"毛傳曰："脊令，雝渠也。"其字蓋本作脊令，後加鳥旁作鶺鴒，鶺又改換聲旁作鵙、鶺。《名義·鳥部》："鵙，作席反，飛鳥行。鶺，同上；鴒，力丁反，同上。"《大字典》《字海》鶺鴒下沒有溝通與"脊令"的關係，欠妥。

219

【鶼】

（一）jiān《廣韻》古甜切，平添見。談部。

〔鶼鶼〕鳥名。即比翼鳥。也單用。《爾雅·釋地》："南方有比翼鳥焉，不比不飛，其名謂之鶼鶼。"郭璞注："似鳬，青赤色，一目一翼，相得乃飛。"《玉篇·鳥部》："鶼，比翼鳥。"宋楊澤民《還京樂》："待學鶼鶼翼，從他名利榮悴。"元王實甫《西廂記》第五本第一折："小生身雖遥而心常邇矣，恨不得鶼鶼比翼，邛邛并軀。"清龔自珍《己亥雜詩三百十五首》之三十："事事相同古所難，如鶼如鰈在長安。"（《大字典》4653A，參《字海》1692A）

按：《爾雅·釋地》："南方有比翼鳥焉，不比不飛，其名謂之鶼鶼。"郭注："似鳬，青赤色，一目一翼，相得乃飛。"又《釋鳥》："鶼鶼，比翼。"郭注："説已在上。"《釋文》："鶼鶼，古恬反，衆家作兼兼。李云：鳥有一目一翅相得乃飛，故曰兼兼也。"《説文》無鶼字，其字蓋本作"兼兼"，後加鳥旁。《名義·鳥部》："鶼，古嫌反，似鳬青黑。"《大字典》《字海》鶼字下没有溝通與"兼"字的關係，欠妥。

【鶶】

táng《廣韻》徒郎切，平唐定。陽部。

〔鶶鷵〕鳥名。《爾雅·釋鳥》："鷵，鶶鷵。"郭璞注："似烏，蒼白色。"《廣韻·唐韻》："鶶，鶶鷵，鳥名，似烏，蒼白色。"（《大字典》4653A，參《字海》1692A）

按：《爾雅·釋鳥》："鷵，鶶鷵。"鶶、鷵二字不見於《説文》，《太平御覽》卷九二八引《爾雅》作"鶑[①]，唐屠。"《玉篇·鳥部》："鷵，古的切，鳥似烏，一名唐屠。"其字蓋本作唐屠，後加鳥旁。《名義·鳥部》："鶶，達當反，[鶶]鷵也；鷵，達都反，同上。"《大字典》《字海》鶶鷵下没有溝通與"唐屠"的關係，欠妥。

[①] 當爲"鷵"字之訛。

第五章 《爾雅》名物詞用字歷時考察與研究的意義

【䴎】

（一）lú《廣韻》力朱切，平虞來。又落侯切。侯部。

〔鵱䴎〕見"鵱"。（《大字典》4657A，參《字海》1693B）

按：《爾雅·釋鳥》："鵱，䴎鷜。"《説文》無䴎字，《説文·鳥部》："鷜，鵱鷜也。"字作鷜，其字蓋本作蔞，後改從鳥旁。《大字典》《字海》䴎字下没有溝通與"蔞"字的關係，欠妥。

【鷵】

tú《廣韻》同都切，平模定。

〔鷵鸅〕見"鷵"。（《大字典》4663A，參《字海》1694A）

按：鷵鸅蓋本作"唐屠"，後加鳥旁。參"鷵"字條。

【鷲】

同"鷻"。《玉篇·鳥部》："鷻，南方雉名。鷲，同鷻。"《集韻·尤韻》："鷻，或從鳥。"（《大字典》4662B，參《字海》1695C）

按：《爾雅·釋鳥》："南方曰鷳，東方曰鶅，北方曰鵗，西方曰鷷。"郭注："説四方雉之名。"此《玉篇》所本。字或加旁作鷻，《釋文》："鷳，本或作鷻，直留反，郭徒留反，《字林》女知反。"《説文》無鷻字，《周禮·染人》鄭注："其類有六：曰翬、曰搖、曰鷳、曰甾、曰希、曰蹲。"字亦作鷳。其字蓋本作鷳[①]，後加鳥旁。鷻即鷳字之不同隷變方式。《名義·鳥部》："鷻，逵朝反，四方雉名也。"《大字典》《字海》鷻下没有溝通與"鷳"字的關係，欠妥。

【鷷】

zūn《廣韻》將倫切，平諄精。又昨旬切。諄部。

野雞名。《爾雅·釋鳥》："（雉）西方曰鷷。"《左傳·昭公十七年》"五雉爲五工正"晋杜預注："五雉，雉有五種。西方曰鷷雉。"（《大字典》4661B，參《字海》1695C）

按：《説文》無鷷字。《説文》雉下作"西方曰蹲"。《周禮·染人》

[①]《説文》雉下釋義作"南方曰鷳"。"鷳"當爲"鷳"字之訛省。

221

鄭注：“其類有六：曰鼜、曰摇、曰䨄、曰䨄、曰希、曰蹲。”字亦作蹲。其字蓋本作蹲，後换作鳥旁。《名義・鳥部》：“鵪，作勾（匀？）反，同上①。”《大字典》《字海》鵪字下没有溝通與“蹲”的關係，欠妥。

【鸋】

níng《廣韻》奴丁切，平青泥。又乃定切。耕部。

❶〔鸋鴂〕鳥名。即鴟鴞。《爾雅・釋鳥》：“鴟鴞，鸋鴂。”邢昺疏引陸璣《毛詩草木鳥獸蟲魚疏》云："鴟鴞，似黄雀而小，其喙尖如錐，取茅莠爲巢，經麻紩之，如刺韈然，縣著樹枝，或一房，或二房。幽州人謂之鸋鴂，或曰巧婦，或曰女匠。關東謂之工雀。"《集韻・屑韻》：“鴂，鳥名。《説文》鸋鴂。”《文選・陳琳〈檄吴將校部曲文〉》：“鸋鴂之鳥，巢於葦苕，苕折子破，下愚之惑也。”李善注引《廣雅》曰："鸋鴂，工雀也。"（《大字典》4668B，參《字海》1697C）

按：《爾雅・釋鳥》：“鴟鴞，鸋鴂。”《説文》無此字，《説文・鳥部》：“鴞，鴟鴞，寧鴂也。”又“鴂，寧鴂也。”字并作寧。《大字典》《字海》鸋字下没有溝通與“寧”字的關係，欠妥。

【䴔】

（一）chóu《廣韻》直由切，平尤澄。野雞名。

《玉篇・鳥部》：“䴔，南方雉名。”

（二）táo《集韻》徒刀切，平豪定。

〔䴔河〕也作"淘河"。水鳥名。即鵜鶘。《集韻・豪韻》：“䴔，䴔河，鳥名，通作淘。”（《大字典》4667A，參《字海》1697B）

按：《説文》無䴔字，訓"南方雉名"之字蓋本作"䨄"，後加鳥旁作鷸，鷸又可隸定作䴔，詳參"䨄"字條。訓"䴔河"之字蓋爲"濤河"之换旁俗字，參鄧福禄、韓小荆《字典考正》"䴔"字條②。

---

① 上爲"䴔，遟輈反，四方雉名也；鷸，虛衣反，同上"。《名義》非謂鷸即䴔字，謂鷸亦雉名也。
② 鄧福禄等：《字典考正》，湖北人民出版社2007年版，第476頁。

第五章 《爾雅》名物詞用字歷時考察與研究的意義

【鸐】

dí《廣韻》直角切，入覺澄。又《集韻》亭歷切。藥部。

鳥名。又名鸐雉、山雞、山雉，即長尾野雞。《爾雅·釋鳥》："鸐，山雉。"郭璞注："尾長者。"邢昺疏："山雉一名鸐，郭云'尾長者'，今俗呼山雞是也。"《本草綱目·禽部·鸐雉》："似雉而尾長三四尺者，鸐雉也。"南朝宋謝靈運《山居賦》："雞鸐繡質，鵠鷃綬章。"清王慧《禹陵》："蘿長鼯竄迹，松老鸐修翎。"（《大字典》4640A，參《字海》1698A）

按：《爾雅·釋鳥》："鸐，山雉。"《說文》無鸐字，《釋文》："翟，音狄，本又作鸐。又音濯。"則陸氏所見《爾雅》作翟。《説文·隹部》："雉，有十四種：盧諸雉、喬雉、鳩雉、鷩雉、秩秩海雉、翟山雉……"大徐本作"鸐"，小徐本作"翟"，小徐本是也。《説文·羽部》："翟，山雉尾長者。從羽、從隹。"翟從隹，複加鳥旁，叠床架屋。《大字典》《字海》鸐字下没有溝通與"翟"字的關係，欠妥。

【鮲】

hú《廣韻》户吳切，平模匣。魚部。

〔當鮲〕即時魚。《爾雅·釋魚》："鯦，當鮲。"郭璞注："海魚也。似鯿而大鱗，肥美多鯁，今江東呼其最大長三尺者爲當鮲。"《六書故·動物四》："鮲，魚似鯿而大，生江海中，四五月大上，肥美而多骨，江南珍之。以其出有時，又謂之時魚。"（《大字典》4677A，參《字海》1701B）

按：《爾雅·釋魚》："鯦，當鮲。"《説文》《名義》無鮲字，《説文·魚部》："鯦，當互也。從魚、咎聲。"字作互。其字蓋本作互，後加魚旁。《大字典》《字海》字下没有溝通與"互"字的關係，欠妥。

【魷】

魷，同魷。《篇海類編·鱗介類·魚部》："魷，或書作魷。"（《大字典》4679B）

同"魫"。見《直音篇》。(《字海》1702A)

按：《詳校篇海》卷一《魚部》："魫，澄濁，直深切，音沈；又式荏切，音審；又襌濁，常枕切，讀如甚。注俱魚子。或書作魫，訛。"同部："魫，詳魫。"此《篇海類編》所本。《詳校篇海》收字又多源於《篇海》，《篇海》卷三《魚部》引《龍龕》："魫，音沉，大魚也。"《新修玉篇》卷二四《魚部》引作："魫，音沉，大貝也。"與《篇海》訓釋不同。《龍龕》卷一《魚部》："魫，直深反，大貝也。"此外別無訓"大魚"之"魫"，《新修玉篇》所引是也。《篇海》見其字從魚，故改"大貝"爲"大魚"。《字海》謂："同'魫'。見《直音篇》。"《直音篇》卷六《魚部》："魫，音沉，大貝。魫，音審，魚子。"① 《直音篇》"魫""魫"二字音義迥異，并沒有溝通它們之間的關係。《廣韻》上聲《寢韻》："魫，魚子。"《新修玉篇》《篇海》魚部引《餘文》亦訓"魚子"，檢諸字書"魫"字亦無訓"大貝"者，是"魫"與"魫"爲异字關係。以義求之，"魫"當爲"魧"字之變。《説文》卷一一《魚部》："魧，大貝也。從魚、亢聲。"《爾雅·釋魚》："貝大者魧，小者鱭。""亢"上旁俗書作"⻗"（見故宮本《裴韻》平聲《唐韻》"航""杭"字），"⻗"又寫作"冖"，箋注本《切韻》（斯2071）平聲《唐韻》"魧"正作"魫"（同韻"航"作"舡"，可資比勘）。"魧"變作"魫"，"魫"從冗聲，《龍龕》改其音切，然釋義尚不誤，至《篇海》又妄改釋義，而《詳校篇海》又誤與"魫"字溝通，後人遂不知"魫"爲"魧"字俗訛矣。

【鮒】

（一）hán《廣韻》胡甘切，平談匣。

蛤。《廣韻·談韻》："鮒，蛤也。"

（二）hān《集韻》呼甘切，平談曉。

---

① （明）章黼：《重訂直音篇》，《續修四庫全書》經部第231册，影印明萬曆三十四年明德書院刻本，上海古籍出版社1995—2002年版，第286頁。

同"蚶"。魁陸。《集韻·談韻》："蚶，蚌屬，魁陸也。或從魚。"（《大字典》4680A，參《字海》1702B）

按：《爾雅·釋魚》："魁陸。"郭注："《本草》云：魁，狀如海蛤，員而厚，外有理縱橫。即今之蚶也。"字或從魚作魽，《名義·魚部》："魽，呼甘反，蚌屬。"《廣韻》平聲《談韻》呼談切："蚶，蚌屬，《爾雅》曰：魁陸。《本草》云：魁狀如海蛤，員而厚，外有文縱橫。即今蚶也。亦作魽。"《集韻》平聲《談韻》呼甘切："蚶、魽，蚌屬，魁陸也。或從魚。"《廣韻·談韻》胡甘切："魽，蛤也。"此《大字典》第一義項所本，訓蛤之字亦同蚶，《集韻·談韻》胡甘切："魽、蚶，蛤也。或從虫。"《爾雅·釋魚》："魁陸。"《釋文》："蚶，火甘反，《字書》云：蛤也，出會稽，可食。"陸德明"蚶"字正訓蛤，此"魽"同"蚶"之明證。《字海》直謂"魽"同"蚶"，是也。

【鯈】

shū《廣韻》式竹切，入屋書。沃部。

較小的鱘類魚。《爾雅·釋魚》："鮥，鯈鮪。"郭璞注："鮪，鱣屬也。大者名王鮪，小者名鯈鮪。"《玉篇·魚部》："鯈，鮪也。"《集韻·屋韻》："鯈，魚名，鮪也，小者曰鯈。"（《大字典》4686A，參《字海》1705A）

按：《爾雅·釋魚》："鮥，鯈鮪。"《說文》無鯈字，《釋文》："叔，《字林》作鯈，同，書育反。"則陸氏所見或本作"叔"，《說文·魚部》："鮥，叔鮪也。從魚、各聲。"字亦作叔。叔有"小"義[1]，其字蓋本作叔，後改從魚旁。《名義·魚部》："鯈[2]，尸鞠反，鮥也。"《大字典》《字海》鯈字下沒有指明與"叔"字關係，欠妥。

---

[1]《禮記·曲禮下》："天子同姓謂之叔父。"孔穎達疏："叔，小也。"《廣雅·釋詁三》："叔，少也。"

[2] 字頭原訛，依《玉篇》改。

【鮾】

něi《廣韻》奴罪切，上賄泥。

魚肉腐敗。《玉篇·魚部》："鮾，魚敗也。"（《大字典》4692A，參《字海》1707B）

按：《爾雅·釋器》："魚謂之餒。"郭注："肉爛。"《說文》《名義》無餒字，《說文·食部》："餧，飢也。從食、委聲。一曰：魚敗曰餧。"《玉篇》（殘卷）卷九《食部》："餧，奴猥反，《論語》：耕也，餧在其中矣。鄭玄曰：餧，餓也。又曰：魚餧而肉敗。孔安國曰：魚敗曰餧也。《字書》或鮾字，在魚部。"《名義·魚部》："鮾，奴磊反。"字或作鮾、䑛，《集韻》上聲《賄韻》："餧、餒，《說文》：飢也。或作餒。鮾、鮾、䑛，魚敗也。或作鮾、䑛，通作餧。"依文字發展規律，其字本從食作餧，後改從魚旁作鮾，又改換聲符作鮾，又或改換意符作䑛。

【鯔】

zī《廣韻》子之切，平之精。之部。

魚名。鯔魚，又名"黑鯔"。《爾雅·釋魚》："鮂，黑鯔。"郭璞注："即白鰷魚。"《玉篇·魚部》："鯔，黑鯔也。"《六書故·動物四》："鯔，按：今生鹹淡水中者，長不過尺，摶身椎首而肥，俗謂之鯔，海亦有之。"明屠本畯《閩中海錯疏》卷中："鯔，頭微而小扁。"（《大字典》4705A，參《字海》1712C）

按：《爾雅·釋魚》："鮂，黑鯔。"《說文》無鯔字，《玉篇》（殘卷）卷二四《魚部》："鮂，徐鳩反，《爾雅》：鮂，黑茲。"則野王所見《爾雅》作茲，其字蓋本作茲，後加魚旁。《名義·魚部》："鯔，子夷反，鮂。"《大字典》《字海》鯔字下沒有溝通與"茲"字的關係，欠妥。

【鱀】

jì《廣韻》具冀切，去至群。又渠記切。微部。

第五章 《爾雅》名物詞用字歷時考察與研究的意義

白鱀豚。又名"白鰭豚"。生活在淡水中的鯨類。體形似魚，皮膚光滑細膩，背淡灰而腹潔白。圓額、小眼、長吻。是中國特產的世界珍奇動物。《爾雅·釋魚》："鱀是鱁。"郭璞注："鱀，大腹，喙小鋭而長，齒羅生，上下相銜，鼻在額上，能作聲。少肉多膏。胎生。健啖細魚。大者長丈餘。江中多有之。"又泛指江豚。《本草綱目·鱗部·海豚魚》："海豚魚，生江中者江豚、江豬、水豬、鱀魚。……其狀大如數百斤猪，形色青黑如鮎魚，有兩乳，有雌雄，類人。數枚同行，一浮一没。"（《大字典》4710，参《字海》1713A）

按：《爾雅·釋魚》："鱀，是鱁。"郭注："鱀，鯌屬也。"《説文》無鱀字，《集韻》入聲《屋韻》："鱁，魚名。《爾雅》：暨，是鱁。"《類篇·魚部》鱁字下亦引《爾雅》作暨。疑其字本借作暨，後改從魚旁。《名義·魚部》："鱀，渠冀反，鯌屬。"《大字典》《字海》鱀字下没有溝通與"暨"字的關係，欠妥。

【鱁】

zhú《廣韻》直六切，入屋澄。屋部。

"鱀"的別名。《爾雅·釋魚》："鱀是鱁。"《集韻·屋韻》："鱁，魚名。《爾雅》：'鱀是鱁。'體似鱏，尾如鱥魚。郭璞説。"明楊慎《异魚圖贊》卷三："鱀一名鱁，喙鋭大腹，長齒羅生，上下相覆。"参見"鱀"。（《大字典》4705B，参《字海》1713C）

按：《爾雅·釋魚》："鱀，是鱁。"《説文》無鱁字，《釋文》："鱁，音逐，本亦作逐。"其字蓋本作逐，後加魚旁。《名義·魚部》："鱁，雉陸反，鱀。"《大字典》《字海》鱁字下没有溝通與"逐"字的關係，欠妥。

【鯽】

jì《廣韻》資昔切，入昔精。又士革切。錫部。

❶同"鯽"。鯽魚。

❷小貝。《爾雅·釋魚》："貝，小者鯽。"（《大字典》4708B，参《字

227

海》1715A）

按：《爾雅·釋魚》："大者魿，小者蟦。"郭注："今細貝亦有紫色者，出日南。"又云："蚆，博而頯。蜠，大而險。蟦，小而橢。"郭注："即上小貝。"郭氏所云"即上小貝"者，即指"小者蟦"。《釋文》："蟦，施音賾，郭音賣，沈音積，本或作鰿，又作蟦，又作鰿，音皆同。"則蟦又或作鰿、蟦、賣。《說文》無鰿、鰿、蟦三字，其字蓋本作賣，後加魚旁或虫旁。其加魚者，或受"大者魿"類化。鰿、鰿一字，隸變方式不同。其加虫者，或受"蚆，博而頯。蜠，大而險"類化。《玉篇》（殘卷）卷二四《魚部》："鰿，子益反，《楚辭》：煎鰿炙鶴。王逸曰：鰿，鮒也；鯽，《字書》或鰿字也。"訓"鮒魚"之鰿與此處為同形字。《名義·虫部》："蟦，子益反，貝小，紫也。"《大字典》《字海》鰿字下引《爾雅》條目，然不溝通與"賣"字的關係，欠妥。

【鱖】

（二）jué《廣韻》居月切，入月見。月部。

〔鱖鯞〕又名"鯽魚"。即"鯞魾"。《廣韻·月韻》："鱖，魚名。"《本草綱目·鱗部·鯽魚》："鯽魚，即《爾雅》所謂鱖鯞，郭璞所謂妾魚、婢魚，崔豹所謂青衣魚，世俗所謂鯞魾鯽也。似鯽而小且薄，黑而揚赤，其形〔行〕以三為率，一前二後，若婢妾然，故名。"（《大字典》4713A，參《字海》1717A）

按：《爾雅·釋魚》："鯬鯠，鱖鯞。"郭注："小魚也。似鮒子而黑，俗呼為魚婢，江東呼為妾魚。"《說文》無鯞字，《釋文》："鱖，音厥，本亦作厥。《字林》凡綴、巨月二反；鯞，章酉反，本或作帚。"其字蓋本作"厥帚"，後加魚旁。《說文·魚部》："鱖，魚名。"《說文》此處蓋指桂魚，與"鱖鯞"字同形。《名義·魚部》："鯞，之酉反。"《大字典》《字海》鱖字下載"鱖鯞"義，然不溝通與"厥帚"的關係，欠妥。

第五章 《爾雅》名物詞用字歷時考察與研究的意義

【鱴】

miè《廣韻》莫結切，入屑明。月部。

鱴魚。《爾雅·釋魚》："鮤，鱴刀。"郭璞注："今之鮆魚也，亦呼為魛魚。"《周禮·天官·鼈人》"以時籍魚鼈龜蜃凡貍物"漢鄭玄注："貍物，亦謂鱴刀、含漿之屬。"參見"鮆"。(《大字典》4718B，參《字海》1719A)

按：《爾雅·釋魚》："鮤，鱴刀。"《說文》無鱴字，《玉篇·魚部》："魛，丁高切，蔑魛魚。"字作蔑。其字蓋本作蔑，後加魚旁。《大字典》《字海》鱴字下沒有溝通與"蔑"字的關係，欠妥。

【甋】

lù《廣韻》盧谷切，入屋來。

磚。《廣雅·釋宮》："甓，甋甎。"王念孫疏證："《眾經音義》卷十四引《通俗文》：'狹長者謂之甋甎'《魏志·胡昭傳》注引《魏略》云：'(焦累)獨居道側，以甋甎為障。施一廚床，食宿其中。'"(《大字典》1431B，參《字海》1724B)

按：《爾雅·釋宮》："瓴甋謂之甓。"郭注："甋甎也。今江東呼瓴甓。"《釋文》："甎，章沿反，《字林》作塼，同。"《說文》無甋甎字。段氏於甓字下注云："甋甎亦皆俗字。甎古只作專，如《斯幹》傳曰：瓦，紡專也。《寸部》專下曰：一曰紡專也。皆可證。陸德明云：《字林》作塼。此許、呂各因時作字書之例，許意在存古，呂意在宜今也。韋注《吳語》曰：員曰囷，方曰鹿。然則鹿專者，言其方正也。"段又於專下注云："今專之俗字作甎、塼。"段說甚是。《名義·瓦部》："甋，力木反，甎；甎，之緣反，上文。"陸氏引《字林》作塼，《說文》無此字。《名義》正文無此字，然甓字釋義下有之，《名義》當為失收。《玉篇·土部》："塼，煮緣切，甋甎。亦作塼。"字又或從石作磚，《字彙·瓦部》："甎，俗作磚。"《大字典》《字海》甋字下引"甋甎"，然沒有溝通與"鹿專"的關係，欠妥。

229

【麜】

yǎo《廣韻》烏晈切，上晈影。又《集韻》於兆切。宵部。

幼麋。《爾雅·釋獸》："麋，牡麔，牝麎，其子麜。"《國語·魯語上》："魚禁鯤鮞，獸長麑麜。"韋昭注："麋子曰麜。"漢張衡《西京賦》："逞欲畋鮫，效獲麑麜。"宋蘇轍《和子瞻鳳翔八觀·李氏園》："置囿通樵蘇，養獸讓麐麜。"（《大字典》4728A，參《字海》1724B）

按：《爾雅·釋獸》："麋，牡麔，牝麎，其子麜。"郭注："《國語》曰：獸長麑麜。"郭注引《國語》字作"麜"，《說文》無此二字。《淮南子·本經》："刳胎殺夭。"高誘注："夭，麋子也。"又《淮南子·主術》："不取麛夭。"高誘注："麋子曰夭。"則其字本作"夭"，後加鹿旁。《名義·鹿部》："麜，於道反，麋子。"字作"麜"者，乃"麜"之俗字，《龍龕·鹿部》："麜，俗。麜，正，烏老反，《玉篇》又烏兆反，鹿子也。"《大字典》《字海》麜字下沒有溝通與"夭"字的關係，欠妥。

【黿】

qù《廣韻》丘倨切，去御溪。魚部。

〔黿鼄〕蟾蜍。《爾雅·釋魚》："黿鼄，蟾諸。"郭璞注："似蛤蟆，居陸地，淮南謂之去蚥。"《廣韻·御韻》："黿，黿鼄。"徐珂《清稗類鈔·動物類》："蟾蜍爲蛙之大者，《爾雅》謂黿鼄。"按：沈兼士《廣韻聲系》謂："黿，蓋即《說文》鼀之誤，後遂據去聲，別作音切。"（《大字典》4769A，參《字海》1740B）

按：《爾雅·釋魚》："黿鼄，蟾諸。"郭璞注曰："似蛤蟆，居陸地。淮南謂之去蚥。"《說文》《名義》《玉篇》無黿字，《玉篇·黽部》："鼄，七由切，又七狄切，黿鼄，蟾蟷，似蛤蟆也。"字作黿，《玉篇》亦無黿字，《說文·黽部》："鼀，𠀉鼀，詹諸也。鼄，鼀或從酋。"是鼀、鼄一字。《新修玉篇》卷二五《黽部》引《玉篇》："鼄，七由、七宿二切，去鼄，蟾蟷，似蛤蟆也。"《篇海》卷七《黽部》引《玉篇》："鼀，七由切又七狄切，去鼀，蟾蜍，似蛤蟆也。"兩書所引《玉篇》俱作"去鼀"。疑其字本作"去"，因受鼀字類化加黽旁。"黿"與鼀字異體"鼃"形體相近，今本《玉篇》是以訛混。沈兼士亦不知"黿"本作"去"，後受鼀字類化加黽旁。故宮本《裴韻》去聲《御韻》："黿，《爾雅》云：黿蠹，陸地蛤蟆。"此黿字之早見者。字又作蚨，《集韻》上聲《語韻》："黿、蚨，蟲名。《爾雅》：黿鼀，蟾諸。一曰去父。或作蚨。"字又從龜作，《新修玉篇》卷二五《龜部》引《川篇》："𪓰，音去，蟾也。"《大字典》《字海》黿字下應曾溝通與"去"字的關係，同時《大字典》應刪除沈兼士按語，或在沈說後指出沈氏之誤，"黿"與"黿"非異體字。

【𪕱】

fèi《廣韻》符廢切，去廢奉。月部。

鼠名。《爾雅·釋獸》："𪕱鼠。"陸德明釋文引舍人曰："其鳴如犬也。"《山海經·中山經》："（倚帝之山）有獸焉，其狀如𪕱鼠。白耳白喙，名曰狙如。"（《大字典》4772B，參《字海》1742A）

按：《爾雅·釋獸》："𪕱鼠。"郭璞注："《山海經》說獸云：狀如𪕱鼠。然形則未詳。"《山海經·中山經》："（倚帝之山）有獸焉，其狀如𪕱鼠。白耳白喙，名曰狙如。"郭璞注："《爾雅》說鼠有十三種，中有此鼠，形所未詳也。音狗吠雜吠。"以音求之，此字當即"䶕"字之訛，詳參"䶕"字條。

【鼤】

（一）wén《廣韻》無分切，平文微。諄部。

斑鼠。《爾雅·釋獸》："鼤鼠，鼠屬。"郝懿行義疏："《玉篇》：'鼤班尾鼠。'《廣韻》：'鼤，班鼠也。'"

（二）wèn《廣韻》亡運切，去問微。

鼠文。《廣韻·問韻》："鼤，鼠文也。"（《大字典》4773A，參《字海》1742B）

按：《大字典》將《廣韻》去聲《問韻》"鼠文"列爲一個義項，竊疑非是。《爾雅·釋獸》："鼢鼠，鼠屬。"《釋文》："鼢，音問，又音文。"此字不見於《說文》，《名義·鼠部》："鼢，莫云反，尾斑。"此於字書之早見者，《玉篇·鼠部》："鼢，亡云、亡運二切，斑尾鼠。"較《名義》理順。又，此字不見於文獻用例。按理不應該多出"鼠文"義來。故宮本《裴韻》去聲《問韻》："鼢，《爾雅》：鼠名。"《集韻·問韻》："鼢，《爾雅》：鼠屬。"《廣韻》之前之後的韻書都是引《爾雅》，唯《廣韻》异。疑《廣韻》拆字爲訓，因有"鼠文"義。

【鮁】

（二）fèi《集韻·廢韻》："鮁，鼠名。其鳴如犬吠。"方成珪考正："《爾雅·釋獸》《山海經·中山經》皆作'猷'。《玉篇》有'猷'無'鮁'是也。《類篇》與此同。要以從犬爲是。"（《大字典》4773B）

按：《爾雅·釋獸》："猷鼠。"郭璞注："《山海經》說獸云：狀如猷鼠。然形則未詳。"王引之《經義述聞》"猷鼠"下云："《校勘記》曰：'段云：猷當作鮁。按：《釋文》：猷，字或作䰽，符廢反。舍人云：其鳴如犬也。《集韻》二十廢：鮁，鼠名，其鳴如犬吠。或作䰽。是丁度等所據《釋文》本作鮁，舍人云其鳴如犬吠。今本脫吠字。《廣韻》亦云如犬吠。《藝文類聚》卷九五引《爾雅》作鮁鼠，音吠。犮、發聲相近，今本從犬誤。'家大人曰：此說是也。《玉篇》鮁扶廢切，引郭注云云。而今本作猷，則後人誤本《爾雅》改之也。鮁、䰽二字，一從犮聲，一從發聲。鮁之爲䰽，猶跋之爲蹳，敝之爲撥，坺之爲發，鮁鮁之爲發發，渾波之爲濞發，蛂蟥之爲發皇，公叔拔之爲公叔發也。舍人注：其鳴如犬吠。吠鮁并扶廢反，依聲爲訓也。郭注《中山經》鮁鼠，亦云音狗吠之吠。"[1]王氏所言當是。《名義·鼠部》："䰽，扶廢反，䰽，同上。"從字形上看，楷定作鮁更合適。《名義·犬部》："狻，

---

[1]（清）王引之：《經義述聞·爾雅》，《爾雅詁林》影印四部備要本，湖北教育出版社1996年版，第4499頁。

扶廢反，犬鳴。"此即吠字，《集韻》去聲《廢韻》："吠，《說文》犬鳴也。或作犺。"《名義》獗、犺二字右旁相同，俱應楷定作犮。犮、犬俗書形近，因訛。《字海》不收"獗"字，欠妥。

【䶄】

（一）jú《廣韻》古闃切。入錫見。錫部。

獸名。亦稱"䶄鼠"。《爾雅·釋獸》："䶄，鼠身長須而賊，秦人謂之小驢。"郭璞注："䶄，似鼠而馬蹄，一歲千斤，為物殘賊。"邢昺疏："䶄，獸名也。身如鼠，有長須，而賊害於物。"《本草綱目·獸部·䶄鼠》："時珍曰'《爾雅》云：䶄身似鼠而馬蹄，一歲千斤，秦人謂之小驢者，即此物也。'"

（二）xí《集韻》刑狄切，入錫匣。錫部。

鼠名，松鼠。《爾雅·釋獸》："䶄鼠。"郭璞注："今江東山中有䶄鼠，狀如鼠而大，蒼色，在樹木上。"（《大字典》4776B，參《字海》1743B）

按：《爾雅·釋獸》："䶄，鼠身長須而賊，秦人謂之小驢。"《說文》無䶄字，《釋文》："䶄，本多作臭，經文既云鼠身，宜從鼠。音古闃反。"其字蓋本借"臭"字為之，後加鼠旁。《名義·鼠部》："䶄，胡甓反，似鼠[而馬]蹄。"又《爾雅·釋獸》："䶄鼠。"疑此處䶄字亦本借作"臭"，後加鼠旁。《大字典》《字海》應溝通兩字關係。

【鶄】

jīng《廣韻》子盈切，平清精。

〔鶄䴏〕即"䴏"。《廣韻·清韻》："鶄，鶄䴏。"《文選·東方朔〈答客難〉》："猶是觀之，譬由鶄䴏之襲狗。孤豚之咋虎，至則靡耳。"李善注引李巡《爾雅注》："鶄䴏，一名奚鼠。"宋劉弇《莆田雜詩十首》之四："鶗鴃青春晏，鶄䴏白社驕。"（《大字典》4776A，參《字海》1743B）

按：《爾雅·釋獸》："䴏鼠。"郭注："小鶄䴏也。"《說文》無鶄字，《說文·鼠部》："䴏，精䴏鼠也。從鼠、句聲。"字作"精䴏"。其字蓋本作精，後改從鼠旁。《名義·鼠部》："鼱，子盈反。"《大字典》《字海》鼱字下沒有溝通與"精"字的關係，欠妥。

【齾】

gǔ《廣韻》古沃切，入沃見。又胡谷切。

❶治象牙使白。《廣韻·沃韻》："齾，治象牙也。"《集韻·茇韻》："齾，治象齒令白也。"

❷齒聲。《玉篇·齒部》："齾，齒聲。"（《大字典》4795A，參《字海》1750C）

按：《爾雅·釋器》："象謂之鵠，角謂之觷，犀謂之剒，木謂之剫，玉謂之雕。"郭注："五者皆治樸之名。"鵠字又或作齾、觡，《釋文》："鵠，胡酷、古毒二反，白也，本亦作齾，同。《廣雅》作觡。"《說文》《名義》無齾、觡字，《廣韻》入聲《沃韻》："齾，治象牙也。"《玉篇·角部》："觡，音梏，治象牙。"《釋文》云"《廣雅》作觡。"檢今本《廣雅》無此字。《爾雅義疏》："是鵠乃假借字。古無正體，從齒、從角各以意爲之耳。"《大字典》《字海》齾字下沒有溝通與鵠字的關係，欠妥。《玉篇·齒部》："齾，齒聲。"《廣韻》入聲《屋韻》："齾，齒聲。"疑《玉篇》《廣韻》釋義爲望形生訓。

【𪓰】

."黽"的訛字。《字彙·龜部》："𪓰，丘遇切，音去。蟾也。"按：《說文·黽部》字作"黿"。《正字通·龜部》："𪓰，黿字之譌。"（《大字典》4810A，參《字海》1758B）

按：黽旁、龜旁義近可通，如鼇字或作鰲。𪓰即黿字，《爾雅·釋魚》："黿鼊，蟾諸。"黿字初作去，後加黽旁。黿與《說文》黿字形近，然非一字。詳參"黿"字條。"𪓰"與"黿"同字，與"黿"异字。《大字典》《字海》經謂"𪓰"爲"黿"的訛字，誤也。

234

參考文獻

古籍

（漢）班固：《漢書》，中華書局1962年版。

（宋）陳彭年：《鉅宋廣韻》，上海古籍出版社1983年版。

（清）陳廷敬等：《康熙字典》，社會科學文獻出版社2008年版。

（宋）丁度：《集韻》，上海古籍出版社1985年版。

（隋）杜臺卿撰，楊守敬校訂：《玉燭寶典》，《續修四庫全書》影印清光緒十年黎庶昌日本東京使署刻古逸叢書本，上海古籍出版社1995—2002年版。

（梁）顧野王撰，（宋）陳彭年等重修：《大廣益會玉篇》，中華書局1987年版。

（梁）顧野王：《玉篇》（殘卷），《續修四庫全書》影印日本昭和八年京都東方文化學院編東方文化叢書本，上海古籍出版社1995—2002年版。

（晉）郭璞：《爾雅注》，《爾雅詁林》影覆宋蜀大字本，湖北教育出版社1996年版。

（金）韓道昭：《改并五音類聚四聲篇》，《四庫存目叢書》影印明成化七年募刻本，齊魯書社1994—1997年版。

（清）郝懿行：《爾雅義疏》，《爾雅詁林》影印咸豐六年刊本，湖北教育出版社1996年版。

（後魏）賈思勰：《齊民要術》，《四庫提要著錄叢書》影印明萬曆本，北京出版社 2010 年版。

（清）江藩：《爾雅小箋》，《爾雅詁林》影印鄦齋叢書本，湖北教育出版社 1996 年版。

（明）李登：《詳校篇海》，《續修四庫全書》影印明萬曆三十六年趙新盤刻本，上海古籍出版社 1995—2002 年版。

（宋）李昉等：《太平御覽》，中華書局 1960 年版。

（唐）陸德明：《經典釋文》，上海古籍出版社 1985 年版。

（明）梅膺祚：《字彙》，《續修四庫全書》影印明萬曆四十三年刻本，上海古籍出版社 1995—2002 年版。

（唐）裴務齊：《裴務齊正字本刊謬補缺切韻》，《唐五代韻書集存》影印北京故宮博物院藏唐寫本，中華書局 1983 年版。

（清）阮元：《十三經注疏校勘記‧爾雅》，《爾雅詁林》影印皇清經解本，湖北教育出版社 1996 年版。

（清）阮元校刻：《十三經注疏》，中華書局 1980 年版。

（清）邵晉涵：《爾雅正義》，《爾雅詁林》影印乾隆戊申餘姚邵氏家塾本，湖北教育出版社 1996 年版。

（遼）釋行均：《龍龕手鏡》，中華書局 1982 年版。

（宋）司馬光：《類篇》，上海古籍出版社 1988 年版。

（漢）司馬遷：《史記》，中華書局 1959 年版。

（明）宋濂撰，（明）屠隆訂正，（明）張嘉和輯：《篇海類編》，《續修四庫全書》影印國家圖書館藏明刻本，上海古籍出版社 1995—2002 年版。

（清）汪文臺：《十三經注疏校勘記識語‧爾雅》，《爾雅詁林》影印光緒三年江西書局刊本，湖北教育出版社 1996 年版。

（清）汪鎣著，黃侃評：《爾雅正名》，《爾雅詁林》影印制言雜誌期刊，湖北教育出版社 1996 年版。

（清）王念孫：《爾雅郝注刊誤》，《爾雅詁林》影印殷禮在斯堂叢書本，湖北教育出版社 1996 年版。

（唐）王仁昫：《王仁昫刊謬補缺切韻》，《唐五代韻書集存》影印北京故宫博物院藏唐寫本，中華書局 1983 年版。

（唐）王仁昫：《王仁昫刊謬補缺切韻》，《唐五代韻書集存》影印法藏敦煌遺書（P.2011），中華書局 1983 年版。

（清）王樹柟：《爾雅郭注佚存補訂》，《爾雅詁林》影印王氏資陽莫文室自刻本，湖北教育出版社 1996 年版。

（清）王先謙：《釋名疏證補》，上海古籍出版社 1984 年版。

（清）王引之：《經義述聞·爾雅》，《爾雅詁林》影印四部備要本，湖北教育出版社 1996 年版。

（明）吳任臣：《字彙補》，《續修四庫全書》影印清康熙五年彙賢齋刻本，上海古籍出版社 1995—2002 年版。

（梁）蕭統編，（唐）李善注：《文選》，中華書局 1977 年版。

（金）邢准：《新修絫音引證群籍玉篇》，《續修四庫全書》影印金刻本，上海古籍出版社 1995—2002 年版。

（唐）徐堅等：《初學記》，中華書局 2004 年版。

（南唐）徐鍇：《説文解字繫傳》，中華書局 1998 年版。

（漢）許慎：《説文解字》，中華書局 1987 年版。

（漢）許慎撰，（清）段玉裁注：《説文解字注》，上海古籍出版社 2006 年版。

（清）嚴元照：《爾雅匡名》，《爾雅詁林》影印廣雅書局刊本，湖北教育出版社 1996 年版。

（明）佚名：《新校經史海篇直音》，《續修四庫全書》影印明嘉靖二十三年金邑勉勤堂刻本，上海古籍出版社 1995—2002 年版。

（清）俞樾：《群經平議·爾雅》，《爾雅詁林》影印同治十一年刊本，湖北教育出版社 1996 年版。

（明）章黼：《重訂直音篇》，《續修四庫全書》影印明萬曆三十四年明德書院刻本，上海古籍出版社 1995—2002 年版。

（明）張自烈撰，（清）廖文英續：《正字通》，《續修四庫全書》影印清康熙二十四年清畏堂刻本，上海古籍出版社 1995—2002 年版。

[日]釋空海：《篆隸萬象名義》，中華書局 1995 年版。

[日]釋昌住：《新撰字鏡》，吴立民等編《佛藏輯要》第 33 册，巴蜀書社 1993 年版。

《龍龕手鑒》，日本影印朝鮮成化八年增訂本。

今人著作

陳燕：《漢字學概説》，天津人民出版社 2003 年版。

陳垣：《校勘學釋例》，中華書局 1959 年版。

陳直：《〈漢書〉新證》，天津人民出版社 1979 年版。

陳直：《〈史記〉新證》，天津人民出版社 1979 年版。

鄧福禄等：《字典考正》，湖北人民出版社 2007 年版。

丁福保編纂：《説文解字詁林》，中華書局 1988 年版。

高明：《古文字類編》，中華書局 2004 年版。

顧廷龍等：《爾雅導讀》，巴蜀書社 1990 年版。

韓小荆：《〈可洪音義〉研究——以文字爲中心》，巴蜀書社 2009 年版。

胡吉宣校釋：《玉篇校釋》，上海古籍出版社 1989 年版。

（唐）陸德明撰，黄焯彙校：《經典釋文彙校》，中華書局 2006 年版。

黄侃：《黄侃論學雜著》，上海古籍出版社 1980 年版。

汪瑩撰，黄侃譯：《黄侃手批爾雅正名》，武漢大學出版社 1986 年版。

季旭升撰：《説文新證》，藝文印書館股份有限公司 2004 年版。

蔣善國：《漢字形體學》，文字改革出版社 1959 年版。

蔣善國：《漢字學》，上海教育出版社 1987 年版。

冷玉龍等：《中華字海》，中華書局、中國友誼出版公司 1994 年版。

李圃等：《古文字詁林》，上海教育出版社 1999 年版。

李榮：《文字問題》，商務印書館 1987 年版。

李珍華等編撰：《漢字古今音表》，中華書局 1999 年版。

劉葉秋：《中國字典史略》，中華書局 1992 年版。

劉又辛等：《漢字發展史綱要》，中國大百科全書出版社 2000 年版。

羅竹風主編：《漢語大詞典》，漢語大詞典出版社 1990—1993 年版。

駱鴻凱：《爾雅論略》，岳麓書社 1985 年版。

齊佩瑢：《訓詁學概論》，商務印書館 1984 年版。

錢劍夫：《中國古代字典辭典概論》，商務印書館 1986 年版。

秦公輯：《碑別字新編》，文物出版社 1985 年版。

秦公等：《廣碑別字》，國際文化出版公司 1995 年版。

裘錫圭：《文字學概要》，商務印書館 1988 年版。

沙宗元：《文字學術語規範研究》，安徽大學出版社 2008 年版。

唐蘭：《中國文字學》，上海古籍出版社 1979 年版。

唐蘭：《古文字學導論》，齊魯書社 1981 年版。

唐作藩：《音韻學教程》，北京大學出版社 1991 年版。

萬獻初：《〈經典釋文〉音切類目研究》，商務印書館 2004 年版。

王鳳陽：《漢字學》，吉林文史出版社 1989 年版。

王力：《漢語史稿》，中華書局 2004 年版。

王寧：《訓詁學原理》，中國國際廣播出版社 1996 年版。

王寧主編：《漢字學概要》，北京師範大學出版社 2001 年版。

王寧：《漢字構形學講座》，上海教育出版社 2002 年版。

徐朝華注：《爾雅今注》，南開大學出版社 1987 年版。

徐復主編：《廣雅詁林》，江蘇古籍出版社 1992 年版。

徐中舒主編：《漢語大字典》，湖北辭書出版社、四川辭書出版社 1986—1990 年版。

楊寶忠：《疑難字考釋與研究》，中華書局 2005 年版。

楊寶忠：《疑難字續考》，中華書局 2011 年版。

余迺永校注：《新校互注宋本廣韻》定稿本，上海人民出版社 2008 年版。

袁珂校注：《山海經校注》，上海古籍出版社 1980 年版。

張涌泉：《漢語俗字研究》，岳麓書社 1995 年版。

張涌泉：《舊學新知》，浙江大學出版社 1999 年版。

張涌泉：《漢語俗字叢考》，中華書局 2000 年版。

張涌泉主編，許建平撰：《敦煌經部文獻合集·爾雅注》，中華書局 2008 年版。

鄭賢章：《龍龕手鏡研究》，湖南師範大學出版社 2004 年版。

鄭賢章：《〈新集藏經音義隨函錄〉研究》，湖南師範大學出版社 2007 年版。

周祖謨編：《唐五代韻書集存》，中華書局 1983 年版。

周祖謨校箋：《爾雅校箋》，雲南人民出版社 2004 年版。

周祖謨校箋：《方言校箋》，中華書局 2004 年版。

朱祖延主編：《爾雅詁林》，湖北教育出版社 1996 年版。

朱祖延主編：《爾雅詁林敘錄》，湖北教育出版社 1996 年版。

宗福邦等主編：《故訓匯纂》，商務印書館 2003 年版。

期刊論文

陳韻珊：《論"古今字"——從用字與造字的觀點》，《"中研院"歷史語言所集刊論文類編·語言文字編·文字卷》，中華書局 2009 年版。

竇秀艷等：《陸德明〈經典釋文〉與〈爾雅〉學研究》，《辭書研究》2007 年第 5 期。

馮華：《爾雅新證》，博士學位論文，首都師範大學，2006 年。

管錫華：《20 世紀的〈爾雅〉研究》，《辭書研究》2002 年第 2 期。

參考文獻

黃德寬:《漢字構形方式:一個歷時演進的系統》,《安徽大學學報》(哲學社會科學版) 1994 年第 3 期。

黃德寬:《漢字構形方式的動態分析》,《安徽大學學報》(哲學社會科學版) 2003 年第 4 期。

李國英:《异體字的定義與類型》,張書岩主編《异體字研究》,商務印書館 2004 年版。

梁春勝:《楷書部件演變研究》,博士學位論文,復旦大學,2009 年。

林燾等:《經典釋文异文之分析》,《燕京學報》1950 年第 38 期。

劉延玲:《試論异體字的鑒別標準與整理方法——以〈第一批异體字整理表〉爲例》,張書岩主編《异體字研究》,商務印書館 2004 年版。

劉煜:《嚴元照雅學研究》,碩士學位論文,浙江大學,2009 年。

陸錫興:《談古今字》,《中國語文》1981 年第 5 期。

陸志韋:《經典釋文异文之分析——補正》,《燕京學報》1951 年第 40 期。

呂琨熒:《論陸德明的〈經典釋文〉》,《冀東學刊》1994 年第 2 期。

彭喜雙:《〈爾雅〉文獻研究》,博士學位論文,復旦大學,2009 年。

沈兼士:《右文説在訓詁學上之沿革及其推闡》,《沈兼士學術論文集》,中華書局 2004 年版。

宛志文:《〈爾雅〉研究的回顧與前瞻》,《辭書研究》1989 年第 4 期。

萬獻初:《〈經典釋文〉研究綜論》,《古籍整理研究學刊》2005 年第 1 期。

王利花:《雅學研究綜述》,碩士學位論文,山西大學,2006 年。

吳禮權:《〈爾雅〉古今研究述評》,《古籍整理研究學刊》1993 年第 5 期。

吳旭民等:《陸德明和〈經典釋文〉》,《辭書研究》1986 年第 3 期。

楊樹達:《爾雅略例》,《積微居小學述林》,中華書局 1983 年版。

張希峰：《分化字的類型研究》，《北京語言大學漢語語言學文萃·漢語史卷》，北京語言大學出版社 2004 年版。

張希峰：《古文字形體分化過程中的幾個問題》，《北京語言大學漢語語言學文萃·漢語史卷》，北京語言大學出版社 2004 年版。

張希峰：《簡論古文字形體的分化形式及其相互補足和運用》，《北京語言大學漢語語言學文萃·漢語史卷》，北京語言大學出版社 2004 年版。

張顯成：《馬王堆漢墓簡帛中〈説文〉未收之秦漢字》，《説文學研究》第二輯，崇文書局 2006 年版。

張顯成：《銀雀山漢簡中〈説文〉未收之秦漢字》，《説文學研究》第三輯，江西教育出版社 2008 年版。

趙振鐸：《〈爾雅〉和〈爾雅詁林〉》，《古漢語研究》1998 年第 4 期。

後　　記

　　本書是在筆者博士學位論文基礎上略作修改而成的。現在拿出來的成品實在不能令人滿意。因爲時間的關係，許多事情還沒有做。論文寫作雖然花費了不少時間，但并沒有全身心投入其中。個人有些追求形式上的完美，所以在電腦技術、電子書下載方面下了不少功夫，論文没寫好，相關的電腦技術倒是長進不少。

　　感謝楊寶忠師的教導，從小學到博士畢業，楊老師是教我時間最長的老師。在河北大學六年，跟楊老師學了不少東西，其中包括學習、做人、做事等各方面。感激之情，有些用文字是不能表達得了的。論文最後没能達到楊老師預期的效果，實在是愧對恩師。畢業之後能繼續留在楊老師身邊，爲我工作的事，楊老師也没少費心。如果沒有楊老師的幫助，不可能如期畢業，更不可能得到較好的工作條件。畢業至今已經十年，在學業上并沒有做出什麼成績，實在愧對恩師的教導。

　　在保定這些年有幸認識了許多老師，張安生、梁春勝、張振謙、王强軍等諸位老師無論是在學習還是在生活上都給了我不少幫助。和春勝老師同在漢字中心資料室學習，在學術上受他教導很多，博士論文他細緻地看過一遍，提出了很多意見，受益頗多。也感謝我的父母和妻兒，從初中起就没在家待過多長時間，近幾年更是如此。父母爲我們兄妹三人受了大半輩子苦，没有吃過好的、穿過好的。我不但不能長侍左右，有時甚至還和他們發生爭吵，但他們却始終支持我，無論是在物質還是在精神上。從來沒有對他們許諾過今後讓他們過上好日子之類的話，甚至連一句感謝也沒有，實在不孝。而今已成家并育有二子，更能體會做父母之不易。

　　博士學位論文答辯於2011年6月4日在白樓會議室舉行，王寧先生主持了這次答辯，參加答辯的還有王立軍、張安生、郭伏良、陳雙新四位老師。王寧先生曾主持2005屆河北大學漢語言文字學專業碩士研究生的答辯會，之後由於各種原因再也沒有來河北大學主持過答辯。2005年我剛上碩士，有幸旁聽了那次答辯會，誠如老師們所說，聽王先生主持答辯猶如聽她在作一場學術報告。沒想到2011年王先生竟能來主持我的答辯，我們既感到高興，又感到了壓力。王先生洞若觀火，對我論文提出了好些問題，也提出了好些有價值的建議，受益匪淺。王立軍老師曾於2008年主持過我的碩士論文答辯，王寧先生笑稱他是我的"座師"。王老師和其他三位老師對論文也提出了許多非常有價值的意見和建議，非常感謝他們，這對我以後的爲人治學都有很大的幫助。

　　本書的出版也得到河北大學文學院領導的關照，感謝學校和學院領導的支持。

　　筆者第一次出版著作，書稿中存在大量格式、字體等問題，給排版、編輯帶來諸多麻煩，中國社會科學出版社趙威、鮑有情兩位編輯爲本書的出版付出很多辛勞，由衷地向他們表示感謝！

　　由于作者水平有限，書中難免存在訛誤疏漏之處，懇請專家、學者不吝賜教。

楊清臣
2023年3月改定